슬레잉 드래곤즈
SLAYING DRAGONS

Slaying Dragons

by Daniel Kolenda

Originally published in English under the title Slaying Dragons by Charisma House
Charisma Media/Charisma House Book Group
600 Rinehart Road, Lake Mary, Florida 32746

Available in other languages from **Charisma Media,**
600 Rinehart Road, Lake Mary, FL 32746 USA
email: rights@charismamedia.com

슬레잉 드래곤즈
SLAYING DRAGONS

DANIEL KOLENDA
대니얼 콜렌다 지음

슬레잉 드래곤즈

지은이 대니얼 콜렌다
옮긴이 나주은
표지 디자인 CfaN Asia

발행일 2022년 4월 5일
한국 출판사 New Wine
국제 출판사 Christ for all Nations Asia (www.cfan.org.sg)

도서문의 new-wine@naver.com

ISBN 979-11-977657-0-4

목 차

슬레잉 드래곤즈Slaying Dragons는 '용 죽이기'라는 뜻입니다.

추천의 글

저는 수년 간 복음전도자 대니얼 콜렌다Daniel Kolenda를 알 수 있는 특권을 누렸습니다. 그리고 우리의 사랑하는 주님이시자 구원자이신 예수 그리스도와 복음으로, 민족들과 인생들이 완전히 변화되는 것을 보기 원하는 그의 열정을 볼 수 있었습니다. '슬레잉 드래곤즈'에서 나누는 그의 경험들은 분명히 많은 분들을 축복하게 될 것입니다. 이 책은 영적인 세계에 대한 깊은 계시를 통해 독자들이 더 높은 단계의 믿음으로 올라설 수 있도록 힘을 실어 줄 것입니다.

'슬레잉 드래곤즈'를 읽고 저는 확신했습니다. 영적 전쟁에 관한 내용을 읽고, 독자들은 예수 그리스도 안에서 새로운 단계의 믿음과 권세 안으로 들어가게 될 것입니다. 지금 이 시대에는, 그 어느 때보다도, 영적인 세계에 대한 우리의 지식과 이해가 더욱 깊어지도록 분투해야 합니다. 사탄과 그의 군대는 믿는 자들을 속이고자 지치지 않고 일하고 있습니다. 우리는 반드시 하나님의 갑옷으로 무장하고 효과적으로 싸워야 하며, 모든 어둠과 악한 영들을 이기는 권세를 취해야 합니다. 누가복음 10:19에서 예수 그리스도께서 우리에게 어둠의 모든 능력을 제어할 권능을 주신 것을 우리는 기억합니다.

이 책을 통해 영적인 세계에 대한 깊은 계시를 얻으시기를 강력히 권합니다. 진실되고 참된 계시만이 우리를 예수님께로 이끌어, 그분을 닮아가게 합니다. 더 나아가서 길을 잃은 수많은 영혼들이 당신을 기다리고 있음을 기억하십시오. 그들에게 복된 소식을 전하고 예수님을 보여주십시오. 하나님께서는 당신의 삶을 사용하기 원하십니다. 이것을 믿고 힘을 얻으시기 바랍니다.

카를로스 아나콘디아Carlos Annacondia

서 문

거대한 용, 옛적 그 뱀

거대하고 붉은 황금빛 용이 깊이 잠들어 있었다. 턱과 콧구멍에서는
줄을 튕겨내는 소리와 몇 줄기의 연기가 뿜어져 나오고 있었지만,
깊은 잠에 빠진 용의 불은 아주 작았다. 팔다리와 거대한 나선형의
꼬리 아래, 그리고 보이지 않는 바닥을 가로질러 사방으로 넓게 뻗은
용의 주위에는, 가공된 금과 가공되지 않은 금, 보석, 장신구,
붉은 불빛 아래 붉게 물든 은과 같은 귀중한 물건들이 셀 수 없는
무더기로 쌓여 있었다. 스마우그가 크기를 잴 수 없는 박쥐처럼
날개를 접은 채 한 쪽으로 몸을 돌리고 누워 있어, 호빗은 그의
아랫부분을 볼 수 있었다. 값비싼 침대에 오랫동안 누워 있었던
스마우그의 길고 창백한 배에는 보석들과 금 조각들이 박혀 있었다.

- J. R. R. 톨킨, '호빗' -

용의 형상은 인간의 의식만큼이나 오래된 것입니다. 구불구불하고, 불을 내뿜는 괴물의 끔찍한 전설은 사실상 지구상의 모든 고대 문화로부터 등장합니다. 'dragon(용)'이라는 단어는 '주시하는 자'라는 뜻의 그리스 단어 *drakôn*에서 비롯되었습니다. '분명히 본다'는 의미의 동사로부터 왔습니다. 이 단어는 전형적으로 지능적이고, 비열한, 뱀과 같은 존재인 고대의 괴물을 묘사하는 단어입니다.

한 저자가 기록하기를, "고대 그리스 신화에서, 그렇게 기상천외한

'키메라 같은' 짐승들은 티탄 신족에 의해 창조되었다. 이들은 올림피아의 신들 이전 '크로니안 시대'에, 보통 '오케아노스' 강(유한의 존재가 여행할 수 있는 가장 먼 장소를 은유함)에서 멀리 떨어진 신비스러운 곳에 살았다"고 했습니다.[1]

이집트인들은 거대하고 네 다리를 가진 뱀, 아케Akhekh를 가지고 있었습니다. 이 이름은 아마도 동남 아프리카 마쿠아Makua 지방의 방언에서 유래되었을 것인데, 마쿠아에서 "이쿠카Ikuka는 거대한 뱀"이었습니다. 이 지역에서는 36인치까지의 긴 뱀을 발견할 수 있었습니다![2] 유럽에서는 세 갈래의 혀와 마법의 이빨을 가진 드라콘 콜키코스Drakon Kholkikos가 콜키스Kolkhis(오늘날 유럽의 조지아)[3] 지방의 아레스의 성림에 있는 황금 양피를 지키라는 명을 받았습니다. 스칸디나비아의 사람들에겐 파프니르Fafnir가 있었는데, 파프니르는 난쟁이었으나 저주로 인해 용이 되었습니다.[4] 유카텍 마야Yucatec Maya(오늘날 멕시코)의 사람들은 쿠쿨칸Kukulkan을 예배했는데, 이는 "깃털 달린 뱀"이었습니다.[5] 인도의 사람들은 브리트라Vritra를 가지고 있었고, 이는 용과 같이 매우 커서 강을 멈출 수 있는 존재로 묘사되었습니다.[6] 부탄의 사람들에겐 드룩Druk이 있었는데, 이는 번개 드래곤으로, 오늘날의 부탄 국기에도 그려져 있습니다.[7] 비슷한 용들이 중국, 일본, 한국, 베트남, 그리고 다른 아시아인들의 신화에도 나타납니다.

성경도 용의 이미지를 사용합니다. 첫 번째 이야기, 첫 번째 성경책의 가장 처음에, 우리는 용을 소개받습니다. 지각이 있고 말하는 뱀의 형태인 사탄은 여자를 유혹해 인류를 타락하게 했습니다. 이 이야기는 예수를 가리키는 예언적인 약속으로 끝이 납니다. 하나님께서 뱀에게 말씀하십니다. "내가 너로 여자와 원수가 되게 하고 네 후손도 여자의 후손과 원수가 되게 하리니 여자의 후손은 네 머리를 상하게 할 것이요 너는 그의 발꿈치를 상하게 할 것이니라 하시고"(창3:15).

여자의 후손이신 그리스도는 옛 뱀의 머리를 박살 내셨습니다. 그리스도의 몸은 극도로 상하였지만, 예수님은 승리 가운데 죽은 자 가운데서 다시 살아나셨습니다! 예수님의 죽음은 발꿈치가 상하는 것 정도에 불과했습니다. 반면에, 사탄은 그리스도께서 이 땅에 사시는 동안 예수님께 거듭 패배하고, 패배했습니다. 그리고 십자가에서, 사탄은 다시는 일어나 이기지 못할 정도로 아무 소망이 없이 완전히 정복되었습니다. 뱀의 머리는 완전히 박살 났습니다. 심지어 오늘날에도, 질병과 유혹으로 세상을 계속 유린하려 하나, 사탄은 완전히 패배한 적입니다. 사탄이 가진 유일한 힘은 우리가 그에게 부여하는 것뿐입니다.

물론 사탄의 궁극적인 패배는 그리스도의 죽음과 부활을 통해서 왔지만, 그리스도는 이 땅에서의 삶 전반에 걸쳐서 언제나 철저하게 마귀를 이기셨고, 승리하는 삶이 무엇인지 우리를 위해 몸소 보여주셨습니다. 예수님은 제자들에게 죄와 사탄과 악을 대항해 동일한 승리 안에서 살아갈 수 있는 권세를 부여하셨습니다. 이것이 빛의 자녀들로서 우리가 받은 유업입니다.

시편 91편은 메시야 시편으로 알려져 있습니다. 이 시편이 그리스도를 가리키며, 그리스도 한 분에 의해서 가장 완벽하게 성취된다는 의미입니다. 사탄은 광야에서 예수님께 이 시편의 11절과 12절을 인용합니다. 누가 사도는 기록하기를, "또 이끌고 예루살렘으로 가서 성전 꼭대기에 세우고 이르되 네가 만일 하나님의 아들이어든 여기서 뛰어내리라 기록되었으되 하나님이 너를 위하여 그 사자들을 명하사 너를 지키게 하시리라 하였고 또한 그들이 손으로 너를 받들어 네 발이 돌에 부딪치지 않게 하시리라 하였느니라"(눅4:9-11)고 했습니다. 역설적이게도, 이 시편의 다음 절은 그 날 광야에서 예수님께서 모든 유혹을 이기셨을 때, 사탄에게 일어난 일을 완벽하게 묘사합니다. "네가 사자와 독사를 밟으며 젊은 사자와 뱀을 발로 누르리로다"(시91:13). 궁극적으로 예수님이 용을 죽이는 전사이십니다! 모든 순간에, 예수님은 예언된 바와 같이 마귀를 발로 밟으셨습니다.

시편 91편에 관한 존 길John Gill의 글에서, 그는 이렇게 적습니다. "어떤 사람들은 메시야가 그렇게 정해져 있다고 생각한다; 그래서 시편 91편은 예수님을 향한 보호와 안전에 대한 약속을 담고 있고, 예수님은 사람으로서, 질병과 맹수와 악한 영과 악한 사람들로부터 보호를 받으시며, 천사들의 돌봄 아래 계시다고 생각한다; 이 사람들은 마태복음 4:6에서 사탄이 예수님께 이 시편의 약속들 중 하나를 적용했기 때문이 아니라, 다른 누구와 동의하는 것보다 예수님과 동의하는 편이 더 나은 듯하기 때문에 그렇게 생각한다: 그리고 시리아어 번역본에서 이 시편 제목의 한 부분은 이러하다. '그리고 영적으로 이것은 메시야와 그에 의해 온전케 된 모든 이들의 승리라고 불린다.'"[8]

"메시야와 그에 의해 온전케 된 모든 이들의 승리." 저는 여기 마지막 구절이 너무 좋습니다. 용을 죽이는 위대한 전사이신 예수님의 형제로서, 우리는 예수께서 하신 것처럼 독사와 전갈을 밟도록 부르심을 받았습니다. 예수님의 승리는 우리의 것입니다! 예수님의 권세는 우리의 것입니다! 예수님의 은사와 권능은 우리의 것입니다!

매튜 헨리Matthew Henry는, 시편 91편에 대해 이렇게 주석합니다. "마귀는 *우는 사자, 옛 뱀, 붉은 용*으로 불린다. 따라서 사도 바울이 *평강의 하나님께서 속히 사탄을 너희 발 아래에서 상하게 하시리라*(롬16:20)는 말씀에서, 이 약속을 말한 것 같다. 그리스도는 독사의 머리를 깨뜨리셨고, 우리의 영적인 적들을 상하게 하셨으며(골2:15), 그리스도를 통해 *우리는 넉넉히 이긴다*. 여호수아가 이스라엘의 군장들을 불러, '와서 완패한 적들의 목을 발로 밟으라'고 했던 것과 같이, 그리스도께서 우리를 부르시기 때문이다. 어떤 이들은 이 약속이 그리스도 안에서 완전히 성취되었다고 생각하고, 그리스도께서 모든 피조물에 대하여, 병든 자를 치유하시고, 귀신을 내어쫓는 기적의 권능을 가지고 계시며, 특별히 예수님의 제자들을 보내실 때 그들 안에 이 권능을 주시어 그들이 *독사를 이기게* 하셨다고 생각한다(막16:18)."[9]

요한계시록에서, 요한 사도는 사탄을 "큰 용… 옛 뱀 곧 마귀라고도 하고 사탄이라고도 하며 온 천하를 꾀는 자라"(계12:9)고 묘사합니다. 여기서 우리는 큰 용이 전능하신 하나님을 대항해 전쟁을 벌이고, 미가엘 천사장과 그의 강력한 사자들과 싸우는 것을 봅니다(계12:7). 그리고 "그 뱀"이 교회를 박해하고, 믿는 자들과 더불어 싸우는 것을 봅니다. 그는 에덴 동산에서 여자를 꾀었던 그 뱀이고, 메시야께서 머리를 박살내신 그 뱀입니다. 오늘날에도 여전히 우리는 그 뱀과 싸웁니다. 그러나 우리는 승리한 자리에서 싸우며, 패배하지 않습니다.

예수님은 누가복음 10장에서, 예수님께서 가실 모든 지역으로 72명의 제자들을 둘씩 앞서 보내셨습니다. 예수님께서 그들에게 권세를 주시면서, 병든 자를 고치고 하나님의 나라가 가까이 온 것을 전하라고 말씀하셨습니다. 제자들이 예수님께로 돌아와, 주님의 이름이면 귀신들도 그들에게 항복한 것을 기뻐했습니다. 예수님께서 대답하셨습니다. "사탄이 하늘로부터 번개같이 떨어지는 것을 내가 보았노라 내가 너희에게 뱀과 전갈을 밟으며 원수의 모든 능력을 제어할 권능을 주었으니 너희를 해칠 자가 결코 없으리라 그러나 귀신들이 너희에게 항복하는 것으로 기뻐하지 말고 너희 이름이 하늘에 기록된 것으로 기뻐하라"(눅10:18-20).

이 얼마나 놀라운 말씀인가요! 뱀의 머리를 박살낼 것이라는 오래된 예언의 주인공인 예수님께서 우리에게도 독사의 머리를 밟을 권세를 주셨습니다! 그리고 이보다 더 영광스러운 약속이 있습니다. 이 땅의 삶에서 우리에게 어떤 일이 일어난다 해도, 우리의 이름이 하늘에 기록되었다는 것입니다! 어떤 일이 일어난다 하더라도, 우리가 이깁니다! 우리는 승리의 자리에서 싸웁니다. 그래서 예수님께서 이렇게 약속하십니다. "세상에서는 너희가 환난을 당하나 담대하라 내가 세상을 이기었노라"(요16:33).

개관

이 책에서 우리는 성경이 영적 전쟁에 대해 가르치는 바를 보게 될 것입니다. 첫째로, 성경이 천사와 귀신과 영적인 세계에 대해 무엇을 말씀하는지 살펴볼 것입니다. 서로 다른 종류의 천사들이 있을까요? 그들은 어떤 목적을 섬기나요? 사탄은 누구이며, 어디로부터 왔나요? 천사와 귀신이 어떻게 비슷한가요? 그들은 어떻게 다른가요? 귀신들은 무엇이며, 어디로부터 왔나요? 어떻게 귀신이 인간에게 영향을 미칠 수 있을까요? 귀신들이 이 세상에서 갖는 권세는 무엇인가요? 성경에서 언급된 악한 영들은 어떤 종류가 있을까요? "귀신 들렸다"는 것은 무엇을 의미할까요?

저는 우리가 관여하고 있는 우주적인 전쟁에 대해 쓸 것입니다. 우리는 일상 속에서 큰 그림을 보는 관점을 잃어버리기 쉽습니다. 우리가 마주하게 되는 작은 싸움들은 훨씬 더 큰 전쟁의 일부분입니다. 하나님의 우주적인 전략 안에서 우리가 어떤 부분에 들어가는지를 이해하는 것은 우리 개인에게 주어진 과제를 더욱 진지하게 받아들이도록 도와줄 것입니다. 또한, 우리의 적(敵)이 이루려는 바를 이해하는 것은 우리가 그의 무기를 알아보고 지혜롭게 대적할 수 있도록 도와줄 것입니다.

저는 영적 전쟁을 쉽게 설명하기 위해 노력할 것입니다. 종종 기독교 서적과 가르침들은 영적 전쟁에 대해 극도로 미신적인 관념을 제시해왔습니다. 어떤 것들은 으스스하고 이상해서, 성경 말씀보다는 오히려 해리 포터 소설에 더 가까워졌습니다. 저는 교리적으로 건강하고 실제적이기도 한, 영적 전쟁의 성경적인 원칙들을 가르칠 것입니다.

전쟁을 위한 강력한 무기와 하나님께서 우리에게 주신 전신 갑주에 대해 쓸 것입니다. 귀신을 쫓는 것에 대해서도, 성경 말씀과 저의 경험을 통해 다룰 것입니다. 그리고 우리가 매일 승리 안에서 살아갈 수 있는 지혜를 작별 인사로 나눌 것입니다. 이 책을 통해 당신이 준비되어서, 이 세상에서뿐만 아니라 개인의 삶 속에서도, 마주하는 모든 용들을 죽일 수 있게 되기를 기도합니다.

1장

성경 속의 천사와 귀신

너 아침의 아들 계명성이여 어찌 그리 하늘에서 떨어졌으며
너 열국을 엎은 자여 어찌 그리 땅에 찍혔는고 네가 네 마음에
이르기를 내가 하늘에 올라 하나님의 뭇 별 위에 내 자리를 높이리라
내가 북극 집회의 산 위에 앉으리라 가장 높은 구름에 올라가
지극히 높은 이와 같아지리라 하는도다 그러나 이제 네가
스올 곧 구덩이 맨 밑에 떨어짐을 당하리로다
- 이사야 14:12-15 -

서아프리카의 따뜻한 밤이었습니다. 엄청난 군중이 제 시야가 닿는 거리만큼 모여 있었습니다. 목사에게는 교회의 성도들이 그러하듯, 이것은 저에게 일상이 되어버린, 꿈같은 광경입니다. 수십만의 춤 추는 발과 하르마탄[1] 열풍으로 인해 두껍게 드리워진 먼지를 통해, 크루세이드(역주: 미국 복음전도자들의 대중전도나 전도운동)의 이동식 스타디움 불빛이 여과될 때, 대기는 주황색 빛깔의 안개가 낀 듯했습니다. 여느 때와 같이 저는 예수 그리스도의 복음을 전하고 있었습니다. 제 기억에 그날 밤, 저는 예수의 보혈과 구원하고, 병을 고치고, 귀신을 쫓는 보혈의 능력에 대해 설교하고 있었습니다.

그날 밤, 그 지역에서 잘 알려진 주술사가 그곳을 방문했습니다. 그녀의 저주가 사람들을 죽이는 능력이 있다고 하여, 그녀는 유명했습니다.

저는 그 당시에는 이 사실을 알고 있지 못했지만, 그 지역의 목사님들은 잘 알고 있었던 사실을 나중에 자세히 듣게 되었습니다. 한 목사님은 개인적으로 알고 있는 12명의 사람이 주술사의 저주로 죽었다고 말했습니다. 사람들은 그녀와 그녀의 어두운 마법을 두려워했습니다.

그녀는 그날 밤에 복음을 들으러 온 것이 아니었고, 복음전도자인 저를 저주해 강단 위에서 죽이려고 예배에 왔습니다. 자, 이제 당신은 왜 그 사람이 저와 같은 좋은 사람에게 그런 나쁜 짓을 하려고 했는지 궁금할 것입니다. 그런데 그 전과 후에도 우리를 미워한 주술사는 많았습니다. 우리는 그들의 사업에 해로웠습니다. 서아프리카에서 제법 흔한 부두와 애니미즘이 이루어지는 지역에 들어가면, 저는 이러한 악한 시스템에 단호하게 맞섭니다. 주술사들은 사람들을 어두움과 두려움에 묶어둡니다. 종종 그 지역 사람들은 자신들에게 임할 저주가 두려워, 지역의 악한 영들의 이름과 저주에 대해 말하려고 하지 않습니다. 저는 그런 영들과 저주를 철저하게 무시하며 저항합니다. 종종 그 지역의 목사님들에게 그러한 영들의 이름과 저주의 목록을 요청하는데, 모두 잘 알려져 있고, 사람들이 두려워하는 것들입니다. 저는 강단 위에서 그 이름들을 큰 소리로 읽고 예수의 이름으로 그 힘을 끊어버립니다. 처음에는 숨도 제대로 쉬지 못하던 사람들이 그 자리에서 제가 죽지 않은 것에 매우 놀랍니다. 그리고 삶과 가정에서 내쫓기 원하는 우상과 주물과 부적을 불태울 때, 사람들은 자유를 얻고 기뻐합니다.

저는 사람들에게 한 번 예수님께 속하면, 더 이상 그 어떤 귀신의 저주도 두려워할 필요가 없음을 알려줍니다. 예수 그리스도는 우리를 보호하시고, 필요한 모든 것을 우리에게 공급하시는 권능을 가지고 계십니다. 주술사들은 고객을 그리스도에게 빼앗기고 그들의 사업을 떠나게 됩니다. 어떤 도시의 한 주술사가, 마술적인 힘을 가지고 있다고 하는 큰 돌들을 집에 가지고 있었습니다. 사람들은 그에게 돈을 지불했고, 그는 돌 위에 서서, 죽은 조상들의 목소리라고 믿었던 소리를 들었습니다. 그런데 우리의 복음 크루세이드 이후에 이 주술사는 우리에게 화가 났습니다. 돌들이 더 이상 말을 하지 않았기 때문입니다! 주술사들이 주물을 불태우고 예수님을 주님으로 고백하는 일도 있었습니다.

그런데 저를 죽이러 크루세이드 모임에 왔던 그 여자는 다른 수준인 듯 보였습니다. 목사님들도 그녀의 능력을 인정했습니다. 저는 그녀가 그 모임에 온 것을 알지 못했습니다. 늘 하던 대로 예수님을 전하고 있었습니다. 라인어레이 스피커를 매달아 놓은 커다란 두 개의 기둥이 있었는데, 그녀는 그 중 한 기둥 앞, 강단 오른쪽에서 멀리 떨어져 서 있었습니다. 그녀는 업무를 수행하기 위해서 이상하게 생긴 부적들을 가지고 왔습니다. 제가 설교를 하는 동안, 저를 저주하기 위해 주술을 걸기 시작했습니다. 갑자기(그녀가 그 자리에 있다는 것을 제가 감지하기 시작한 때) 그녀는 소름 끼치는 비명을 내뱉으며 바닥에 쓰러졌습니다. 그녀는 바닥에 누워 고통스러워하며 뱀처럼 온몸을 비틀고 있었고, 입에는 거품을 물고 있었습니다. 저는 그녀를 무시했습니다. 귀신 하나 때문에, 50만 명 이상이 되는 회중 앞에서 설교를 멈출 순 없었습니다. 수많은 사람들이 복음을 듣고 있었고, 저는 계속해서 말씀을 전했습니다. 그런데 우리는 그런 상황을 다루도록 훈련된 팀이 있습니다. 그들이 여자를 강단 뒤로 끌고 나가, 귀신을 쫓기 위해 마련해 둔 장막으로 데려갔습니다. 우리는 그 장막을 "뱀의 구덩이"라고 부릅니다.

훈련된 팀이 그녀에게서 귀신을 내쫓았고, 그녀는 제정신으로 돌아와 예수님을 구주로 받았습니다. 그녀를 강단 위로 데리고 올라왔고, 그녀는 회중이 보는 앞에서 저에게 자신의 이야기를 했습니다. 사람들은 그녀가 누구인지 매우 잘 알고 있었기 때문에, 그녀를 보자마자 숨이 멎을 듯이 놀랐습니다. 강단 위의 목사님들도 불편해하시는 듯 보였습니다. 그녀는 어떻게 저를 죽이려 했는지 말했습니다. 저에게 저주를 걸려고 했을 때, 갑자기 바닥으로 세게 넘어졌다고 말했습니다. 귀신들이 어떻게 쫓겨나갔고 그녀가 어떻게 자유롭게 되었는지 저에게 말했습니다. 그리고 예수님께 자신의 삶을 드렸다고 말했습니다. "예수님이 나의 주술보다 더 강력하시기 때문"이라고 말했습니다.

영적 세계가 실재할 뿐만 아니라 우리 눈으로 볼 수 있는 것보다 훨씬 더 실재하는 것을 성경은 아주 분명히 합니다.

제가 살고 있는 현실은 이렇습니다. 저는 종종 귀신 들린 사람을 만납니다. 성인 남자들도 악몽에 시달리게 할 만한(실제로 악몽에 시달리게 하는) 것들을 목격했습니다. 악한 영들이 실재하는 것을 믿기 어렵다면, 저와 한 번만 여행을 같이 해도 생각이 달라질 것입니다. 제가 한 가지 확실히 아는 것이 있습니다. 영적인 세계는 실제입니다. 천사들은 실재하고, 귀신들도 실재합니다. 하나님은 실재하시고, 사탄도 실재합니다. 우리는 선과 악이 싸우는 우주적인 전쟁의 한 가운데에 있습니다. 이 전쟁은 몇 천 년 동안 있어왔고, 우리 주변에서 계속해서 격렬하게 일어나고 있습니다. 누군가는 이것을 무시하고, 보이는 세상이 전부인 것처럼 살고 싶어하지만, 그리스도인이 그런 세계관을 갖고 있는 것은 옳지 않습니다. 영적 세계가 실재할 뿐만 아니라 우리 눈으로 볼 수 있는 것보다 훨씬 더 실재하는 것을 성경은 아주 분명히 합니다. 영적인 세계에서 전투가 벌어지고 있고, 예수님의 모든 제자들은 완전히 깨어 있어 경계해야 합니다.

이 장에서 우리는 천사와 귀신, 그리고 영적인 영역에 대해, 기본을 살펴볼 것입니다. 이것은 이어지는 장들에서 영적 전쟁에 대해 논하기 위한 기초가 될 것입니다.

천사는 무엇인가?

이 질문을 읽었을 때 어떤 생각을 하셨습니까? 어린 시절에 보았던, 하프를 들고 작은 날개로 날아다니는 아기들의 모양을 생각하셨습니까? 아니면 좀 더 종교적인 상징이 떠올랐습니까? 금으로 된 날개와 긴 머리, 복장과 후광이 있는, 사람과 같은 모양의 중세 시대 그림 말입니다. 어쩌면 기독교 서점에서 찾아볼 수 있는 좀 더 현대적인 형상을 떠올릴 수도 있습니다. 수퍼히어로처럼 머리카락을 흩날리며, 빛나는 갑옷을 입고, 강력한 날개와 커다란 검을 가지고 있는 형상입니다. 어쩌면 당신은 환상 또는 사람의 모양으로 나타난 천사들을 보았을 수도 있습니다. 그래서 당신이 생각하고 있는 그림은 단순한 묘사를 넘어서 진짜일 수 있습니다.

무엇이 생각났든지, 성경이 천사를 묘사하는 바가 있습니다. 그러나 단순한 묘사가 아닙니다. 한 장의 그림이나 환상에서 표현할 수 있는 것 이상입니다. 성경 말씀은 전반에 걸쳐 천사에 대해 많은 암시를 펼쳐 놓고 있습니다. 마치 탁자 위에 흩어진 거대한 퍼즐 조각과 같습니다. 완성된 그림을 보기 위해서 우리는 그 조각을 전부 모아야 합니다.

용어에서부터 시작해봅시다. '천사angel'라는 단어의 의미는 '사자messenger'입니다. 이것은 사실 다른 사람들에게 소식을 전하도록 보냄을 받은 '사람'을 지칭할 수도 있습니다(예: 창32:3; 민20:14; 21:21). 성경은 선지자들을 천사들이라고 지칭하기까지 합니다. '말라기'라는 이름은 '나의 사자'라는 의미입니다—주님께서 그를 "나의 사자My messenger"

라고 부르셨습니다(말1:1).[2] 이러한 "천사들"은 하늘의 영이 아닙니다. 순선히 실제적인 의미에서 '소식을 전하는 자'로, 성경은 이 단어를 그들에게 적용합니다.

반면에, '천사'는 사람이 아닌 영적 개체들을 분명하게 지칭하는데, 이들은 '하나님의 사자'입니다(예: 창19:1,15; 단3:28; 슥1:9; 마1:20; 2:13; 눅1:26,28; 계1:1; 5:2; 7:2). 하나님께서 (크리스마스 이야기에 등장하는 천사들과 같이) 특별한 소식을 전하게 하시기 위해 그들을 보내시거나, (소돔과 고모라를 멸했던 천사들처럼) 특별한 임무를 수행하도록 보내십니다. 성경은 천사들을 하나님의 임재 가까이에 있기를 즐거워하고(욥1:6; 마18:10; 눅1:19), 하나님의 명령에 순종하며(시103:20-21), 하나님을 예배하고(시148:2; 계5:11-14), 하나님의 백성을 보호하고(시91:11-12), 그들의 필요를 위해 사역하는(왕상19:5; 마4:11; 히1:14) 강력한 영적 존재들로 묘사합니다.

성경에서 묘사하는 천사들은 사실 이보다 더 복잡합니다. 성경 전체에 걸쳐 천사에 해당하는 몇 가지 이름들을 살펴보면서 이것을 확장해봅시다. 구약 성경에서 시작합니다.

구약 성경에 등장하는 천사의 이름들

구약 성경에 천사들이 자주 등장할 뿐 아니라(예: 시91:11), 그 묘사가 매력적이고 때로는 충격적이기까지 합니다. 사실 *천사*는 이러한 영적인 존재들을 묘사하는 몇 가지 용어 중에 하나일 뿐입니다.[3] 하나님께서 몇 가지 다른 종류의 천사 같은 생명체를 창조하시고, 하나님을 수행하고 하나님의 뜻을 수행하게 하셨습니다.

여호와의 회의 The council of the Lord

먼저, 모든 종류의 천사를 포함하는, 더욱 광범위한 용어를 보겠습니다. 구약 성경은 주께서 하늘의 산 꼭대기, 하나님의 보좌에 앉으시고, 하늘의 수많은 천군 천사에게 둘러싸여 계신 것을 보는 세계관 안에 있습니다. 하나님은 스스로 존재하는 유일한 분이시지만, 홀로 계시지 않습니다. 하나님은 위대한 하늘의 의회를 구성하는 거대한 무리의 영적인 존재들에 둘러싸여 계십니다—예레미야는 이 의회를 "여호와의 회의"라고 적었습니다(렘23:18,22).

> 하나님은 신들의 모임 가운데에 서시며 하나님은 그들 가운데에서 재판하시느니라
>
> \- 시편 82:1

> 여호와여 주의 기이한 일을 하늘이 찬양할 것이요 주의 성실도 거룩한 자들의 모임 가운데에서 찬양하리이다 무릇 구름 위에서 능히 여호와와 비교할 자 누구며 신들 중에서 여호와와 같은 자 누구리이까 하나님은 거룩한 자의 모임 가운데에서 매우 무서워할 이시오며 둘러 있는 모든 자 위에 더욱 두려워할 이시니이다
>
> \- 시편 89:5-7

이 두 가지의 말씀은 하나님께서 다스리시고 천사들이 참여하는 하늘의 의회를 언급합니다. 아주 극적인 예배가 드려지는 곳입니다. 그런데 또한 이곳은 법이 제정되고 명령이 내려지는 곳입니다. 몇몇 선지자들은 이 의회에 대한 환상을 보았습니다. 사실상 그 선지자들은 직접 이 의회에서 천사들과 함께 서 있었던 것입니다. 이사야의 환상이 아마도

가장 잘 알려졌을 것입니다. 이사야는 높은 보좌에 앉으시어 천사들에게 둘러싸여 계신 주님을 보았고, 그의 죄와 죄가 사하여진 것을 고백한 후에, "우리"를 위하여 가기를 자원하는 사람을 부르시는 소리를 들었습니다—"우리"라는 대명사는 주님과 모든 천사의 의회를 포함한 것입니다(사6:1-8).

다니엘은 이 의회가 악한 나라들을 심판하는 것을 보았습니다(단7). "옛적부터 항상 계신" 하나님께서 의회를 주재하셨습니다(단7:9). 하나님을 섬기는 수많은 천사가 그 자리에 참석했습니다. 의회는 반역하는 나라들을 다스렸고, 그들의 권세를 빼앗아 "인자와 같은 이"에게 주었습니다(단7:13).

하나님께서 구속 받은 사람들을 사용하시는 것과 같은 이유로, 그분의 천군 천사를 사용하십니다. 하나님은 사랑으로 충만하셔서 그분의 계획을 홀로 수행하는 것을 원치 않으십니다.

선지자 미가야가 이 의회에 들어갔던 가장 매력적인 경험을 보여주는 것 같습니다(왕상22:1-40; 대하18). 이사야가 보았던 것처럼, 미가야도 여호와께서 보좌에 앉으시고 하늘의 만군이 여호와의 좌우편에서 그분을 모시고 선 것을 보았습니다. 아합 왕이 전쟁에서 죽게 될 것을 여호와께서 판결하신 후에, 그분의 의회에게 어떻게 아합을 꾀어 전쟁에 나가게 할지 물으셨습니다. 의회의 논의가 이어졌습니다! "하나는 이렇게 하겠다 하고 또 하나는 저렇게 하겠다 하였는데"(왕상22:20; 대하18:19). 그때 한 "영"이 여호와 앞에 나와, 자신이 나가 "모든 [거짓] 선지자들의 입에 거짓말하는 영"으로 있겠다고 제안했습니다(왕상22:22; 대하18:21). 선지자들이 성공을 예언함으로 아합을 격려해 전쟁에 나가게 하겠다는 것이었습니다. 하나님께서 그 일을 이루게 될 것이라고 말씀하시며, 과제를 수행하도록 그 영을 보내셨습니다. 이 계획은 이루어졌습니다-아합은 전쟁에서 죽었습니다.

하나님께서 거짓말하는 영에 대한 제안을 선택하시는 것이 이상해 보입니다. 하나님께서 하나님보다 못한 존재들과 상의하시는 것은 더욱 이상해 보일지도 모릅니다. 모든 지식과 능력을 갖고 계신 하나님께 왜 더 못한 영들의 의회가 필요할까요? 이것이 바로 천사들과 주님의 회의를 이해하는 것이 그토록 중요한 이유입니다. 하나님께서 구속 받은 사람들을 사용하시는 것과 같은 이유로, 그분의 천군 천사를 사용하십니다. 하나님은 사랑으로 충만하셔서 그분의 계획을 홀로 수행하는 것을 원치 않으십니다. 하나님은 (하늘과 땅의) 모든 자녀가 그분과 함께 그리고 그분을 위해 일하기 원하십니다.

하늘의 의회에 대한 이 환상은 하나님께서 인간 외에도 종들을 가지고 계신 것을 보여줍니다. 그들은 하나님의 나라에서 지위를 갖고 있고 하나님의 가족 안에서 다양한 기능을 합니다. 하나님은 그들을 사랑하시고 존중하십니다. 그들도 하나님의 가족의 일원이고, 하나님께서 창조 세계를 다스리실 때 하나님을 돕습니다. 더 나아가서, 이 의회의 존재(다양한 종류와 지위의 영들로 구성된 의회의 존재)는 귀신들의 기원과 그들이 다양한 악한 성격을 가지고 있는 이유를 이해할 수 있게 해줍니다. 그리고 마지막으로, 이 의회는 우리에게 예수님의 통치에 대한 더욱 분명한 이해를 줍니다. 예수님의 삶, 죽음, 부활, 그리고 승천은 강력한 영적 존재들로 가득한 이 우주의 가장 높은 장소에 예수님께서 좌정하신 것을 의미합니다. 예수님은 *사람으로서* 이 거대한 하늘 의회의 주재를 도우십니다. 최고의 인간이신, 영원한 하나님의 아들이 "천사들보다 훨씬 뛰어나십니다"(히1:4)! 예수님께서 "*하*늘과 땅의 모든 권세를 내게 주셨으니"(마28:18)라고 말씀하셨을 때, 바로 이것을 의미하신 것입니다. 이 모든 것을 고려하며 구약 성경에서 알려주는 천사들의 이름을 몇 가지 더 보도록 하겠습니다.

엘로힘 Elohim

당신은 이미 이 히브리어가 익숙할 수도 있습니다. 이것은 "하나님," 혹은 "신들"이라고 번역될 수 있습니다. 히브리어의 형태는 복수 형태이지만, 단수의 의미를 가질 수도 있습니다(영어에서 *sheep*과 같습니다).[4] 이것이 구약 성경의 저자들이 이 단어를 가장 자주 사용하는 방식입니다. *엘로힘*은 보통 이스라엘의 영원하신 한 하나님을 나타냅니다. 그러나 다른 문맥들에서는 이 똑같은 단어가 가짜 신들이나(예: 출20:3) 천사들을(시8:5) 나타내는 복수 형태가 되기도 합니다. 시편 82:1은 천사들을 신들의 모임이라고 말합니다. 구약 성경에 의하면, 이러한 천사들은, 어떤 의미에서, *엘로힘*입니다.

어떤 의미로 사용되었는지는 항상 문맥이 결정해야 합니다.[5] 성경이 *엘로힘*이란 단어를 천사에 적용한다면, 물론 이것은 문자적으로 그들이 경배 받고, 섬김을 받거나, 순종을 받아야 하는 신들이라고 말하는 것이 아닙니다(그러나 믿지 않는 나라들은 이런 식으로 생각합니다). 오히려, 그들이 인간이 아니라는 사실을 강조하고자 그 단어가 사용되었습니다. 그들은 영계에 살고 있는 강력하고 초자연적인 피조물입니다.[6] 엄밀히 말하면, 그들은 주님의 하늘 의회에 앉아 주님께서 나라들 가운데 공의를 집행하시는 것을 돕습니다(시82). *엘로힘*이라는 용어는 또한 이러한 존재들이 이 세상에서 하나님의 대리인으로서 가지는 권세에 주의를 집중하게 합니다. *엘로힘*은 사람들을 감독하고, 사람들이 반역할 때에는 그들을 재판하기도 합니다. "하나님[*엘로힘*]은 신들의 모임 가운데에 서시며 하나님은 그들[*엘로힘*] 가운데에서 재판하시느니라"(시82:1).[7]

하나님의 아들들 The sons of God

영원하신 하나님의 아들은 단 한 분이십니다. 예수 그리스도는 아버지의 "독생자"이시며, 신성에 있어서 아버지와 성령과 동등하십니다(요1:14,18). 예수님은 완전한 사람이시며, 완전한 하나님이시고, 천사보다 훨씬 뛰어나십니다(히1). 그런데 성경이 예수님과 구속 받은 사람들 외에 다른 "하나님의 아들들"에 대해 말씀하고 있는 것을 알고 있나요? "하나님의 아들들"이라고 하는 독특한 구절은 구약 성경이 하늘에 거하는 천사들을 나타내는 또 다른 방법입니다. 이 용어는 엘로힘과 유사한 무언가를 의미합니다. 사실, 시편 82편은 엘로힘을 "지존자의 아들들"과 동일시합니다(시82:6). 이 신성한 아들들은 엘로힘과 동일한 듯 보입니다. 두 가지 용어 모두 주님의 의회에 서서 하나님을 위해 세상에 권세를 행사하는 초자연적인 존재를 일반적으로 묘사합니다.

그런데 왜 천사들을 하나님의 아들들이라고 말할까요? 왜냐하면 이 용어가 우리가 이해해야 하는 천사들의 중요한 면모를 나타내주기 때문입니다. 첫째로, 천사들은 어떤 의미에서 하나님의 자녀들입니다. 비록 그들이 사람처럼 자녀들을 재생산하지는 않지만(마22:30), 여전히 하나님의 자녀입니다. 하나님께서 그들을 만드셨고, 그들은 하나님의 아들들입니다. 아버지께서 아버지의 기쁨을 위해 조심스럽게, 창조적으로, 그리고 사랑으로 모든 천사를 각각 창조하셨습니다. 하나님이 그들을 존재하게 하신 유일한 분이십니다. 그들은 하나님의 하늘 가족의 일부이고, 그러므로 하나님의 거대한 족속의 일부입니다(엡3:14).

둘째로, "하나님의 아들들"이라는 구절은 이러한 영적인 존재들이 초자연적이고 강력함을 의미합니다. 비록 그들이 이 땅의 영역에 들어갈 수 있고, 그 안에서 나타나고 기능하기도 하지만, 이 세상이 그들의 사연적인 거주지는 아닙니다. 하늘이 그들의 거주지입니다. 결국, 그들은 하나님께 속한 아들들입니다. 하나님의 영적인 자녀들로서 그들은 왕의 의회에 서며 이 세상을 하나님과 함께 통치합니다.

천사들은 영적인 로봇이 아닙니다. 그들은 선택할 능력을 가지고 있습니다. 하나님께서 주신 그들의 처소를 떠나 하나님의 뜻에 반대되는 방식으로 일할 선택을 내리는 것이 그들에게 가능했습니다.

그리고 마지막으로, "하나님의 아들들"은 하나님의 형상을 지닙니다. 그들은 사람이 아니지만, 강력한 능력과 지성, 감정을 가지고 있습니다. 그리고 그들도 자유 의지를 가지고 있습니다. 천사들은 영적인 로봇이 아닙니다. 그들은 선택할 능력을 가지고 있습니다. 하나님께서 주신 그들의 처소를 떠나 하나님의 뜻에 반대되는 방식으로 일할 선택을 내리는 것이 그들에게 가능했습니다(유1:6). 우리가 나중에 보겠지만, 어떤 자들은 이렇게 했습니다. 그러나 대부분의 천사들은 그들의 아버지이자 주님께 충성을 다했고 계속해서 하나님의 의회에서 하나님을 섬깁니다.[8]

그룹들과 스랍들 Cherubim and Seraphim[9]

이 영적인 피조물들은 하나님의 천사인 아들들의 가장 높은 지위를 이루는 것 같습니다. 어떤 학자들은 우리가 그들을 천사라고 불러서는 안 된다고 말하기까지 합니다.[10] 그러나 비록 용어의 사용에 있어서 논쟁이 있을 수 있지만, 이 비범한 피조물들이 매우 특화된 계층의 천사에 속하는 것은 분명합니다. 이들에 대한 묘사는 상당히 기이하고 특이하다는 느낌을 줍니다. 현대의 영화가 만들어낸 가상 공간의 기이한 생물들은 하나님의 보좌 가까이에 살고 있는 이 *실제의* 지구 밖 생물체에 감히 견줄 수 없습니다.

선지자들이 그룹과 스랍에 대한 가장 정확한 묘사를 우리에게 주고 있습니다.[11] 어떤 묘사는 장막과 성전의 이야기로부터 나오고,[12] 소수의 참고 문헌은 시편에서 발견됩니다.[13] *스랍*은 "불뱀"을 의미합니다.[14] 이 히브리 단어의 동사 형태는 '불에 타다'는 의미이고, 명사는 '뱀'을 의미하므로, 대부분의 번역가들은 단순하게 두 개의 의미를 합칩니다. 구약성경의 어떤 부분에서는, *스랍*이 문자 그대로 뱀을 의미합니다. 광야에서 스랍들이 하나님의 백성을 심판하는 데에 사용되었을 때, 그들의 독은 불입니다(민21:6). 그러나 같은 이야기에서, 여호와께서 모세에게 놋으로 "불뱀[스랍]을 만들라"고 이르십니다(민21:8). 뱀에 물린 이스라엘 사람들이 놋뱀을 쳐다보고 치유를 받았습니다.

선지자 이사야는 스랍들을 주님의 의회에 선 천사들로 봅니다(사6:1-4). 그들은 주님의 보좌 가까이에서 "거룩하다, 거룩하다, 거룩하다!" 서로 불러 외칩니다. 두 가지 이야기 모두 우리에게 스랍 천사들의 기능에 대한 단서를 제공합니다. 이사야의 이야기에서 이 천사의 존재들이 (아래에서 이야기하게 될, 그룹들과 함께) 하나님 임재의 운반을 돕는 것이 분명합니다. 이들은 주님의 빛이 순전하고 접근할 수 없을 만큼 밝아, 자기의 얼굴을 가려야만 했습니다. 그리고 주님을 쳐다보거나 혹시라도 너무 가까이 가지 못하도록 서로를 경고해야만 했습니다(예: 출19:12-22). 이것이 이사야가 그토록 두려워했던 이유입니다. 그는 자신의 얼굴을 가리지 *않고*, "주를 보았습니다"(사6:1).

모세의 이야기는 스랍들이 또한 하나님의 회복시키시는 능력에 관여하는 것을 보여주는 것 같습니다. 광야에서 이스라엘 백성들에게 놋뱀이 치유의 상징이었던 이유입니다. 예수님께서 자신이 십자가에 달려 들리시는 것을 모세가 광야에서 뱀을 든 것에 비교하십니다(요3:14). 이사야의 경험은 이것을 확증합니다. 그가 자신의 죄를 고백할 때, 스랍 중 하나가 핀 숯을 가져와 그의 입술에 댑니다. 그 행동은 이사야를 회복시키고, 사명을 받아 나아갈 수 있게 합니다(사6:5-8). 스랍들은 주님을 지키는 자로서 주님의 보좌에 참여하고 주님의 회복시키시는 능력을 집행하는 것 같습니다.

그룹이라는 단어는 셈족의 단어에서 유래되어 "축복하다, 찬양하다, 흠모하다"를 의미합니다.[15] 에스겔은 네 그룹들이 하나님의 보좌 아래 있는 것을 봅니다. 각각은 네 개의 얼굴과, 네 개의 날개와, 사람의 손과, 송아지의 발바닥을 가지고 있습니다(겔1:6-8). 그들 곁에는 각각 회전하는 거대한 바퀴들이 있고, 그들은 보좌에 계신 하나님을 "수행"하는 것 같습니다(겔1:15-28). 여호와께서 영광의 전차를 타시고 하늘을 가르시듯 그룹을 타고 다니십니다(시18:10). 이 모든 것이 그룹들도 주님의 임재를 운반하는 역할을 수행하고 있음을 보여줍니다. 이들은 하나님께 주의를 기울이고 하나님을 호위합니다. 이것이 언약궤 위에 두 그룹들이 배치되어 있는 이유입니다. 그리고 성막의 휘장과 솔로몬 성전의 지성소에 그룹들의 형상을 여러 개 만들었던 이유가 이것입니다. 주님께서 그룹들 사이의 보좌에 앉으셔서, 백성들에게 말씀하십니다(출25:22).

그룹들은 또한 주님을 지키는 자의 역할을 합니다. 하나님께서 그룹들과 두루 도는 불 칼을 에덴 동산 동쪽에 두시어 아담이 돌아오는 것을 금하셨습니다(창3:24). 하나님의 거룩한 산으로부터 주님께서 추방하신 그룹은, 사탄이 된 천사를 분명하게 언급하며, 그는 "지키는 그룹으로 기름 부음을 받았었습니다"(겔28:14,16).

성경은 그룹들을 거의 백 번 정도 언급합니다. 그들은 스랍들보다 훨씬 더 많이 등장하지만, 하나님의 거룩한 임재를 지키는 종의 역할은 비슷한 것 같습니다. 스랍들은 거룩하신 하나님과 불경건한 세상 사이에서 보호하는 역할을 하지만, 경계를 건너왔을 때에는 참회하는 사람들에게 회복을 가져다주는 섬김 또한 할 수 있습니다. 반면에 그룹들은 그들의 거룩하신 왕을 보호하는 호위대로서 행사합니다. 이 비범한 천사들은 하나님의 임재와 보좌를 지키는 종으로서 주님의 의회에 서 있습니다.

군주들 Princes

군주라고 불리는 천사들은 주로 다니엘서에 등장합니다(단10:13,20-21; 12:1). 이 용어는 나라들을 덮는 높은 지위의 천사 지도자 그룹을 의미합니다.[16] 성경적인 세계관은 하늘의 영적인 정부가 이 땅의 정부와 유사하고, 이 땅의 정부를 다스린다고 봅니다(예: 왕상22:19-23; 시82; 사34:4-5; 단2:21; 7; 계16:14). 다니엘서에서, 군주들은 다양한 나라들에 대해 어느 정도의 권세를 가지고 있습니다. 예를 들어, 미가엘은 다니엘의 민족인 이스라엘의 군주라고 불리는 반면(단10:21; 12:1), 반역하는 두 군주는 "바사 군주"와 "헬라의 군주"(단10:20)로 불립니다. 이 셋 모두 군주이지만, 한 군주만 주님께 충성합니다. 다른 두 군주는 주님을 대적하여 싸웁니다. 이것은 반역하는 군주들도 이전에는 하나님의 의회에서 높은 지위의 천사로 섬겼으나 후에 내쫓기어 그들의 권세를 악한 목적을 위해 사용하고 있다는 것을 의미합니다. 더 나아가서, 미가엘은 "가장 높은 군주 중 하나"와 "큰 군주"(단10:13; 12:1)로 불립니다. 이것은 군대를 이끄는 높은 지위의 군주들 간에도 위계질서가 있음을 의미합니다(참고: 마26:53; 계12:7).

다니엘서에서, 하늘의 대립이 땅의 대립에 상응합니다. 바사 왕국이 알렉산더 대왕의 헬라 왕국에 항복하기 전에 그 땅을 다스렸던 것과 같이, 다니엘서의 메신저는 헬라의 군주가 이르기까지 바사의 영석인 군주와 싸워야 했습니다(단10:20). 이 모든 것은 천사의 본 의회에 속하는 어떤 구성원들이 나라들에 대하여 권세를 가졌기 때문에 군주라고 불린 것을 나타냅니다. 군주들 간에 다양한 계급이 있었고, 아마도 그들의 명령 아래 천군 천사가 있었던 것 같습니다.

신약 성경에 등장하는 천사들

구약 성경은 복잡하지만 굉장히 놀랄만한 천사의 모습을 자세히 그려주고 있습니다. 신약 성경은 구약의 묘사를 배경으로 사용하여, 주님의 의회에 대한 묘사를 다양한 종류의 천사들로 간주합니다. 그러나 이들 구성원의 대부분을 하나의 단순한 이름인 *천사*들에 포함합니다. 즉, 신약 성경에서, *천사*들이란 단어는 주님의 의회에 모여 있는 다양한 영적인 존재들을 나타냅니다. 신약 성경의 천사들의 기능 몇 가지를 구약 성경의 목록들에 비추어 살펴보겠습니다.

엘로힘과 하나님의 아들들 Elohim and sons of God

예수님께서 시편의 구절을 인용하셨을 때 천사들을 엘로힘이라고 부르십니다(시82:6; 요10:34).[17] 같은 본문에서 예수님은 천사들을 하나님의 아들들로 보고 계심을 넌지시 나타내십니다(요10:35-36). 예수님께서 이러한 용어들을 사용하시는 것은, 구약 성경의 세계관을 받아들이고 계심을 확실히 보여줍니다. 신약 성경의 천사들은 사람이 아니고, 하나님께서 하나님의 영적인 자녀들로 창조하신 하늘의 존재들입니다. 이들은 하나님의 형상을 지니고 있고, 하나님의 하늘 의회에 앉아있으며, 하나님께서 우주를 다스리시는 것을 돕습니다.

주의 사자 Messengers

천사들이 신약 성경에 나타날 때에, 대부분 사람들에게 소식을 전하거나 주님을 위해 과제를 수행합니다. 주의 사자들이 사가랴, 마리아, 요셉, 그리고 목자들에게 나타나, 침례 요한과 왕 예수의 탄생을 알려줍니다(마1:20-2:23; 눅1:11-20; 1:26-38; 2:8-15). 그들은 명령을 전하고, 위험을 경고하고, 물리적인 지도를 합니다. 천사들은 사람들을 구출하고, 교회와 개인을 돌보며, 다양한 심판을 수행합니다(마18:10; 행5:19; 12:7-10, 23; 계2:1). 어떤 경우이든지, 사자로서의 천사들의 역할은 신약 성경에서 가장 두드러집니다. 구약 성경에서와 같이, 천사들은 자연적인, 이 땅의 몸을 가지고 있지 않지만 사람의 모습으로 나타날 수 있습니다(히13:2).

마지막 때에 천사들은 사자로서 매우 중요한 역할을 합니다. 따라서 주님의 날이 가까워올수록 천사들의 활동은 이 땅에서 증가할 것입니다. 천사들은 마지막 때에 주 예수의 추수를 돕고, 그리스도인으로 보이나 아닌 사람들을 교회에서 "거두어 낼" 것입니다(마13:39-41). 하나님께서 하늘의 천군 천사를 창조하신 이유 중 하나는, 이 세상 끝날에 땅을 새롭게 하시는 일을 돕게 하기 위해, 그리고 의심할 여지없이 하늘과 땅에 있는 하나님의 가족들(엡3:14)을 연합시키기 위해서입니다. 마침내 이 영적인 사자들은 인간에게 예속되어, 심판 이후 장차 올 시대에 인간을 도와 영광스러운 새 세상을 돌보게 될 것입니다(고전6:2-3; 히1:14; 2:5-18).

주님의 의회 Council of the Lord

구약 성경과 같이 신약 성경도, 주님의 의회 장면을 묘사합니다(구약과 신약 모두에서 인간도 주님의 의회에 포함됩니다). 가장 생생한 예는 요한

계시록에서 일어납니다. 아버지께서 색깔로 빛나는 보좌 위에 앉으시고, 보좌에 앉은 이십사 장로와 네 생물과 무수히 많은 천사와 어린양에게 둘러싸여 계십니다(계4-5장; 참고: 단7:9-10). 이 의회는 두루마리를 펴는 것과 마지막 때 하나님의 심판을 위해 소집되었습니다.

또 다른 신약 성경에서 의회를 언급하는 것은 히브리서 12:22-24에 있습니다. 히브리서의 저자는 믿는 유대인들의 교회 모임이 영적인 세계에서 매우 중요한 의미를 지니고 있음을 격려하기 위해 의회를 묘사합니다. 그들이 모일 때, 그들은 시온 산의 "하늘의 예루살렘"의 더 큰 의회에 참여합니다. 천만 천사와, 더 넓은 교회와, 하나님 및 온전하게 된 의인의 영들과 예수님이 참석한 의회입니다.[18]

신약 성경의 이 두 가지 의회에 대한 환상은 천사들과 함께 인간을 포함하고, 아버지와 함께 의회를 이끄시는 예수님을 포함합니다. 히브리서의 기자가 그의 서신을 시작하면서 예수님을 "천사보다 훨씬 뛰어나다"(히1:4)고 기록한 것은 놀랄 일이 아닙니다. 예수님은 천사들의 위대한 의회에서, 선지자나 단순히 이 땅의 통지자가 아닌, 의회의 *주님*으로서 계십니다. 예수님은 독특하게 그리고 영원히 하나님의 아들이십니다; 그러므로 모든 천사—전 의회—는 아버지께 하듯이 예수님께 경배하고 예수님을 섬깁니다(히1).

그룹들과 스랍들 Cherubim and seraphim

비록 이 생물들이 신약 성경에서 이 이름으로 언급되지는 않지만, 요한계시록에서 "네 생물"로 표현하는 그룹들인 것 같습니다(계4:6-8). 이들은 에스겔서의 그룹들과 몇 가지 두드러지는 유사성을 지니고 있고, 몇 가지 다른 점도 가지고 있습니다. 어떤 성경 교사들은 이들을 다른 형태를 나타내는 같은 존재들로 봅니다.[19] 또 어떤 교사들은 이들을 이사야

서의 스랍들이라고 여깁니다.[20]

> 마침내 이 영적인 사자들은 인간에게 예속되어,
> 심판 이후 장차 올 시대에 인간을 도와
> 영광스러운 새 세상을 돌보게 될 것입니다.

군주들 Princes

다니엘서에 등장하는 군주들 중 하나는 신약 성경에서도 나타납니다. 이스라엘 나라를 살피는 군주인 미가엘은 신약 성경에서 "천사장 archangel"(유1:9)으로 불립니다. 또한 그가 "용과 용의 사자들"을 상대하여 "그의 사자들"과 함께 전쟁하는 모습이 보입니다(계12:7). 헬라어 접두사 *arch*는 첫째, 시작, 통치자 혹은 군주를 의미할 수 있습니다. 그리고 *천사장*은 명백하게 최고위의 천사를 의미합니다. 요한계시록의 미가엘에 대한 서술은, 그가 다른 군주들과 그의 군대의 다른 천사들을 감독하고 있으므로, 최고위 혹은 군주 천사인 것을 보여줍니다. 또한 그가 이스라엘 나라를 감독하고 있습니다.[21] 더 나아가서, 유다서에서, 미가엘은 마귀와 다투어 변론하는데(유1:9), 이것은 천사의 계급에서 그가 가진 권세의 정도를 암시합니다. 반역 이전에 미가엘과 마귀는 아마도 비슷한 지위에 있었을 것 같습니다.

귀신은 무엇인가?

이 강력한 천사들이 지존하신 하나님을 대적하여 반역할 때 어떤 일이 일어납니까? 이 천사들은, 결국, "하나님의 아들들"입니다. 하나님께서 그들을 하나님의 영적인 가족으로 창조하셨고, 하나님께 충성하기로 선택할 능력을 그들에게 주셨으며, 하나님의 말씀에 순종하기로 선택할 능력을 주셨습니다. 그러나 모두가 그 선택을 하지는 않았습니다. 하나님께 순종하기로 선택하지 않은 천사들은 그들이 살고 있었던 하늘에서 쫓겨났습니다. 그들은 물론 영으로 남았기 때문에, 계속해서 영적인 세계에 거주하게 되었습니다. 그러나 자신들의 길을 가기로 선택함으로, 그들은 하나님과의 친밀한 관계를 잃었고, 하나님의 영광의 장소에서 그들의 자리를 잃었습니다.

그러한 타락의 두 가지 주요한 결과를 봅니다. 첫째로, 이 천사들은 그들의 본성이 왜곡되는 것을 경험했습니다. 하늘에서 다양한 능력과 책임을 가지고 있었던 여러 종류의 천사들이 이제, 반역 이후에, 그들 본성의 비뚤어진 상태를 지니게 됩니다. 이 타락한 천사들의 추방과 부패는 신약 성경이 귀신이라고 부르는 존재들로 그들을 바꿔버립니다.

둘째로, 이들은 영광의 장소를 위해 만들어졌는데, 영광의 임재를 떠나, 또 다른 환경이 필요하고, 그곳에서 자신들을 표현하고 하나님을 대적해 싸웁니다. 그 새로운 환경이 이 땅입니다. 구체적으로, 그들은 인간을 통해서 일해야만 합니다. 하나님께서 인간을 창조하실 때, 이 땅을 다스리고 돌보게 하셨기 때문입니다. 귀신들은 인간에게서 땅을 다스리는 역할을 빼앗습니다. 그러나 그들은 또한 하나님을 대적하여 그들의 목적을 이루기 위해 인간과 일종의 동업을 해야만 합니다.

천사들의 타락

에스겔 선지자는 두로 왕을 향한 흥미로운 심판과 애도를 선포합니다(겔28:1-19). 이 악한 사람 군주는 교만하여 자신이 무적인 체하고 그 마음이 하나님의 마음과 같은 체하여, 선지자가 그를 꾸짖습니다. 그런데 에스겔이 예언을 말할 때, 그는 분명하게 또 다른 모드로 전환하여 영적인 존재에 대해 말하기 시작합니다. 인간 군주들은 영적인 군주들에 상응하는 것을 기억하십시오(참고: 단10:13,20). 두로 왕에 대한 에스겔의 예언이 영적인 존재에 대한 평행되는 묘사로 연결되는 것이 전혀 놀랍지 않습니다.

선지자는 이 영적인 존재가 "기름 부음을 받고 지키는 그룹"으로 "하나님의 성산에" 살았으며, 온갖 귀중한 돌들로 단장했었고, "지혜가 충족하여 온전히 아름다웠으며," 불타는 돌들 사이에 왕래하였고, "하나님의 동산 에덴에" 있었다고 말합니다(겔28:12-14). 이러한 목록은 명백하게 에덴에도 등장했던 하나님의 의회 구성원을 묘사하고 있습니다. 그런데 선지자는 계속해서 말합니다. "네가 아름다우므로 마음이 교만하였으며 네가 영화로우므로 네 지혜를 더럽혔음이여"(겔28:17). 더 나아가서, 타락한 천사를 언급하고 계심에 의심의 여지를 남겨두시지 않기 위해, 주님께서 말씀하십니다. "네가 범죄하였도다 너 지키는 그룹아 그러므로 내가 너를 더럽게 여겨 하나님의 산에서 쫓아냈고 불타는 돌들 사이에서 멸하였도다"(겔28:16).[22]

그러면 우리가 에덴 동산에서 악한 영적 존재를 마주하게 되는 것은 타당합니다(창3:1-7). 뱀은 주님의 의회 높은 자리에 오르기 원했던 그룹 군주였습니다. 그는 심지어 자신이 "지극히 높은 이와 같아지겠다"고 했습니다(사14:14). 그는 높은 지위의 의회 구성원이었지만 이제 하와를 유혹하고 아담을 조종해서 인간을 반역과 죽음으로 몰아넣고자 동산에 나타났습니다. 신약 성경은 이 뱀을 "마귀"와 "사탄"으로 동일시합니다(계12:9; 참고: 고후11:3,14). 그의 반역은 다른 천사들에게 영향을 주어 따라하게 만듭니다. 그들은 또한 하늘의 의회로부터 추방되었습니다(계12:9; 참고: 마25:41).

이것이 모두 한 가지 반역이었을까요? 아니면 의회의 여러 구성원들이 각기 다른 시간에 범한 여러 가지 반역들이었을까요? 성경은 천사의 반역을 다양하게 언급하고 있습니다. 창세기는 "하나님의 아들들"이 사람의 딸들을 아내로 삼는 것을 말씀합니다(창6:1-4). 이들은 "자기 지위를 지키지 아니하고 자기 처소를 떠나 큰 날의 심판까지 영원한 결박으로 흑암에 가두어진 천사들"(유1:6)과 같은 존재인 듯합니다. 시편 82편이 주님의 의회에 서 있었던 어떤 하나님의 아들들이 타락하는 것을 보여주는 반면에, 어떤 하나님의 아들들은 명백하게 하나님께 충성되게 남았습니다(욥1:6; 2:1). 시편 82편에서, 엘로힘으로 불렸던 반역하는 아들들은, 나라들 가운데서 그들의 권세를 약한 자, 가난한 자와 고아를 돕기 위해 사용하기를 거절했습니다. 마침내, 요한계시록은 용의 꼬리가 "하늘의 별 삼분의 일을 끌어다가 땅에 던지더라"(계12:4)고 우리에게 말해줍니다. 분명하게 우리는 천사의 반역에 대한 여러 가지 다른 증거들을 보게 되고, 이 일들은 서로 다른 시간에 일어났을지도 모릅니다. 그러나 이것들이 각각의 분리된 사건이든지 아니든지, 이 사건들은 악한 존재들이 이전에는 천사의 의회 구성원이었다가 주님을 대적해 반역한 것을 분명하게 보여줍니다.

다양한 종류의 귀신들

많은 수의 천군 천사가 반역했습니다. 이전의 상태에서 어떤 성격을 지니고 있었든지, 이제 그들은 비틀어진 성격을 지닙니다. 이전의 높은 지위 천사들—그룹들, 스랍들, 군주들—은 이제 이전 자아의 어두운 형태로 존재합니다. 그들은 여전히 나라들에 대해 권세를 가지고 있지만, 이제 정의를 왜곡하고, 사람들을 압제하고, 하나님의 계획에 저항하며,

이 땅에 전쟁과 죽음을 일으키는 데에 그들의 권세를 사용합니다. 바울과 베드로가 그들의 서신에서 언급한 권세들과 능력들이 바로 이들입니다(엡1:21; 6:12; 벧전3:22). 우리는 "통치자들과 권세들과 이 어둠의 세상 주관자들과 하늘에 있는 악의 영들"(엡6:12)에 대해 읽어봅니다. 우리는 또한 *주권들, 이름들, 왕권들, 천사들*(엡1:21; 3:10; 골1:16; 벧전3:22)과 같은 단어들을 찾아볼 수 있습니다. 이들은 모두, 원래 주님의 의회에서 본래 가졌던 위계질서에 따른 지위를 나타냅니다. 그러나 이들은 사탄의 의회에서 악한 지위가 되었습니다.

위계질서가 있는 어떤 시스템이든지, 높고 낮은 지위가 존재합니다. 지위가 낮은 반역 천사들은 사탄의 군대에서 병사와 같은 존재가 되었습니다. 이들은 복음서에서 보통 귀신이라고 불립니다. 그들은 사람들의 삶을 다양한 방식으로 파괴합니다. 이전에 높은 지위의 천사들 아래에서 움직이면서 특정한 과제를 수행했으나, 이제 귀신의 영역에서 그들을 감독하는 자들을 위해서 과제를 수행합니다. 이전에 다양한 영역의 전문성을 가지고 있었다면, 이제는 그러한 기술들의 왜곡된 형태를 사용하여 사람들을 향해 압제하는 힘을 행사합니다.

예를 들어, 원래는 다양한 종류의 의사 소통 업무를 하던 천사가 이제는 "말 못하게 하는 귀신"(눅11:14)이 되었을 수 있습니다. 아름다움을 펼치는 과업을 수행하던 천사가 지금은 눈을 멀게 하는 귀신일 수 있습니다(마12:22). 예배의 정결함을 담당하던 천사가 지금은 회당의 예배 한 가운데 있는 "더러운 귀신"(눅4:33)일 수 있습니다! 일반적으로 우리는 이런 귀신을 종교적인 영이라고 부를 수 있습니다. 이런 영은 가짜 경건함 뒤에 역겨운 더러움을 감춥니다. 더 큰 범위에서, '회복시키는 광범위한 능력'을 부여받았던 스랍은 이제 많은 사람에게 '최악의 질병들을 가하는 능력'을 가진 높은 지위의 군주일 수 있습니다.

귀신들은 넓은 범위의 지위와 권력을 포함하고 있으며, 함께 일합니다. 예수님께서 이것을 분명히 하십니다(마12:26). 명백하게 그들은 사랑으로 연합하지 않습니다. 그들은 두려움으로 연합합니다. 공통되는 악한 명분에 자원을 모으지 않는다면, 그들은 성공할 가능성이 없습니다. 그러므로, 군대 귀신과 같은 경우는, 낮은 지위의 귀신들이 한 지역에 대해 더 큰 힘을 갖기 위해 집합했을 수 있습니다(막5:1-20). 더러운 영들의 무리인 군대 귀신은 한 사람에게 들어가 열 개 도시를 그들의 통치 아래 두었습니다. 이 이야기는 귀신의 활동의 양면을 드러냅니다–개인을 묶는 것과 지역을 통치하는 것입니다.[23] 이 군대 귀신은, 무려 사천에서 육천이나 되는 수의 귀신이 모인 파견대에 붙여진 이름으로, 더 높은 지위에 있는 군주들의 권세 아래에서 일하는 것이 틀림없습니다.[24]

쉼이 필요한 귀신들

예수님께서 가르치십니다. "더러운 귀신이 사람에게서 나갔을 때에 물 없는 곳으로 다니며 쉬기를 구하되 얻지 못하고 이에 이르되 내가 나온 내 집으로 돌아가리라 하고"(눅11:24). 왜 악한 영들은 쉼을 구할까요? 그들은 원래 거주했던 환경의 안락함과 연합을 잃어버린 타락한 영들로서, 이 세상에서 "집"과 유사한 무언가를 찾아 거주하고, 그것을 통해 악을 향한 그들의 격렬한 필요를 표현해야 합니다. 귀신들은 기생할 몸이 필요합니다. 심지어 군대 귀신에게는, 육체에서 분리되고 자기의 지방에서 쫓겨나거나, 때가 이르기 전에 무저갱으로 보내지는 것보다 돼지 안에 들어가는 것이 더 나았습니다(마8:29; 막5:10; 눅8:31).

반면에 계급이 높은 영들은 "공중의 왕국"(엡2:2)이라고도 불리는 하늘의 영역에 거주합니다. 그들은 개별적인 인간에 거주할 필요가 없는 것 같습니다. 그러나 여전히 그들은 자신의 통치를 행사할 인간의 정권이 필요합니다. 그들은 또한, 땅 위의 낮은 단계의 악한 활동들로부터 하늘의 높은 단계의 정부까지 확장되는, 사슬과 같은 연결을 통해 일하는 것 같습니다. 다시 말해, 이것이 군대 귀신이 하는 일인 것 같습니다.

인간과의 이러한 연결이 바로 악한 힘이 필요로 하는 "쉼"입니다. 여기에 하나님께서 우리 인간을 하나님의 영으로 살도록 창조하셨다는 사실이 더해집니다. 생명의 호흡이 아담에게 들어갔을 때 그는 자연적으로 살았습니다(창2:7). 그리고 믿는 자들은 그리스도와 성령을 받을 때 초자연적으로 살게 됩니다(롬8:9). 하나님께서 우리를 하나님의 영에 감동되도록 창조하셨습니다. 그러나 우리가 *하나님의* 영을 받지 않으면, 우리 마음에 다른 종류의 영을 갈망하는 빈 공간을 갖게 됩니다. 우리는 반드시 영을 가지고 있어야 합니다.

한편, 악한 영들은 기생할 몸을 필요로 하며 이 땅을 돌아다닙니다. 이 두 가지의 필요가 마치 지옥에서 맺어준 짝 마냥 서로를 발견합니다. 그래서 바울이 우리가 죄인일 때 우리는 "불순종의 아들들 가운데서 역사하는 영을 따랐다"고 말합니다(엡2:2). 성령 하나님이 없이, 인간은 영과 어떤 종류이든 연결이 되어야 합니다—직접적으로 귀신 들리거나, 혹은 이 세상의 영으로부터 일반적인 영감을 받습니다. 어떤 사람들은 특정한 영에게 다른 사람들보다 더 영향을 받습니다.

귀신이 사람들에게 영향력을 행사하는 정도가 달라 보이는 이유가 이것입니다. 귀신들은 쉼이 필요하고, 사람들은 영이 필요합니다. 다른 요인들과 함께, 상호 협조의 정도가 영향력의 정도를 결정합니다. 아주 극단적인 경우에 귀신들은 사람의 말이나 행동을 통해 자신들을 드러내 놓고 표현합니다. 신약 성경은 이것을 '귀신 들렸다'고 말합니다(마8:16; 막9:17).[25] 이것은 그리스도가 없이는 모든 사람이 귀신 들렸다는 의미가 아닙니다. 그러나 이것은 그리스도가 없이는 모든 사람이 세상 영의 영향력 아래에 들어간다는 것을 의미합니다.

예수 그리스도가 주(主)이십니다!

그러나 예수님께서 모든 반역하는 영들을 이기셨습니다! 예수님의 삶과 죽음, 부활과 승천은 우리에게 죄를 용서받는 길을 내주신 것 이상입니다. *예수님의 승리는 어둠의 권세를 가진 무리 전체를 무너뜨렸습니다.* 예수님께서 완전한 하나님의 아들이자 사람의 아들로서 예수님의 보좌에 앉으셨을 때, 특별히 타락한 천사의 전 조직에 대한 통치권을 취하셨습니다. 이것이, 성경에서 "예수는 주!"라고 말씀할 때, 이 말씀이 의미하는 바의 큰 부분이 됩니다. 개인과 나라를 다스리는 악한 영의 지배층이 이제는 그리스도의 통치 아래 있다는 세계관이 없이, 이 위대한 고백을 온전히 이해하는 것은 불가능합니다!

우리가 주님께로 돌이켜 그분의 영을 받을 때, 우리 영혼의 빈 공간은 성령 하나님으로 채워집니다. 이것은 우리가 영적인 죽음에서 영원한 생명으로 옮겨졌다는 의미입니다. 이것은 또한 그리스도와 함께 다스리는 장소로 들어올려졌다는 의미입니다(엡1:19-2:6). 우리는 더 이상 세상 영의 지배를 받지 않고, 악한 영향력의 압제 아래 살지 않습니다. 사람이신 그리스도 예수 안에서, 이 땅을 다스리는 인간의 본래 디자인이 회복되었습니다. 이제 우리는 이 악한 권세들 위에서 승리로 살아갈 수 있으며, 언젠가 우리는 그리스도와 함께 모든 피조물을 다스리게 될 것입니다. 예수 그리스도께서 주님이십니다!

토론을 위한 질문

1. 하나님께서 왜 그토록 많은 종류의 다양한 피조물들을 하늘과 땅에 창조하셨다고 생각하나요?
2. 하나님께서 왜 모든 것을 스스로 하지 아니하시고 사람과 천사들을 사용하신다고 생각하나요?
3. 귀신들은 왜 인간이 필요하고, 인간을 원할까요?
4. 귀신 들린 사람을 대면해본 적이 있나요? 천사나 귀신을 본 적이 있나요?

2장

용은 어디서 힘을 얻는가?

한 번이라도 속았던 것에 신뢰를 두지 않는 것은 신중한 것이다.
- 르네 데카르트, '제 1 철학에 관한 성찰' -

나의 자유를 가져가실 수 있는 분께서 그렇게 하지 않으셨는데,
그분의 능력으로 나를 붙드실 때에
다른 모든 것을 가져가실 것이라고 가정할 이유는 없다.
- 존 로크, '시민정부론' -

산책 중에, 혹은 밖에서 일을 하다가, 뱀을 본 적이 있으십니까? 오싹한 순간입니다. 최근에 친구가 가족과 함께 등산을 한 이야기를 나눠주었습니다. 네 자녀들 중 한 명을 그의 어깨 위에 앉히고 모퉁이를 돌았을 때, 길목을 가로막은 검은 뱀을 거의 밟을 뻔했습니다. 순간 소리를 지르고 싶었지만, 아이들을 놀라게 하지 않기 위해 충동을 억눌렀습니다. 대신에 그는 이 글에서는 재현할 수 없는 소리를 냈습니다. 정말 우스꽝스러운 소리였습니다. 한 아이는 어깨 위에 앉아있고 세 명의 아이들이 뒤에 가까이 붙어 있어, 다소 움직임이 자유롭지 못했기 때문에, 그는 뒤로 천천히 움직였습니다. 안전한 거리를 두게 되었을 때, 그는 발을 굴러서 뱀을 달아나게 했습니다.

이것은 특별히 세련된 전략이 아니었습니다. 할 수만 있었다면, 그는

돌로 뱀을 박살내거나 닌자 스타(역주: 별 모양으로 생긴, 던지는 칼)를 던졌을 것이라고 저는 단언합니다. 그렇게 멋진 친구입니다. 그런데 그 순간에는, 얼마나 멋져 보이는지가 중요하지 않았습니다. 그는 자신이 큰 승리를 거둔 영웅처럼 보이지 않았다고 인정했습니다. 아이들은 여전히 그 '높은 음의, 낑낑거리는, 가글하는 듯한 경고음'을 흉내 내고, 폭소를 터뜨립니다. 그런데 돌이켜 생각해보면, 그 모든 것이 상관없습니다. 뱀은 사라졌고, 길은 치워졌으며, 그들은 즐겁게 가던 길을 계속 갔습니다.

우리의 첫 번째 조상, 아담과 하와가 그 오래 전 에덴에서 비슷한 전략을 선택했더라면 좋았을 것 같습니다. 그랬다면 바보가 된 것 같았을 수 있습니다. 천천히 뒤로 물러나서 발을 구르는 것은 하나님의 동산을 지키는 파수꾼의 지위에 걸맞지 않았을 수 있겠지만, 그렇게 했다면 더 나았을 것입니다.

창세기의 처음 두 장은 하나님께서 창조하신 새로운 세상을 그리고 있습니다. 남자와 여자로 지어진 인간이 하나님의 형상을 가지고 이 땅의 합법적인 감독자로서 다스리고 있는 그림입니다. 하나님께서 인간이 땅을 다스리도록 의도하셨고, 그들의 모든 필요가 "온 지면의 씨 맺는 모든 채소와 씨 가진 열매 맺는 모든 나무"(창1:29)로 충족되도록 의도하셨습니다. 딱 한 가지 예외 사항이 있었습니다. 하나님께서 첫 번째 남자 아담과 첫 번째 여자 하와에게 말씀하셨습니다. "동산 각종 나무의 열매는 네가 임의로 먹되 선악을 알게 하는 나무의 열매는 먹지 말라 네가 먹는 날에는 반드시 죽으리라"(창2:16-17).

뒤따르는 유혹은 이 명령에 초점을 맞춥니다. 하나님께서 *한* 나무를 제외한 동산의 모든 것을 인간에게 주셨고, 바로 그 한 영역이 유혹이 오는 영역입니다. 사실, 이 유혹과 선택의 문제는 우리 모두에게 아주 결정적으로 중요합니다. 이것이 이 책의 전반에 걸쳐서 반복될 주제입니다.

이것은 중요하기 때문에 우리는 여기서 멈추어서, 죄와 유혹의 속성에 대해 몇 가지 나누어 보겠습니다. 왜 하나님은 아담과 하와에게 명령을 하셔서, 하나님께서 만드신 나무의 열매를 먹지 못하게 하셨을까요? 기괴한 호기심이 발동해 인간이 독단적인 함정에 빠질 것인지를 보고 싶으셨던 것일까요? 물론 아닙니다. 야고보 사도는 우리에게 말합니다. "사람이 시험을 받을 때에 내가 하나님께 시험을 받는다 하지 말지니 하나님은 악에게 시험을 받지도 아니하시고 친히 아무도 시험하지 아니하시느니라"(약1:13). 그러나 여전히, 에덴 이야기는 표면적으로, 하나님께서 아담과 하와를 실패하게 만든 것처럼 보일 수 있습니다. 어쨋든, 하나님은 우리가 독이 든 나무와 그럴듯한 말로 구슬리는 용을 발견하게 되는 시점까지, 그들을 완벽해 보이는 동산에 두셨습니다.

자유 의지

신학자들이 선악과의 존재와 하나님께서 *옛 뱀*에게 아담과 하와를 유혹하도록 허용하신 것 같다는 사실을 일반적으로 설명해온 방식이 자유 의지의 개념입니다. 이 설명은 아주 일반적입니다. 그런데 여전히 많은 사람들이 하나님을 독단적이라고 오해하는 근본적인 질문을 집요하게 고수합니다. 철학적이고 신학적인 관념으로써의 자유 의지 개념은 별개의 문제이기 때문이라고 저는 생각합니다. 이러한 관념을 우리가 실제로 매일의 삶에 적용하려 하면 확신이 떨어집니다.

종종 사람들은 성경적인 기준에 의하면 행하지 말아야 하는 욕구나 좋지 못한 성향을 가지고 있습니다. 이것은 마치 그들의 동산에 접근 금지인 나무가 있는 것과 같습니다. 그것은 마침 그들이 가장 먹고 싶어하는 나무입니다. 누군가는 물을 것입니다. 왜 하나님께서 저에게 그런 욕구를 주시고 나서 제가 그 욕구를 충족하면 안 된다고 말씀하시는 걸까요? 그건 부당하고, 어쩌면 조금 잔인한 것도 같습니다. 이것이 제가 말하고 있는 딜레마입니다. "자유 의지"는 이론적으로 아주 확실한 신학적인 답변입니다. 그러나 매일의 삶에 적용할 때에는 삼키기 어려운 답변인 것 같습니다.

사자가 작은 영양을 몰래 잡아 갈기갈기 찢을 때, 그것은 아주 공포스러운 광경일 것입니다. 그러나 아무도 그 사자가 악하다고 말하지 않습니다. 단지 그 본성을 따라 행동하고 있기 때문입니다. 영양이 풀을 뜯어 먹는 것만큼이나 사자가 영양을 먹는 것도 악하지 않습니다. 둘 다 그들의 본성에 따라 행동하고 있을 뿐입니다. 사실, 사자가 다른 사자의 새끼를 죽일 때 조차도 우리는 그 행동을 본능적인 것으로 보고, 악하다고 묘사하지 않습니다. 사자에게는 죽이는 것이 자연스럽습니다. 사자는 어쩔 수 없습니다.

이와 마찬가지로, 사람에게 자연적으로 주어진 어떤 것이 어떻게 악으로 정죄 받을 수 있단 말인가요? 어떻게 하나님은 우리가 본성을 부인하기를 기대하실 수 있을까요? 더 나아가서, 성경 말씀이 진리이고 하나님이 존재한다면, 하나님은 우리를 창조하신 분입니다. 많은 사람들이 그렇게 생각하듯이, 하나님은 우리를 어떤 존재로 만드신 후에, 그 본성에 반대되는 행동을 하기를 기대하십니다! 이것은 부당한 것 같습니다.

어떤 행동을 낳는 자연적인 성향이 그 행동을 정당화한다는 신념은 현대의 시대정신에 속합니다. 다시 말해, 이러한 신념은 우리의 시대를 규정하는 분위기나 가치 시스템인, 이 시대의 영에 속한 것입니다. 많은 사람들이 이러한 신념을 이용해서 자신의 삶을 변호합니다. 예를 들어, 이것은 동성애 운동가들에 의해 사용되는 주된 논쟁 중 하나입니다. 그들의 기본적인 주장은 그들이 자신의 성적인 취향을 가지고 태어났다는 것입니다. 그러므로 그들이 하는 일은 괜찮을 뿐만 아니라, 진정성이 있는 것이므로 도덕적이라고 주장합니다. 그래서 누군가가 동성애자나 성전환자로 자신의 성 정체성을 공개적으로 드러내면, 영웅으로 환영을 받는 것입니다. 그래서 케이틀린 제너Caitlyn Jenner(역주: 남성에서 여성으로 성전환을 한 미국의 공인)가 글래머Glamour 잡지의 올해의 여인 상을 받은 것입니다. 전통적인 관습과 기준에 반하여 "자신에게 충실한 것"이 칭찬을 받을 만하다고 여겨집니다. USA 투데이USA Today의 최근 기사에 이렇게 적고 있습니다. "수십 년 동안, 'born this way(이렇게 타고 났어)'는 주류 동성애자 인권 운동의 구호였고, 이 단순한 구호가 정치적 변화와 문화적 수용의 근거로 인용되었다."[1] 레이디 가가Lady Gaga는 이것에 대한 노래까지 만들었습니다.

그러나 이것은 LGBT(역주: 동성애자와 양성애자, 성전환자)들만의 문제가 아닙니다. 모든 인간이 맞닥뜨리게 되는 것입니다. 우리 모두는 하나님의 말씀에 반하는 특유의 성향과 욕구를 가지고 태어났습니다. 예를 들어, 어떤 과학자들은 남자 이성애자가 생물학적으로 다수의 여성과 성관계를 원하는 성향을 가지고 있다고 주장합니다. 불륜의 관계를 갖는 기혼 남성의 숫자와 결혼 전이나 이혼과 재혼을 통해 다수의 여성과 성관계를 갖게 되는 남성의 숫자를 더한 통계를 보면, 혼음은 인간에게 있는 성향입니다. 그러나 성경이 말씀하는 이상은 한 남자와 한 여자가 결혼하여, 모든 성적인 관계를 결혼 관계 안에서만 허용하며 한 평생을 사는 것입니다. 다시 말해, 성경의 말씀은 마치 우리의 본성을 거스르는 것 같습니다.

그래서 우리는 다시 질문으로 돌아가게 됩니다. 하나님께서 우리를 이렇게 창조하셨다면, 우리가 동물들처럼 자연적인 성향을 만족시킬 때 하나님께서 어떻게 기뻐하지 않으실 수 있을까요? 저는 그리스도인의 대답을 알고 있습니다. 하나님은 우리를 죄의 본성을 넣어 창조하지 않으셨습니다. 그것은 타락의 결과입니다. 그러나 여전히 의문입니다. 왜 하나님은 죄를 선택할 수 있는 세상을 창조하셨을까요? 결국, 아담과 하와는 하나님께 불순종하기로 선택하고 타락했습니다.

오래 걸리는 사고실험(역주: 머리 속에서 생각으로 예측하는 실험)으로 들어가지 않고, 사람들이 하나님을 선택하지 않을 자유가 있고 하나님께 불순종할 자유가 있는 세상이 가장 훌륭하다고 제안해 보겠습니다. 그러한 세상에는 악이 물론 존재할 것입니다. 그러나 사랑, 자유, 그리고 진정한 선택도 존재할 것입니다.

C.S. 루이스C.S. Lewis가 이것을 다음과 같이 설명합니다:

> 하나님께서 자유 의지가 있는 것들을 창조하셨다. 이것은 피조물이 잘못될 수도 있고 잘될 수도 있다는 것을 의미한다. 어떤 사람들은 자유롭지만 잘못될 가능성이 전혀 없는 피조물을 상상해볼 수 있다고 생각한다; 나는 그런 것을 상상할 수 없다. 어떤 것이 좋게 되기로 선택할 자유가 있다면 나쁘게 되기로 선택할 자유도 있는 것이다. 그리고 자유 의지는 악을 가능하게 만든 것이다. 그런데 왜 하나님은 그들에게 자유 의지를 주셨는가? 자유 의지는, 비록 악을 가능하게 만드는 것이지만, 어떤 사랑이나 선함, 기쁨을 선택할 가치가 있게 만드는 유일한 것이기도 하다. 로봇 같은 사람들—기계와 같이 움직이는 피조물들—의 세상은 창조할 가치가 거의 없다. 하나님이 그분의 고등 피조물을 위해 디자인하신 행복이란 자유롭게 자원하여 그분께 연합하고 서로 연합하여 황홀한 사랑과 기쁨을 누리는 행복이다. 이러한 행복에 비하면, 이 땅에서 남녀 간의 가장 열정적인 사랑도 물에 탄 우유처럼 싱거울 뿐이다. 그리고 이러한 행

복을 위해 그들은 자유로워야만 한다.[2]

성경에서 한 가지는 분명합니다—자유 의지의 문제가 하나님께는 중요합니다. 하나님은 우리를 선택할 수 있는 능력을 가진 존재로 창조하셨고, 특별히 하나님을 선택할 수 있도록 창조하셨습니다. 이것이 중요한 이유는, 하나님께서 우리를 하나님을 위해 창조하셨고, 하나님과 사랑의 관계를 갖도록 창조하셨기 때문입니다. 선택할 능력이 없이, 사랑의 관계는 가능하지 않았을 것입니다. 만일 누군가가 "사랑"을 경험하기 위해서 다른 사람에게 강요한다면, 그것은 전혀 사랑이 아닙니다. 그것은 학대이고, 이기심의 대표적인 태도입니다. 하나님은 컴퓨터 코드에 의해 행동하는 프로그램 된 수많은 로봇을 원하지 않으셨고, 본능에 따라 행동하는 동물들을 원하신 것도 아닙니다. 인간은 선택할 수 있는 능력을 가진 존재로 창조되었습니다. 그러나 그 능력은 또한 하나님을 거절할 수 있는 능력을 동반합니다. 그렇지 않으면 그것은 진정한 *자유* 의지일 수 없습니다. 잘못된 선택에 따르는 아무런 결과가 없다면, 자유 의지는 없습니다. 그리고 자유 의지가 없다면, 진정한 사랑도 없습니다.

선택할 능력이 없이, 사랑의 관계는 가능하지 않았을 것입니다.

여기까지 제가 펼쳐 놓은 모든 것은 자유 의지에 대한 전형적인 논의입니다. 대부분 이 논의가 익숙하실 것입니다. 그러나 여기에 당신이 생각해보지 않았을 수도 있는 부분이 있습니다. 한 걸음 더 나아가봅시다. 자유 의지는 실행 가능한 선택 사항들이 있을 때에만 의미가 있습니다. 다시 말해, 우리는 종종 선택의 자유의 중요성에 대해 이야기하지만, 그 선택의 가치에 대해서는 말하지 않곤 합니다—당신의 선택할 자유에는 엄청나게 유의미한 가치가 수반됩니다.

예를 들어, 제가 두 가지 선택 사항을 드린다고 가정해봅시다. 당신은 비용이 전부 지불된 하와이의 스파에서 하루를 보낼 수 있습니다. 아니면 제가 날카로운 막대기로 당신의 눈을 찌를 수 있습니다. 무슨 선택 사항이 이렇습니까? 아무리 제가 기술적으로 두 가지 선택 사항을 당신에게 주었다 해도, 여기에는 아무런 선택이 존재하지 않습니다. 생각이 온전하다면 하와이에서 휴가를 보내는 것을 밀어내고 날카로운 막대기로 눈을 찌르는 것을 선택하지 않을 것입니다.

만일 하나님께서 인간을 창조하실 때 선택할 수 있는 능력을 주시고, 모든 변수가 단 한 가지의 선택 사항(하나님)을 향해 정렬되어 있는 세상에 그들을 두셨다면, 선택할 수 있는 능력은 불필요했을 것입니다. 진짜 의미 있는 선택이 전혀 존재하지 않았을 것입니다. 게다가, 그러한 환경에서 하나님을 선택하는 것은 진정한 사랑이 아닙니다—하나님께서 그분이 창조하신 사람에게 원하시는 선택의 동기는 진정한 사랑입니다.

반면에, 하나님은 하나님을 대적하여 잔뜩 쌓아 올려진 타락한 세상에 우리가 남아있도록 허용하셨습니다. 그리고 그분을 선택하라고 말씀하십니다. 그렇기 때문에 이 세상에서 하나님을 선택하는 사람은 실제적이고 유의미한 선택을 하는 것입니다. 우리가 하나님을 선택할 때, 우리의 선택은 세 가지 이유로 의미가 있습니다.

1. 하나님은 자연적으로 눈에 가장 잘 보이는 선택이 아닙니다.

유명한 무신론자 리차드 도킨스Richard Dawkins는 "만약에 그가 죽자 마자 하나님이 실제로 존재하시는 것을 알게 된다면 뭐라고 말할 것인지," 질문을 받았습니다. 그의 대답은 버트런드 러셀Bertrand Russell

이 하나님께 질문하겠다고 말했던 것을 인용한 것이었습니다. "당신 자신을 숨기기 위해 왜 그런 고통을 견디셨습니까?"[3] 하나님께서 스스로를 숨기시는 것이 사실이라면, 저는 도킨스와 러셀의 말에 동의하겠습니다. 하나님을 인지하는 것이 불가능하고 하나님의 존재하심이 날아다니는 스파게티 괴물(역주: FSM교)보다 증거가 없다면, 하나님의 존재를 부인하는 것이 완전히 이성적인 생각일 것입니다.

그러나 실제로, 하나님은 자신을 *나타내 보이시기* 위해 모든 것을 하셨습니다. 하나님은 모든 자연과 피조물을 통해 그분 자신을 드러내 보여주십니다. 바울이 말합니다. "창세로부터 그의 보이지 아니하는 것들 곧 그의 영원하신 능력과 신성이 그가 만드신 만물에 분명히 보여 알려졌나니 그러므로 그들이 핑계하지 못할지니라"(롬1:20). 하나님께서 그분의 지문을 우리가 보는 모든 것 위에 남겨 놓으셨고, 우리가 느끼는 모든 것 위에도 하나님의 지문을 남겨 놓으셨습니다. 하나님은 "사람들에게 영원을 사모하는 마음을 주셨고"(전3:11), 초월하는 분을 내면으로부터 인지할 수 있게 하셨습니다. 우리는 하나님의 형상을 따라 만들어진 것을 알고 있습니다.

그러나 피조물의 증거와 우리 양심의 증언을 넘어서, 하나님은 하나님의 아들을 통해 자신을 보이셨습니다. 하나님의 아들은 이 세상에 오셔서 우리를 위해 생명을 내주셨습니다. 우리에게 주신 하나님의 선물, 하나님의 아들은 단지 영적인 실제에 불과한 분이 아닙니다. 예수님은 실제 세상에 혈과 육으로 오셨습니다. 그분의 생애는 역사적인 기록으로 남았고, 부활의 증거가 넘쳐납니다. 하나님을 알아보지 않기 위해 하나님이 스스로를 숨기신다고 생각하려면, 사람은 아주 단호해져야 합니다.

한편으로는, 하나님은 겸손하고 하나님을 찾는 자들에게 그분을 나타내십니다. 반면에, 교만하고 마음을 굳게 한 사람들에게는 자신을 숨기셨습니다. 프랑스의 수학자이자 철학자인 블레이즈 파스칼Blaise Pascal이 말했습니다. "[하나님은] 전심으로 하나님을 찾는 사람들에게 자신을 완벽하게 알아볼 수 있게 하기 원하셨고, 전심으로 하나님을 피하는 사람들에게 자신을 숨기기 원하셨다. 그분을 찾는 자들에게는 눈으로 볼 수 있는 표적을 주셨고, 그분을 찾지 않는 자들에게는 모호하게 하셨다."[4]

하나님은 그분을 발견하기 원하는 사람들은 찾을 수 있고, 그렇지 않은 사람들은 찾을 필요가 없도록 자신을 드러내 오셨습니다.

하나님께서 갑자기 하늘에 나타나셔서, 그분의 목소리가 온 땅에 천둥과 같이 울린다고 상상해보십시오. "나는 하나님이다. 나에게 경배하라." 아마도 모든 사람들이 그렇게 하기로 선택할 것입니다. 그런데 다시 말해, 그것은 진짜 선택이 아닐 것입니다. 하나님은 그분을 발견하기 원하는 사람들은 찾을 수 있고, 그렇지 않은 사람들은 찾을 필요가 없도록 자신을 드러내 오셨습니다. 이렇게 이야기해보겠습니다–만약에 하나님이 육안으로 볼 수 있는 분이라면, 하나님을 선택하는 것이 의미 있는 선택은 아닐 것입니다. 단지 유일한 선택 사항이 되겠지요. 하나님을 사랑하지 않는 사람과 하나님을 원하지 않는 사람조차도 눈에 보이는 위협의 부담으로 여전히 하나님을 선택할 것입니다. 그러나 하나님을 믿고 선택하는 우리들은(비록 우리가 그분을 보지 못하지만 선택한다면) 의미 있는 선택을 한 것입니다. 베드로전서 1:8에서 말씀하는 것과 같습니다. "예수를 너희가 보지 못하였으나 사랑하는도다 이제도 보지 못하나 믿고 말할 수 없는 영광스러운 즐거움으로 기뻐하니."

2. 하나님은 가장 편안한 선택이 아닙니다.

성경은 멸망으로 인도하는 문은 크고 그 길이 넓다고 말씀합니다(마 7:13). 그 길은 사람들로 가득합니다. 좁은 길은 생명으로 인도하지만, 그 길로 여행하는 사람은 거의 없습니다. 멸망으로 인도하는 넓은 길은 왜 그렇게 인기가 많을까요? 넓어서 지나가기 쉽기 때문입니다. 좁은 길은 왜 인기가 없을까요? 좁아서 들어가기 힘들기 때문입니다. 어느 누구도 어려운 길을 걷고 싶어하지 않습니다. 하나님을 선택하는 것이 가장 쉽고, 가장 편안하고, 가장 즐거운 선택 사항이라면, 모든 사람들이 하나님을 선택할 것입니다. 그러면 그 선택은 이기적인 선택일 것입니다–죄를 낳는, 자기 잇속만 챙기는 욕심과 구분이 되지 않습니다.

3. 하나님은 가장 즉각적인 선택이 아닙니다.

주님께서 말씀하십니다. "내가 생명과 사망과… 네 앞에 두었은즉… 생명을 택하고"(신30:19). 왜 하나님께서 "생명을 택하라"고 말씀하셔야 할까요? 명백하게 생명이 사망보다 좋습니다. 이것은 마치 하와이 아니면 날카로운 막대기로 눈을 찌르는 것 중에서 선택을 할 수 있는 그런 선택 중 하나인 것 같습니다. 그러나 하나님은 우리가 사는 세상에서 옳은 선택이 항상 명백한 선택이 아닌 것을 알고 계십니다. 하나님께서 "생명을 선택하라"고 말씀하십니다. 그 선택은 표면적으로 들리는 것보다 실제로 훨씬 더 어려운 선택이기 때문입니다. 아주 많은 경우에 의미 있는 선택은 '단기적으로는 좋은 듯하지만 장기적으로는 멸망에 이르는 것'과 '단기적으로는 고통스럽지만 장기적으로는 상급이 있는 것' 사이에서 결정됩니다. 다른 말로 하면, 이 선택은 '즉각적인 만족'과 '미루어진 만족' 간의 선택입니다. 그리고 이것은 이해하기 전혀 어려운 것이 아니어야 합니다. 인생에서 대부분의 의미 있는 선택은 '지금 나를 기분 좋게 하는 것'과 '미래에 만족과 보상을 가져다주는 것' 간에 선택되어야 합니다.

그러면 하나님은 왜 선택이 그토록 어려운 세상에 우리를 두셨을까요? 확실히 하나님은 그분이 원하시는 방식으로 세상을 배열하셨습니다. 하나님을 선택하는 것이 더욱 쉽도록 만드실 수는 없었을까요? 왜 하나님 자신에게 불리하게 만드셨을까요?

저는 최근에 딜 오어 노 딜Deal or No Deal이라고 하는 게임 쇼를 보았습니다. 이 쇼에서 도전자에게 여러 개의 닫혀진 가방이 주어지고, 각각의 가방 안에는 어느 정도의 돈이 들어있습니다. 대부분은 상당히 적은 양의 돈이 들어있습니다. 그러나 어떤 가방은 더 많은 양이 들어있고, 한 개의 가방에는 거액의 상금이 들어있습니다. 도전자의 목표는 거액의 상금을 따내는 것입니다. 왜 그들은 모든 가방에 거액을 넣어두어서 게임을 더 쉽게 만들지 않았을까요? 그렇게 한다면 게임이 무의미할 것이기 때문입니다.

하나님께서 우리에게 선택할 수 있는 능력을 주신다면, 그 선택이 의미 있어야 할 뿐 아니라, 그 결과와 보상도 의미가 있어야 합니다. 온 세상에서 하나님을 아는 것이 가장 큰 보물입니다. 하나님께서 아브람에게 말씀하셨듯이 말입니다. "나는 네 방패요 너의 지극히 큰 상급이니라"(창15:1). 그렇다면, 하나님을 얻기 위해서는 의미 있는 선택을 하는 것만이 오직 합당합니다.

이쯤에서, 지옥의 위협에 대해, 그리고 이 대화의 구조 안에서 지옥의 위협이 차지하는 자리에 대해 언급하는 것이 자연스러울 것 같습니다. 어떤 사람들은 그리스도인의 최후 통첩인 천국과 지옥이 '하와이와 날카로운 막대기로 눈을 찌르는 것의 비유'와 근본적으로 같다고 볼 것입니다. 하나님께서 진정한 선택권을 전혀 주시지 않는다고 말할 것입니다ㅡ최고의 선택이 너무나 명백하기 때문입니다. "그리스도를 받아들이지 않으면 지옥 불에 들어간다"는 말은 뉘앙스의 여지가 거의 없습니다. 그리고 어떤 의미에서 이것은 맞습니다. 그리스도인의 복음은 진정으로 최후 통첩이므로, 어떤 선택이 더 나은 것인지 의심할 여지가 없습니다. 그러나, 지옥이 미루어진 결과이기 때문에, 많은 사람들이 즉각적인 보상을 위해 기꺼이 하나님을 선택하지 않는 위험을 감수합니다—특히 그들이 지옥의 존재에 대해 확신이 없다면 더욱 그렇습니다. '천국은 상급이고 지옥은 형벌'이라는 쟁점은 하나님의 존재에 관한 쟁점과 비슷합니다. 우리는 이 쟁점을 부정하기로 선택할 수 있습니다. 하나님께서 이 두 가지 실제를 육안으로는 보지 못하도록 숨겨놓은 채 세상을 배열하셨기 때문에 우리의 선택은 의미 있는 것이 될 것입니다. 다시 말해, 하나님의 배열이 우리의 자연적인 감각을 압도해서 선택을 자동적으로 내리게끔 하지 않았습니다. 두 가지의 선택 사항이 우리의 선택권을 보장하기 때문에 그 선택은 여전히 의미가 있습니다.

실제로 대부분의 사람들은 단순히 하나님이 단기적으로 가장 매력적으로 보이는 선택이 아니기 때문에 하나님을 선택하지 않습니다. 그들은 이 땅의 삶에서 얻는 보상에 가치를 두는 것만큼 앞으로 다가올 하나님 나라의 상급에 가치를 두지 않습니다. 하나님을 선택하는 것은 희생과 자기 부인, 이 땅에서의 미루어진 만족을 요구합니다. 그러나 영원한 성취를 위해 현재의 성취를 포기하는 것은 대부분의 사람들에게 매력적이지 않습니다.

악의 본질

이러한 생각은 필연적으로 악의 기원에 대해 생각해보도록 이끕니다. 앞에서 저는 야고보서 1:13을 인용했습니다. "하나님은 악에게 시험을 받지도 아니하시고 친히 아무도 시험하지 아니하시느니라." 그런데 이것은 의문을 일으킵니다: 우선, 왜 악이 존재할까요? 선택과 자유 의지는 선하고 필수적이지만, 왜 우리의 선택은 덜 극단적일 수 없을까요? 좋은 것과 덜 좋은 것, 혹은 두 가지의 근본적으로 좋은 선택 사항 중에서 선택할 수는 없을까요? 왜 반드시 선과 악이어야 하고, 왜 하나님은 처음부터 악과 함께 세상을 창조하셨을까요?

한번은 저에게 한 젊은 남자가, 자신이 어떤 논쟁에서 기독교가 잘못되었다는 것을 확실히 증명했다고 말했습니다. 그는 기독교가 '하나님께서 모든 것을 창조하셨다'고 가르친다고 말했습니다. 기독교는 또한 하나님이 선하시다'고 가르칩니다. 그러나 하나님께서 모든 것을 창조하셨다면, 하나님께서 악도 창조하셨을 것입니다. 그리고 하나님께서 악을 창조하셨다면, 하나님은 선하실 수 없습니다. 이것은 열여섯 살 소년이 좋아할 만한 논쟁 중 하나입니다. 프랜시스 베이컨Francis Bacon이 말했습니다. "약간의 철학이 사람의 생각을 무신론으로 기울게 하지만, 철학의 깊이는 사람들의 생각을 종교로 이끌어준다."[5]

사실, 성경은 하나님께서 모든 것을 전부 다 창조하셨다고 가르치지 않습니다. 요한 사도가 말합니다. "*지은 것이* 하나도 그가 없이는 된 것이 없느니라"(요1:3). 그러나 많은 것들이 전혀 창조된 것이 아닙니다. 예를 들어, 하나님은 스스로를 창조하지 않으셨습니다. 하나님은 영원 전부터 스스로 계셨습니다. 하나님께서 스스로 계셨다면, 그분의 본질의 다양한 면들도 창조된 것이 아닙니다. 예를 들어, 사랑은 창조되지 않았습니다. 왜냐하면 "하나님은 사랑"이시기 때문입니다(요일4:8). 사랑은 단순히 하나님께서 가지고 계시거나 주시는 어떤 것이 아니고, 그분 존재의 영원한 상태입니다. 이것은 기쁨, 선함, 아름다움, 생명과 같은 하나님의 본질의 여러 다양한 측면들을 생각하게 해줍니다. 이러한 덕목들은 스스로 계신 하나님의 확장입니다. 하나님은 아담의 몸을 흙으로 만드셨습니다. 그러나 아담의 *생명*은 하나님의 코로부터 직접 불어넣어졌습니다. 하나님은 하나님의 살아있는 본질을 인간에게 확장시키셨고 계속해서 그렇게 하고 계십니다.

만약에 당신이 하나님의 통치로부터 벗어난다면,
하나님 통치 밖의 모든 것은 하나님의 본질과
반대되는 것을 발견하게 될 것입니다.

사랑과 생명이 창조되지 않은 것과 마찬가지로, 악과 죽음도 창조되지 않았습니다. 이것들은 단지 하나님의 본질과 반대되는 상태들입니다. 사실, 악과 죽음은 하나님의 사랑과 생명의 *부재*로부터 비롯되는 상태들입니다. 이것들은 창조되지 않았을 뿐 아니라, 전적으로 부정적인 상태입니다. 부재와 결핍의 결과입니다. 당신은 어둠을 만들어내지 않습니다. 단순히 빛을 끄면 어둠이 자동적으로 생깁니다. 당신은 추위를 만들어내지 않습니다. 단순히 열기를 제거하면 추위가 반드시 옵니다. 이와 같이, 악은 하나님의 사랑의 통치가 부재한 것입니다. 더 구체적으로 말하면, 악은 하나님을 반대하기로 선택하는 자유 의지의 결과이고, 따라서 하나님의 의가 전혀 없는 상태입니다.

만약에 당신이 하나님의 통치로부터 벗어난다면, 하나님 통치 밖의 모든 것은 하나님의 본질과 반대되는 것을 발견하게 될 것입니다. 하나님의 빛으로부터 벗어난다면, 어둠으로 가득 차게 될 것입니다. 하나님의 생명을 받지 않는다면, 죽음으로 채워질 것입니다. 하나님의 사랑으로부터 벗어난다면, 두려움으로 충만해질 것입니다. 하나님의 의 밖으로 나간다면, 악이 가득하게 될 것입니다. 이것이 지옥의 가장 끔찍한 측면입니다. 종종 사람들이 지옥에 대해 생각할 때, 불과 고통, 영원한 형벌에 대해 생각합니다. 그러나 지옥의 이러한 상태는 한 가지 중요한 이유로 말미암습니다—하나님과의 분리입니다. 지옥은 하나님의 모든 것이 부재한 상태입니다. 이것은 사랑, 기쁨, 빛, 생명, 평안, 그리고 의로움이 없음을 의미합니다. 지옥에는 하나님의 본질이 조금도 존재하지 않습니다. 바로 이것이 지옥을 지옥으로 만드는 것입니다.

우리가 내리는 선택이 두 가지의 극단적인 선택 사항 사이에 있는 이유가 이것입니다. 우리가 하나님과 하나님의 뜻을 선택할 때, 그것은 분명히 선합니다. 하나님 밖에서 선택하는 것은 *무엇이든*, 분명히 악합니다. 불을 끄면 어둠만 남게 되는 것과 같이, 악은 하나님 밖에서 남게 되는 모든 것입니다. 다른 대안은 없습니다.

유혹

*자유 의지*와 *악*에 대한 정의에 비추어, 이제 우리는 유혹의 본질을 살펴볼 것입니다. 이것이 우리의 첫 번째 조상들이 타락한 지점이며, 이러한 양상은 오늘날에도 여전히 반복되고 있습니다.

> 그런데 뱀은 여호와 하나님이 지으신 들짐승 중에 가장 간교하니라 뱀이 여자에게 물어 이르되 하나님이 참으로 너희에게 동산 모든 나무의 열매를 먹지 말라 하시더냐 여자가 뱀에게 말하되 동산 나무의 열매를 우리가 먹을 수 있으나 동산 중앙에 있는 나무의 열매는 하나님의 말씀에 너희는 먹지도 말고 만지지도 말라 너희가 죽을까 하노라 하셨느니라 뱀이 여자에게 이르되 너희가 결코 죽지 아니하리라 너희가 그것을 먹는 날에는 너희 눈이 밝아져 하나님과 같이 되

어 선악을 알 줄 하나님이 아심이니라 여자가 그 나무를 본즉 먹음직도 하고 보암직도 하고 지혜롭게 할 만큼 탐스럽기도 한 나무인지라 여자가 그 열매를 따먹고 자기와 함께 있는 남편에게도 주매 그도 먹은지라 이에 그들의 눈이 밝아져 자기들이 벗은 줄을 알고 무화과나무 잎을 엮어 치마로 삼았더라

— 창세기 3:1-7

사탄의 세 단계 기술을 살펴봅시다:

1. 사탄은 하와가 하나님의 말씀에 의문을 갖게 했습니다 ("하나님이 참으로… 하시더냐?").
2. 사탄은 하와가 하나님의 참되심에 의문을 갖게 했습니다 ("너희가 결코 죽지 아니하리라!").
3. 사탄은 하와가 하나님의 동기에 대해 의문을 갖게 했습니다 ("너희가 그것을 먹는 날에는 너희 눈이 밝아져 하나님과 같이 되어 선악을 알 줄 하나님이 아심이니라").

하나님의 성품을 대적하는 이러한 거짓말이 하와의 생각에 의심의 씨앗을 심었습니다. 그리고 이것은 정확하게 뱀이 하는 일입니다. 사실, 그의 역할이 그의 이름 사탄에 함축되어 있습니다. 히브리어 원문에서 *사탄*이라는 단어는 "대적," "저항하는 자," 혹은 "참소자"로서, 행동하는 인간이나 초자연적인 존재 모두를 지칭할 수 있습니다.[6] 시간이 지나면서 '사탄'은 마귀의 적절한 이름이 되었습니다. 이미, 창세기에서 뱀과의 첫 번째 대면에서, 우리는 그가 어떻게 그 이름을 얻었는지 분명하게 봅니다. 이 이야기에서 드러난 마귀의 전략은 전적으로 기만하는 고소의 일종입니다. 하나님의 말씀과 성품에 대한 의문을 불러 일으킵니다.

우리의 대적은 계속해서 같은 전략을 사용하고 있습니다. 우리는 다음 장에서 이것에 대해 좀 더 깊이 배우게 될 것입니다. 이 첫 번째 사건에서만 보아도, 사탄이 어떻게 일하며, 그가 유혹할 때 우리가 그를 어떻게 이길 수 있는지 알 수 있습니다.

사탄의 첫 번째 움직임은 하나님께서 실제로 말씀하신 것에 대해서 하와가 의문을 품게 하는 것이었습니다.

사탄이 어떻게 했나요? 하와에게 질문을 던졌을 때, 하나님의 말씀을 왜곡함으로 의문을 품게 했습니다. "하나님이 참으로 너희에게 동산 모든 나무의 열매를 먹지 말라 하시더냐"(창3:1). 이것은 절대로 하나님께서 하신 말씀이 아닙니다. 사실, 하나님은 정반대로 말씀하셨습니다. 하나님은 아담과 하와에게 굉장히 관대하셨습니다. 하나님께서 그들에게 *모든* 나무의 *모든* 열매를(그들이 원하는 것은 무엇이든지) 먹을 수 있되, 한 나무의 열매만 먹지 말라고 하셨습니다. 사탄의 질문은 은근 슬쩍 거짓된 고소를 담고 있었습니다(그는 참소자인 것을 기억하십시오). 그는 하나님을 독재자로 몰아가고 있었습니다—아름답고 맛있는 것들로 가득한 낙원을 만든 한 탐욕스러운 구두쇠가 오직 자신을 위해서만 모든 것을 유지하고 있다. "하나님은 네가 즐거운 것을 원하지 않으셔. 하나님은 네가 정원을 누리는 것을 원치 않으셔. 이곳에서 너의 인생은 규칙과 규제 안에 있을 뿐이야." 그러나 진리는 이와 완전히 반대였습니다.

하와가 처음에는 뱀의 왜곡을 수정해줌으로, 반응을 잘 했습니다. 그러나 그의 기만은 결국 하와가 스스로 살짝 왜곡을 해서 말하게 할 정도로 충분히 효과가 있었습니다. 그녀는 규칙을 더했습니다. "동산 중앙에 있는 나무의 열매는 하나님의 말씀에 너희는 먹지도 말고 만지지도 말라 너희가 죽을까 하노라 하셨느니라"(창3:3). 다시 말하지만, 이것은 하나님께서 하신 말씀이 아니었습니다. 하나님은 그들에게 나무를 만지지 말라고 말씀하지 않으셨습니다. 이것이 하와가 추가한 규정이었습니다. 그리고 여기서 우리는 율법주의의 시작을 봅니다. 종교는 종종 규칙 위에 규칙을 만들어냅니다. 예수님의 시대에 바리새인들은 특별히 이것을 잘 했습니다. 예수님께서 그들이 전한 전통으로 하나님의 말씀을 폐한다고 말씀하셨습니다(막7:13).

사탄의 두 번째 움직임은 하나님의 참되심에 대해 하와가 의문을 품게 만드는 것이었습니다.

아마도 하와는 하나님께서 말씀하신 것을 (혹은 말씀하신 것에 가깝게) 알고 있었을 것입니다. 그러나 사탄은 그녀의 생각 속에 하나님의 정직한 성품을 의심하는 씨앗을 심습니다: "너희가 결코 죽지 아니하리라!"(창3:4). 다른 말로 하면, "하나님이 너희에게 거짓말을 하고 계셔"라고 말하고 있는 것입니다. 이제 두 개의 목소리가 하와에게 직접 말하고 있습니다. 한 목소리는 "너희가 반드시 죽으리라"고 말씀하십니다. 또 다른 목소리는 "너희는 결코 죽지 아니하리라"고 말합니다. 둘 다 옳을 수는 없습니다. 하와는 어떤 목소리에 주의를 기울이고 동의할지 선택해야 합니다. 자신을 창조하신 분과 동의하기로 선택할까요? 그녀가 너무 잘 알고 있는 분, 바람이 불 때 동산을 함께 거닐었던 분, 그녀의 삶에 즐길 수 있는 모든 것을 주신 분의 말씀을 선택할까요? 아니면 왜곡과 참소에 뿌리내린 권세를 가진 용의 말에 동의할까요? 당신은 왜 하와가 그런 책략에 쉽게 넘어갔는지 궁금할 것입니다. 그런데 우리가 곧 보게 되겠지만, 이것은 하와에게 악한 사고방식의 독을 탄 사탄의 전략의 일부분이었습니다.

마지막으로, 사탄은 하나님이 이기적인 동기를 갖고 계시다고 거짓말을 합니다.

"너희가 그것을 먹는 날에는 너희 눈이 밝아져 하나님과 같이 되어 선악을 알 줄 하나님이 아심이니라"(창3:5). 다른 말로 하면, "하나님은 너를 제압하기 원하실 뿐이야. 네가 될 수 있는 모든 것을 막으려고 하시지. 너에게 뭔가를 숨기셔서 네가 하나님과 같아지지 못하게 하시는 거야. 하나님의 동기는 네가 잘 사는 게 아니고, 자신의 사욕이야. 너의 가능성에 위협을 느끼시는 거야!" 이것은 하나님의 성품에 대한 거짓말이었을 뿐만 아니라, 하와가 거절할 수 없는 제안으로 다가왔습니다: "너는 하나님과 같이 되어."

사탄은 효과적으로 자신의 사고방식을 하와에게 투영시켰습니다. 사탄은 하나님의 보좌에 그의 눈을 두어 하늘로부터 쫓겨난 자인 것을 기억해야 합니다. 그는 말했습니다. "지극히 높은 이와 같아지리라"(사 14:14). 그는 하나님과 같아지고 싶었습니다. 그리고 이제 그는 자신의 뒤틀린 사고방식을 하와에게 전달하고 있었습니다—그리고 그녀는 그 사고방식을 받아들였습니다.

당신은 사람의 타락이 단순히 한 번의 불순종한 행동 때문이 아니었음을 알게 되었을 것입니다(비록 그 한 번의 행동이 촉매가 되었지만). 사람의 타락은 사탄을 타락으로 이끌었던 악한 사고방식을 아담과 하와가 받아들인 결과입니다. 저는 사탄이 그와 함께 타락한 삼분의 일의 천사들에게도 비슷한 전략을 사용했을 것이라고 상상합니다. 그들의 반역에는 나무가 없었겠지만, 문제의 핵심은 같았을 것이라고 저는 확신합니다. 그들은 하나님의 말씀에 의문을 달았습니다. 그들은 하나님의 참되심에 의문을 달았습니다. 그리고 그들은 하나님의 동기를 의심했습니다.

우리는 마태복음 16장에서 이 악한 사고방식이 작용하는 생생한 그림을 보게 됩니다. 예수께서 제자들에게 자신이 고난을 받으시고, 죽임을 당하시고, 죽은 자들 가운데서 다시 살아나실 것을 설명하기 시작하셨습니다. 이것은 신성한 계획이었지만, 제자들이 상상해왔던 것과는 매우 달랐습니다. 그들은 예수님께서 로마 제국을 무너뜨릴 정치적인 반란을 이끄시고, 그들의 생애 가운데 이스라엘에게 왕국을 회복시켜 주실 것이라고 생각했습니다. 이제 그들은 하나님의 계획이 상당히 다름을 발견하게 되었습니다.

그래서 "베드로가 예수를 붙들고 항변하여 이르되 주여 그리 마옵소서 이 일이 결코 주께 미치지 아니하리이다"(마16:22)라고 합니다. 베드로는 자신이 옳은 일을 하고 있다고 생각했습니다. 그는 예수님께 그런 끔찍한 일은 절대로 일어나지 않을 것이라고 말하며, 예수님께 힘을 더하려고 했습니다. 그러나 예수님은 위로를 받지 않으셨고, 분개하셨습니다. "사탄아 내 뒤로 물러 가라 너는 나를 넘어지게 하는 자로다 네가 하나님의 일을 생각하지 아니하고 도리어 사람의 일을 생각하는도다"(마16:23). 우리는 이 충격적인 대화에서 몇 가지 중요한 사실을 볼 수 있습니다.

- 예수님께서 베드로를 "사탄"이라고 부르십니다.
- 베드로는 하나님께서 생각하시는 것처럼 생각하고 있지 않습니다.
- 베드로는 사람의 일을 생각하고 있습니다.

이 요점으로부터 추론할 수 있는 것은 분명합니다: 하나님께서 생각하시는 방식은 사람이 생각하는 방식과 반대됩니다. 사람의 사고방식은, 사실, 사탄적입니다. 사탄이 그의 사고방식을 사람에게 전달했고, 여기서 우리는 야고보 사도가 설명하는 죄의 주기로 돌아가 볼 수 있습니다.

> 사람이 시험을 받을 때에 내가 하나님께 시험을 받는다 하지 말지니 하나님은 악에게 시험을 받지도 아니하시고 친히 아무도 시험하지 아니하시느니라 오직 각 사람이 시험을 받는 것은 자기 욕심에 끌려 미혹됨이니 욕심이 잉태한즉 죄를 낳고 죄가 장성한즉 사망을 낳느니라
>
> \- 야고보서 1:13-15

야고보 사도가 묘사한 과정은 이와 같습니다:
악한 욕심 → 미혹 → 죄 → 사망

이 과정은 악한 욕심에서부터 시작됩니다. 그런데 악한 욕심은 어디에서 비롯되나요? 동산에서 하와에게 나무는 아름답고, 그 열매가 맛있어 보였습니다. 그리고 더 나아가서, 그녀는 그 열매가 줄 것이라 생각했던 지혜를 원했습니다. 아름다움과 맛있는 것, 그리고 지혜는 그 자체로는 전혀 악해 보이지 않습니다. 물론 그들은 악하지 않습니다. 사람이 즐길 수 있는 것이 아닌데, 왜 하나님은 나무를 아름답게 만드셨을까요? 사람의 기쁨을 위한 것이 아닌데, 왜 하나님은 열매를 맛있게 만드셨을까요? 지혜의 탐구가 충족되도록 의도하지 않으셨는데, 왜 하나님께서 충족될 수 없는 호기심을 인간에게 주셨을까요? 이 모든 욕구들은 인간을 향한 하나님의 선한 의지를 반영합니다. 그러나 한 때 사탄이 하와의 사고방식을 효과적으로 비틀고 난 뒤, 그녀의 선한 욕구는 비뚤어졌습니다. 그녀는 이제 하나님의 말씀과 반대되는 선택에서 만족을 찾고 있었습니다. 그녀가 원하는 열매는 금지된 것이었습니다. 선과 악을 아는 지

식은 금지되었지만, 그녀는 원했습니다. 하와의 욕구는, 선한 것이어야 했지만, 하나님의 명령 밖에서 만족을 구했기 때문에 이제 악한 것이 되었습니다.

하와가 자신들이 하나님과 같이 될 수 있을 것이라고 결정했을 때, 그녀의 사탄적인 사고방식은 최고조에 달했습니다. 그리고 그녀가 열매를 따서 먹었을 때 실현이 되었습니다. 하나님의 말씀에 불순종하는 것은 근본적으로 우리의 의지와 원하는 것을 하나님의 뜻과 원하시는 것 위에 높이 두는 것입니다. 우리가 스스로를 신으로 만드는 것입니다. 그토록 끔찍한 결과가 불가피하게 따라오는 것은 당연합니다.

유혹을 물리치고

이 모든 것을 유념하면서, 우리가 어떻게 우리 자신을 유혹과 사탄의 사고방식으로부터 지킬 수 있을지 잠시 생각해봅시다.

첫째, 우리는 하나님의 말씀을 반드시 "알아야" 합니다.

우리는 하나님께서 *실제로* 말씀하신 것이 무엇인지 잘 알고 있어야 합니다. 그렇지 않으면, 사탄은 자신이 원하는 것을 마치 하나님께서 말씀하신 것처럼 만들어 버릴 수 있습니다. 하나님께서 실제로 말씀하신 것과 정면으로 반대되는 것을 하나님의 말씀처럼 만들어 우리를 설득할 수 있습니다. 하와에게 바로 그렇게 했기 때문에 우리는 이것을 압니다. 하나님의 말씀을 사용해 예수님을 대적할 정도라니 그 대담함이 놀랍습니다! 광야에서 사탄은 말씀을 사용해 예수님을 유혹합니다. 그러나 예수님은 하나님의 말씀을 알고 계셨기 때문에 넘어지지 않으셨고, 하나님의 말씀을 사용하셔서 사탄의 유혹과 싸우십니다. 예수님께서 말씀을 사용하셔서 영적 전쟁을 하셨다면, 이것은 오늘날 우리에게 아주 견고한 전례가 됩니다.

모든 영적 전사들에게 필요한 한 가지가 있다면, 그것은 성경 말씀을 사랑하는 것입니다. 하나님의 말씀을 성령의 검이라고 부르는 정당한 이유가 있습니다. 말씀은 적을 대항하는 강력한 무기입니다. 예수님 자신도 광야에서 말씀을 사용하셔서 유혹을 대적하셨습니다. 성령의 검인 하나님의 말씀은 사도 바울이 하나님의 전신 갑주로 언급한 무기 중에 유일하게 공격적인 무기입니다(엡6:14-17). 사탄이 아예 시작부터 하나님의 말씀을 왜곡하여 우리가 의심하도록 만드는데 열중하는 것은 당연합니다. 말씀이 없으면 우리는 영적인 전투에서 비무장 상태인 것입니다. 많은 중보기도자들과 영적인 전사들이 기도에는 많은 시간을 들이지만 말씀을 거의 읽지 않습니다. 저는 사람들의 삶에 각기 다른 계절과 다양한 은사, 그리고 각기 다른 부르심이 있는 것을 알고 있지만, 이 원칙을 피할 방법은 없습니다: 당신의 손과 마음에 하나님의 말씀이 없는 채로 영적 전쟁에 들어간다면, 당신은 교전 지역 안에 서 있는 비무장 시민일 뿐입니다—터무니없는 생각입니다.

둘째, 우리는 하나님의 말씀을 알 뿐만 아니라 반드시 "믿어야" 합니다.

사탄은 하와에게 분명하게 말했습니다. "너희는 결코 죽지 아니하리라"(창3:4). 한 가지 확실한 것이 있습니다: 사탄은 하나님께서 말씀하신 진리를 우리가 의심하게 하기 위해 온갖 노력을 다할 것입니다. 이 원칙은 우리의 영적 전쟁과 생존에 매우 필수적이므로 강조하고 싶습니다. 하나님의 말씀을 믿을 수 없다고 말하는 사탄의 거짓말에 그 다음의 거짓말이 더해져서, 하와가 하나님의 성품을 의심하도록 이끌었고, 사탄의 사고방식에 눈을 열게 해 타락으로 안내했습니다.

셋째, 우리는 하나님의 동기를 반드시 "신뢰해야" 합니다.

유명한 예배곡인 "Good Good Father(좋으신 좋으신 아버지)"의 메시지는 아주 단순하고 명료합니다. 하나님이 좋으신, 좋으신 아버지라는 메시지가 왜 그렇게 많은 사람들에게 깊은 감동을 줄까요? 많은 사람들의 삶 속에서 적이 이 진리를 정확하게 겨냥하고 있기 때문이라고 저는 믿습니다. 사탄은 하나님이 이기적이고 잔인한 독재자라는 거짓으로 사람들을 설득하고자 노력해왔습니다. 사람들로 하여금, 하나님이 진정 그들의 관심사를 염두에 두고 계신지 의심하게 하려고 노력해왔습니다. 이 거짓말에 얻어터진 하나님의 자녀들이 영원한 진리인 "하나님은 좋은 아버지이시다"는 말씀을 들을 때, 증거하시는 성령 하나님께서 그들 안에서 뛰시며 YES라고 외치시는 것입니다.

제가 가장 좋아하는 성경 본문 중에, "자기 아들을 아끼지 아니하시고 우리 모든 사람을 위하여 내주신 이가 어찌 그 아들과 함께 모든 것을 우리에게 주시지 아니하겠느냐"(롬8:32)가 있습니다. 이 구절에서 바울은 우리를 향한 하나님 사랑과 선하신 뜻의 궁극적인 증거로 십자가를 가리킵니다. 이것은 하와가 참고할 수 없었던 것입니다. 그러나 십자가를 통해 하나님의 사랑을 경험한 우리들은 훨씬 더 준비를 갖춘 상태입니다. 사실 바울은 이렇게 말하고 있는 것입니다. "너는 상하고 심하게 훼손된 몸이 나무에 달린 것을 볼 때에, 기억하라: 하나님께서 너를 위해 그렇게 하셨다! 하나님께서 독생자를(하나님께서 천국을 파산시키시고 모든 것을 지불하신 선물을) 네게 주셨다면, 너는 하나님께서 너에게 필요한 다른 모든 것들도 반드시 주실 것을 확신하고 평안할 수 있다. 너를 향한 하나님의 동기와 목적에 의문을 품고 있다면, 십자가에 대해 생각하라. 영원히 그 의문은 응답될 것이다."

하와는 하나님의 명령 뒤에 있는 동기가 순수함을 신뢰하지 못했습니다. 그리고 그 실패는 그녀를 연약하게 만들었습니다. 에베소서 6:16은 믿음이 우리의 방패라고 가르쳐줍니다. 기독교에서 믿음faith은 단순히 신념belief이 아닙니다. 신념이 분명히 믿음의 일부인 것은 맞습니다. *믿음*은 아마도 가장 단순하게 신뢰trust로 정의될 것입니다. 흥미롭게도 바로 이것이 첫 번째 유혹에서 하와의 마음 속에 없었던 것입니다. 그녀가 하나님께서 말씀하신 것을 온전히 *알지* 못했다는 것은 아주 비극입니다. 그런데 그녀가 하나님께서 말씀하신 것을 *신뢰하지* 않았다는 것은 훨씬 더 비극입니다. 방패가 없음으로, 적의 불화살이 그녀의 벌거벗은 영혼을 아무런 저항 없이 관통할 수 있었습니다. 불화살의 독이 그녀의 생각에 퍼져서, 그녀는 사탄의 사고방식에 감염되었습니다.

당신의 손과 마음에 하나님의 말씀이 없는 채로
영적 전쟁에 들어간다면, 당신은 교전 지역 안에 서 있는
비무장 시민일 뿐입니다—터무니없는 생각입니다.

벌거벗은 뱀

우리는 아담과 하와가 얼마나 오랫동안 에덴 동산을 즐겼는지 알지 못합니다. 어느 시점에 그들은 그 소문난 모퉁이를 돌았고, 그 길에서 뱀을 마주쳤습니다. 그 어떤 대대적인 신호나 설명이 없이 화자는 우리에게 말합니다. "그런데 뱀은 여호와 하나님이 지으신 들짐승 중에 가장 간교하니라 뱀이 여자에게 물어 이르되 하나님이 참으로 너희에게 동산 모든 나무의 열매를 먹지 말라 하시더냐"(창3:1).

"가장 간교한"이라고 번역되는 히브리어 단어는 *'arum*입니다. 그러나, 비슷한 철자로 쓰여지는 또 다른 히브리어 단어는 창세기 2:25에서

"벌거벗은"으로 번역됩니다.[7] 성경의 저자는 여기서 비슷하게 보이고 들리는 서로 다른 두 개의 단어를 재치 있게 연결하여 사용했습니다. 그 효과는 강력합니다.

> 아담과 그의 아내 두 사람이 벌거벗었으나[*'arummim* (*'arum*의 복수 형태)] 부끄러워하지 아니하니라 그런데 뱀은 여호와 하나님이 지으신 들짐승 중에 가장 간교하니라[*'arum*] 뱀이 여자에게 물어 이르되 하나님이 참으로 너희에게 동산 모든 나무의 열매를 먹지 말라 하시더냐
>
> \- 창세기 2:25-3:1

아담과 하와 두 사람은 벌거벗었지만 부끄러움을 느끼지 못했습니다. 그런데 뱀은 모든 들짐승 중에 "가장 벌거벗었습니다." 뱀의 벌거벗음은 다른 들짐승들과 비교되었다는 점에서 아담과 하와의 벌거벗음과 구분이 됩니다. 오늘날 우리가 영리한 사람에게 "매끄럽다"고 말하는 것 같이, 창세기의 저자도 지능과 벌거벗음을 연결하고 있습니다. 들짐승들은 보통 털, 깃털, 혹은 두꺼운 털로 덮여 있습니다. 그러나 뱀은 들짐승들과 대조됩니다. 들짐승들은 겉모습이 거칠지만, 그 내면은 악의가 없습니다. 반면에, 뱀의 "표면적인 말은 마음을 끌고 흠이 없지만, 거친 목적을 아주 잘 숨기고 있습니다."[8] 다시 말해, 그는 매끄럽습니다. 그는 "벌거벗었습니다."

인류의 타락 이야기의 가장 슬픈 부분 중 하나는, 전체 장면이 너무 재미가 없다는 것입니다. 자기 삶을 사랑한 아담은 이러한 사기가 벌어지는 동안 우두커니 바라보고만 있는 것 같습니다. 그는 이 장을 시작할 때 제가 소개한 친구처럼 '높은 음의, 낑낑거리는, 가글하는 듯한 경고

음'을 내지도 않았습니다. 뱀은 어떤 놀라운 강력을 행사하지 않았습니다. 그 어떤 마술적인 속임수나 조명 효과를 쓴 것도 아닙니다. 단순히 하나님의 말씀을 왜곡하여 하나님의 동기를 의심하게 만든 것뿐이었습니다. 에드 넬슨 박사Dr. Ed Nelson가 이렇게 적습니다.

> 토라Torah에 의하면, *ha-nachash*["뱀"]의 미사여구는 사실상 아무런 힘도 없다는 것을 보여준다… 그의 능력은, 만약에 그것을 능력이라고 부른다면, 하나님의 말씀을 반박하는 것에 있다. 하나님의 말씀을 거스르는 관점을 제시하고, 하나님의 지식을 이기적인 지식이라고 중상모략한다. 그는 역사를 재구성하고 인간의 운명을 바꾸기 위해 전적으로 하나님의 능력에 의존하지만, 자신은 아무 능력이 없다. 하나님의 명령은, 깨어졌을 때, 공의를 요구한다. "뱀"은 하나님의 심판이 인간에게 일어나야 한다고 억지를 부린다. *야훼*께서는 남자와 여자에게 스스로 하신 말씀을 존중하셔야 한다: "네가 반드시 죽으리라." 금지된 열매를 그들이 먹는다면 살아있는 것에 죽음이 있을 것이라고 하신 약속에 대한 집행권을 하나님은 실행하실 의무가 있다. 하나님은 스스로 하신 말씀에 대해 참되시다. 마귀는 그것에 의존한다. 힘을 행사하는 그의 뒤틀린 방식이다.[9]

뱀의 사기는 먹혔습니다. 아담과 하와는 사랑보다 스스로 높아지는 것을 선택했습니다. 그들이 나무의 열매를 먹었을 때, 그들을 향한 하나님의 말씀으로부터 자신들을 분리시켰을 뿐 아니라, 하나님으로부터 자신들을 분리시켰습니다. 즉각적인 결과로 "그들의 눈이 밝아져 자기들이 벗은 줄을 알고 무화과나무 잎을 엮어 치마로 삼았습니다"(창3:7).

아담과 하와는 부끄러움 없는 삶을 빼앗기고 그 대신에 고통과 다툼,

노역과 죽음을 얻었습니다. 그러나 하나님은 여전히 자비로우셨습니다.

> 여호와 하나님이 이르시되 보라 이 사람이 선악을 아는 일에 우리 중 하나 같이 되었으니 그가 그의 손을 들어 생명 나무 열매도 따먹고 영생할까 하노라 하시고 여호와 하나님이 에덴 동산에서 그를 내보내어 그의 근원이 된 땅을 갈게 하시니라 이같이 하나님이 그 사람을 쫓아내시고 에덴 동산 동쪽에 그룹들과 두루 도는 불 칼을 두어 생명 나무의 길을 지키게 하시니라
>
> \- 창세기 3:22-24

죄는 하나님으로부터 사람을 분리시켰습니다. 그들이 하나님과 나누었던 친밀함과 유대감은 사라졌습니다. 죽음이 들어왔고, 낙원은 잃어버렸습니다. 하나님께서 그들을 동산에서 내보내셨습니다. 마침내 하나님께서 그룹들과 두루 도는 불 칼을 두어 생명 나무의 길을 지키게 하셨습니다. 하나님은 그들이 손을 들어 생명 나무의 열매도 따먹고 영생하게 되는 것을 막으셨습니다.

뱀은 어떤 놀라운 강력을 행사하지 않았습니다. 그 어떤 마술적인 속임수나 조명 효과를 쓴 것도 아닙니다. 하나님의 말씀을 왜곡하여 하나님의 동기를 의심하게 만든 것뿐이었습니다.

저는 항상 이 마지막 단계가(아담과 하와를 동산에서 내보내시고 그룹들과 두루 도는 불 칼을 두어 생명 나무를 지키게 하신 것이) 형벌의 일부라고 생각했습니다. 그들이 저주를 절대 돌이킬 수 없도록 확실하게 하신 하나

님의 방법으로 생각했습니다. 그런데 하루는 이것이 하나님의 자비를 베풀어 주신 가장 위대한 방법 중 하나였음을 깨닫게 되었습니다. 아담과 하와가 동산에 다시 몰래 들어가 생명 나무의 열매를 먹으면, 그들은 영원토록 하나님과 분리될 것을 하나님은 알고 계셨습니다. 생명 나무의 열매는 그들을 물리적으로 불멸하게 만들겠지만, 그들의 타락한 상태로부터 그들을 건져줄 수는 없었습니다. 하나님과 분리된 상태로 영원히 사는 것은 영원한 생명이 아닙니다. 사실 (앞에서도 우리가 이야기했듯이) 그것은 바로 *지옥*입니다!

그룹들과 두루 도는 불 칼이 그들을 보호해주었습니다. 동시에, 제가 믿기로는 그들이 마치 "다시는 여기로 돌아오지 마시오. 이 나무는 이제 당신들을 도울 수 없습니다. 그러나 걱정 마십시오. 하나님께서 당신들에게 다른 나무를 주실 것입니다."라고 말하는 듯, 나무로부터 떨어지도록 지시하고 있었을 것입니다. 수천 년이 지난 후에 하나님께서 인류에게 또 다른 생명 나무를 주십니다. 그것은 맛있는 열매가 달린 아름다운 나무가 아니었습니다. 상하고 심하게 훼손된 예수님의 몸이 달리신, 피로 범벅 된 나무였습니다. 그런데 그 나무에서 예수님은 아담과 하와와 그들의 모든 자녀들의 죄를 단번에 감당하셨습니다. 예수님은 우리를 대신해 죄가 되심으로 "우리로 하여금 그 안에서 하나님의 의가 되게 하셨습니다"(고후5:21).

그러나 동산에서, 우선은 하나님께서 그들에게 옷을 입혀 주셨습니다. 그들이 모든 피조물과 함께 구속자가 오실 날을 기다리는 동안, 하나님께서 그들의 벌거벗은 것과 수치를 덮어주셨습니다. 그들이 함께 엮은 무화과나무 잎으로 그들은 스스로를 가렸습니다. 그러나 하나님께서 이 부적절한 옷—인간 스스로 손으로 행한 일—을 거절하셨습니다(자기 의를 나타내는 그림). 대신에 하나님께서 동물의 가죽—무죄한 대속물의 희생—으로 옷을 지어 입히셨습니다(그리스도의 희생을 나타내는 그림). 하나님께서 입혀 주신 옷은 다가올 구속에 대한 그림이었습니다.

뱀이 용이 되기까지

우리가 창세기를 창조의 이야기로 읽을 때, 하나님께서 이 땅에 대한 통치권을 인간에게 주신 것을 봅니다(창1:27-29; 2:20). 그러나 나중에 신약에서 우리는 사탄이 "이 세상의 신"인 것을 발견합니다(고후4:4). 어떻게 이런 일이 있어났나요? 우리는 하나님께서 세상에 대한 권세를 사탄에게 넘겨주신 것에 대해 읽어본 적이 없습니다. 단 한 가지의 설명이 있을 수 있습니다. 사탄은 그 권세를 우리로부터 받았습니다! 어떤 의미에서 아담과 하와는 유혹에 굴복하고 하나님께 불순종하기로 선택했을 때 하나님으로부터 받은 권세를 사탄에게 내주었습니다. 또 다른 의미에서 전 인류가 교활한 뱀에게 계속 속아 넘어가서 매일 사탄에게 권세를 내주고 있습니다. 다른 방식으로 말해보겠습니다. 사탄이 능력을 얻는 유일한 경로는 우리를 속이는 것입니다. 사탄이 인류를 파괴하려는 욕망을 가지고 있는 것은 놀랄 일이 아닙니다.

사탄이 사람에게 의존하는 것은 단순한 욕망을 넘어 불가피하기 때문입니다. 비록 그가 이미 타락한 천사였지만, 동산에서 그는 영원히 인간의 운명에 자신의 운명을 묶어야만 하는 또 다른 저주 아래 들어갔습니다.

> 여호와 하나님이 뱀에게 이르시되 네가 이렇게 하였으니 네가 모든 가축과 들의 모든 짐승보다 더욱 저주를 받아 배로 다니고 살아있는 동안 흙을 먹을지니라 내가 너로 여자와 원수가 되게 하고 네 후손

도 여자의 후손과 원수가 되게 하리니 여자의 후손은 네 머리를 상하게 할 것이요 너는 그의 발꿈치를 상하게 할 것이니라 하시고

- 창세기 3:14-15

성경에서 두 번째로 '흙'이 쓰여진 곳입니다. 창세기에서, 이보다 전에, "여호와 하나님이 땅의 흙으로 사람을 지으시고 생기를 그 코에 불어넣으시니 사람이 생령이 되니라"(창2:7)는 구절을 읽었습니다. 하나님께서 뱀을 저주하셨을 때, 사람이 흙으로 만들어졌다는 사실을 간과하지 않으셨다는 점에 우리는 안심할 수 있습니다. "[뱀은] 사람이 만들어진 바로 그 물질, 즉 피조물의 기본 입자 안에서 살도록 명령을 받는다. 상징적으로, 그는 하나님께서 사람을 만드실 때 사용하신 이 건조한 흙을 먹어야 한다. 이것은 그가 타락한 것을 상징하며, 동물과 인간의 잿더미에서 살게 될 몰락한 운명을 상징한다."[10]

참소자는 그 이래로 줄곧 사람들—흙—을 먹어왔습니다. 한편으로 그의 생존은 피해자 인간에게 의존합니다. 그는 인간의 썩은 시체와, 그의 속임수에 넘어간 희생자들과, 저주의 희생자들을 먹습니다. 사도 베드로는 이 이미지를 끌어당겨 다음과 같이 경고합니다. "근신하라 깨어라 너희 대적 마귀가 우는 사자 같이 두루 다니며 삼킬 자를 찾나니"(벧전5:8). 베드로는 경고를 울릴 만한 좋은 근거를 분명히 가지고 있습니다. 뱀은 지속적으로 꾸준히 흙을 먹고, 사도 요한이 묘사하는 "머리가 일곱이요 뿔이 열이고 그 여러 머리에 일곱 왕관이 있는 한 큰 붉은 용"(계12:3)으로 자라났습니다. 우리가 이 대단하고 끔찍한 형상을 뭔가 다른 것의 상징 정도로 과소 평가하지 않도록, 요한은 계속해서 적습니다.

하늘에 전쟁이 있으니 미가엘과 그의 사자들이 용과 더불어 싸울새

> 용과 그의 사자들도 싸우나 이기지 못하여 다시 하늘에서 그들이 있을 곳을 얻지 못한지라 큰 용이 내쫓기니 옛 뱀 곧 마귀라고도 하고 사탄이라고도 하며 온 천하를 꾀는 자라 그가 땅으로 내쫓기니 그의 사자들도 그와 함께 내쫓기니라
>
> – 요한계시록 12:7-9

수천 년이 넘게 세상의 신화에서 묘사되는 거대하고 구불구불한 괴물은 얼마나 끔찍한 형상인지요. 이것은 인류 공통의 의식 깊은 곳에 도사리고 있는 공포이며, 정당한 이유가 있습니다. 이것은 인류가 피할 수 없는 형벌—강도, 사냥꾼, 포식 동물—입니다.

그러나 자세히 들여다보면 기이한 실제를 발견하게 됩니다. 용은 이빨이 없고, 속이는 혀만 가지고 있습니다. 그의 힘은 물리적인 힘이 아니고, 은밀한 기만입니다. 우리가 그에게 굴복하지 않으면, 그는 아무 힘도 갖지 못합니다. 게다가, 예수 그리스도는 "마지막 아담"(고전15:45)이시고, 첫 아담이 실패한 곳에서 성공하셨습니다. 그리스도를 통해 하나님은 새로운 피조물을 창조하셨습니다. 그들은 첫 아담처럼 흙으로 만들어졌으나, 그들 안에는 하나님의 영이 거하십니다. 그들은 용을 죽이는 사람들로 태어나, 용을 죽이는 사람들을 낳습니다. 첫 사람 아담은 쉬운 목표물이었습니다. 그의 벌거벗은 육체는 공격에 취약했고 연약했습니다. 아담은 땅 위에 발을 구르고 '높은 음의, 낑낑거리는, 가글하는 듯한 경고음'을 내는 것보다 조금 더 해볼 수 있었습니다. 그러나 이 새로운 사람들은 이 세상의 모든 뱀과 전갈보다 한 수 위입니다. 이들은 다른 차원에서 무기를 사용합니다. 이들은 벌거벗지 않았고, 보이지 않는 갑옷을 입었습니다. 성경은 이들을 '가는 곳마다 어둠을 가르는 빛의 자녀들'이라고 묘사합니다(예: 마5:14-16; 요12:36; 엡5:8; 살전5:5-8).

이들은 챔피언이며, 저는 이들을 위해 이 책을 쓰고 있습니다—바로 용을 죽이는 사람들입니다!

토론을 위한 질문

1. 사탄, 혹은 마귀를 생각하면, 어떤 현대적인 그림이 떠오르시나요?
2. 창세기에서 뱀은 어떻게 묘사되고 있나요? 요한계시록에서는 어떻게 묘사되나요? 이것들이 현대의 사탄, 루시퍼, 마귀, 악을 형상화한/묘사한 것에 어떻게 비교가 되나요?
3. 아담이 에덴 동산에서 쫓겨난 것이 어떻게 하나님의 자비를 나타내 보여주나요?
4. 사람에게 힘을 행사하는 사탄의 도구들에는 어떤 것들이 있나요? 하나님께서 사람에게 주셔서 사탄의 힘을 이기게 하시는 도구들로는 어떤 것이 있을까요?
5. 사탄의 사고방식은 무엇인가요? 오늘날 세상에는 사탄의 사고방식으로 어떤 일들이 벌어지고 있나요? 당신의 삶에서는 어떤가요?
6. 진정으로 악한 선택 사항들이 존재하는데, 하나님의 선물인 자유 의지가 왜 선한 것일까요? 그러한 선택들에 의해 그리스도인들이 여전히 어떻게 도전을 받고 있나요?

3장

하나님이 참으로 먹지 말라 하시더냐?

하나님은 그분의 능력에 적합한 도구를 원하신다—항복한 의지,
신뢰하는 마음, 일관된 삶, 하나님의 뜻에 순종하는 입;
그리고 하나님은 가장 연약한 무기를 사용하셔서,
하나님을 통해 강력하게 하시고, 견고한 진들을 끌어내리신다.
- A. B. 심슨, '이 땅에 임한 천국의 날들' -

의심은 어려움들을 발견하지만 결코 해결하지 못한다:
의심은 망설임, 낙담, 절망을 만들어낸다. 의심이 발전되면
안락함이 쇠퇴하고, 평안이 죽는다. "믿으라!" 이 단어는 사람에게
생명을 불어넣는 말이다. 그러나 의심은 관에 못을 박는다.
- C. H. 스펄전, '찬란하게 빛나는 믿음' -

중국의 장군이었던 손자Sun Tzu는 그의 책 손자병법The Art of War에 이렇게 적었습니다. "적을 알고 나를 알면 백 번 싸워도 위태롭지 않다."[1] 사도 바울은 고린도 교회의 성도들에게 사탄의 계책을 드러내며 말하기를, "이는 우리로 사탄에게 속지 않게 하려 함이라 우리는 그 계책을 알지 못하는 바가 아니로라(고후2:11)"고 합니다. 적의 책략을 아는 것은 전략적으로 유리할 뿐 아니라, 삶과 죽음의 차이를 가져오기도 합니다. 이 책에서 우리는, 사탄이 이 땅에서 펼치고 있는 계책을 드러내고 있고,

사탄이 어떻게 패배하게 되는지 보고 있습니다. 지난 장에서는 용이 어디로부터 그 능력을 얻는지 보았습니다. 간단하게 말해서, 사탄은 우리가 부여하는 힘 외에는 가질 수 없습니다. 그는 거짓말쟁이이며, 속이는 자이고, 무엇보다 가장 중요한 것은, 그는 참소자입니다. 사탄은 우리에게 하나님에 대해 중상모략하고 하나님께 우리를 참소합니다. 그의 뒤틀린 사고방식을 인간에게 전달하고, 이렇게 함으로써 타락한 세상을 통제합니다. 사탄의 계책에 맞서 싸우려면, 이것을 반드시 이해해야 합니다.

이번 장에서는 사탄의 책략을 더 자세히 들여다볼 것이고, 우리를 대적하는 그의 가장 강한 무기 중 하나를 밝혀낼 것입니다. 사탄은 그 무기를 에덴 동산에서 하와에게 사용했습니다. 그리고 그것을 광야에서 예수님께 다시 사용했습니다. 저는 사탄이 그 무기를 우리 모두에게 사용한다고 주장합니다. 우리의 생각을 불신으로 더럽히고, 자신의 악한 사고방식을 전달하려는 시도를 하고 있습니다—이것이 종종 우리를 공격에 취약하게 만들고, 수많은 인생을 파괴하는 데에 사용해 온 기술입니다.

이번 장 전체를 한 번에 읽으실 것을 권합니다. 이것은 여러 가지 생각을 모아 놓은 것이 아닙니다. 여러분의 삶을 바꿀 수 있는 하나의 계시입니다.

동산의 뱀

창세기 3장에서 우리는 에덴 동산의 아담과 하와가 타락하는 이야기를 읽습니다.

그런데 뱀은 여호와 하나님이 지으신 들짐승 중에 가장 간교하니라 뱀이 여자에게 물어 이르되 하나님이 참으로 너희에게 동산 모든 나

무의 열매를 먹지 말라 하시더냐
여자가 뱀에게 말하되 동산 나무의 열매를 우리가 먹을 수 있으나 동산 중앙에 있는 나무의 열매는 하나님의 말씀에 너희는 먹지도 말고 만지지도 말라 너희가 죽을까 하노라 하셨느니라
뱀이 여자에게 이르되 너희가 결코 죽지 아니하리라 너희가 그것을 먹는 날에는 너희 눈이 밝아져 하나님과 같이 되어 선악을 알 줄 하나님이 아심이니라
여자가 그 나무를 본즉 먹음직도 하고 보암직도 하고 지혜롭게 할 만큼 탐스럽기도 한 나무인지라 여자가 그 열매를 따먹고 자기와 함께 있는 남편에게도 주매 그도 먹은지라

- 창세기 3:1-6

이 이야기는 하나님께서 새롭게 창조하신 오염되지 않은 낙원, 에덴동산에서 벌어진 일입니다. 사탄은 하나님께서 팔을 걷어붙이시고, 새로운 세상—심히 아름다운 세상—을 창조하기 시작하시는 것을 보았습니다. 처음 며칠 동안은 모든 것이 무의미해 보였습니다. 하나님은 물고기와 새, 식물과 나무 등, 전혀 중요하지 않은 것들을 만들고 계셨습니다.

갑자기 하나님께서 뭔가 신기한 일을 하셨습니다. 단순히 말씀으로 뭔가를 존재하게 하시는 대신에, 무릎을 꿇으시고 흙을 한 줌 퍼서 하나님의 손으로 직접 하나님의 형상을 닮은 피조물을 빚기 시작하셨습니다. 그러고 나서, 놀랍게도, 피조물 위에 허리를 굽히시고, 피조물의 입에 생명의 호흡을 불어넣기 시작하셨고, 사람은 살아있는 영혼이 되었습니다.

바람이 불 때, 하나님께서 그분의 사람을 동산에 데리고 나가 함께 거니시는 것을 보고, 사탄의 혈압은 지붕을 뚫고 솟아올랐을 것입니다. 하나님은 그분의 제자와 개인적으로 친밀해지고 계셨습니다. 사람의 데스

티니(역주: destiny라는 단어를 한국의 설교가들은 영어 발음 그대로 '데스티니' 라는 단어를 사용하곤 합니다. '창조주 하나님의 뜻, 생각, 청사진, 길, 목적'을 포함하는 의미로 이해할 수 있습니다)가 그의 구석구석에 적혔고, 하나님께서 사람에게 땅을 다스리도록 맡기셨을 때, 사탄은 사람이 최악의 악몽이 될 것을 알았습니다.

우리는 이 세상의 문지기입니다! 우리가 사탄의 최대의 적이며 이 세상을 향한 그의 계획에 궁극적인 위협이 되기 때문에 사탄은 우리를 미워합니다.

사탄의 계획과 힘에 우리가 직접적인 위협이 되기 때문에, 사탄이 우리를 미워한다는 것을 이해하는 것이 중요합니다. 하나님께서 사람을 창조하셨을 때, 사람에게 특별한 지위를 부여하셨습니다. 하나님께서 우리에게 지구를 다스리는 권세와 통치권을 위임하셨습니다. 그것은 아담의 목적이었고, 우리에게로 물려 내려왔습니다. 우리는 이 세상의 문지기입니다! 우리가 사탄의 최대의 적이며 이 세상을 향한 그의 계획에 궁극적인 위협이 되기 때문에 사탄은 우리를 미워합니다. 이것에 대해 5장에서 더욱 나눠볼 것입니다.

사탄은 동산의 나무 뒤에 숨어서 아담과 하와를 지켜보았고, 하나님께서 사람에게 위임하신 통치권을 빼앗고 사람을 끌어내리려는 계책을 발전시켰습니다. 하루는 하와가 에덴 동산을 거닐다, 선악을 알게 하는 나무를 지나서 돌아가기로 했습니다. 그 열매를 먹는 것이 금지된 것을 알았지만, 어쩌면 금지되었다는 사실이 그 나무에 대한 호기심을 특별히 일으켰을 수 있습니다. '열매를 먹을 생각이 전혀 없지만, 그냥 한 번 보는 것은 괜찮지 않을까?'

하와가 금지된 열매에 마음을 빼앗겨 나무를 향해 걸어가고 있는 것을 보았을 때, 사탄은 기다려온 바로 그 기회가 온 것을 알았습니다. 인간은 어리고, 순결하고, 순진했습니다. 그리고 이 순간 하와는 특별히 취약한 상태였습니다. 이와 같은 경우가 다시는 없을 것이었습니다. 이 기회를 반드시 잡아야 했습니다.

사탄은 속임수로 가득한 크고 검은 가방 안에서 가장 매력적인 유혹을 꺼냈습니다. 이것은 그저 평범한 유혹이 아니었습니다. 이 최적의 기회에 사탄은 그의 무기고에서 가장 유력한 무기를 꺼내 들었습니다. 이 유혹은 당신이 생각할 수 있는 그런 게 아닙니다. 사실, 완전히 유치해 보일 수 있지만, 그 안에 위험이 도사리고 있습니다. 잠언 1:17은 말씀합니다. "새가 보는 데서 그물을 치면 헛일이겠거늘." 적의 가장 위험한 덫은 우리가 즉시 알아채지 못합니다. 그러나 하나님의 말씀으로 말미암아 "우리는 그 계책을 알지 못하는 바가 아닙니다"(고후2:11). 당신이 이 덫이 무엇인지 알고 난 뒤, 다시는 이 덫에 빠지지 않기를 예수님의 이름으로 기도합니다.

사탄의 비밀 병기는 세 어절의 단순한 질문입니다. "하나님이 그렇게 말씀하셨나?" 이 세 개의 어절이 하와의 마음에 단순한 불신의 주사를 놓았고, 인류의 타락을 초래했습니다. 세상의 모든 죄와 질병, 깨어진 마음, 파괴된 삶, 전쟁, 학살, 살인, 증오와 고통의 흔적은 이 세 어절로 시작된 처음의 유혹으로 추적해 갈 수 있습니다: 하나님이 그렇게 말씀하셨나? 그리고 모든 유혹이 여기서 비롯된다고 말씀드립니다. 당신이 어떤 죄의 근원을 추적한다면, 결국 명백하게 또는 은밀하게, 죄인의 마음에 품은 이 질문을 찾게 될 것입니다: 하나님이 그렇게 말씀하셨나?

- 하와가 이 질문을 마음에 품었습니다. "하나님이 그렇게 말씀

하셨나?" 그녀는 금지된 열매를 먹었고, 전 인류가 어둠 속으로 추락했습니다. 그녀의 순결함은 오염되었습니다.

- 아브라함이 이 질문을 마음에 품었습니다. 이스마엘이 그 결과였습니다. 여러 세대에 걸친 전쟁과, 피 흘림, 증오가 그 결과입니다. 그의 가족의 평화는 오염되었습니다.
- 모세가 이 질문을 마음에 품었습니다. 반석에게 명령하는 대신에 바위를 쳤고, 그 결과로 약속의 땅에 들어가지 못했습니다. 그의 데스티니는 오염되었습니다.

성경을 공부해보면, 우리를 대적하는 적이 하나님의 백성을 이길 때마다, 이것은 단순한 불신의 주사—하나님이 그렇게 말씀하셨나—로 거슬러 올라갈 수 있습니다.

심지어 사탄이 이 유혹을 예수님께도 시도했다는 것은 놀라운 일입니다! 우리는 마태복음에서, 이어지는 두 가지 이야기를 읽어봅니다: 예수님의 침례 사건과 예수님이 유혹을 받으신 사건입니다. 현대 성경에서 이 이야기들은 장의 경계로 나뉘어져 있습니다. 침례의 이야기는 3장에, 유혹의 이야기는 4장에 있습니다. 그런데 원본에서는 장과 절의 구분이 없어서, 이 두 개의 이야기는 하나의 이야기로 흘러가도록 되어있습니다. 이 두 이야기를 나눠버리면, 두 가지 이야기의 중요성을 온전히 이해하지 못하게 됩니다. 그러나 두 이야기를 함께 읽으면, 놀라운 계시가 드러납니다. 침례에서부터 시작해봅시다.

> 이 때에 예수께서 갈릴리로부터 요단강에 이르러 요한에게 세례를 받으려 하시니 요한이 말려 이르되 내가 당신에게서 세례를 받아야 할 터인데 당신이 내게로 오시나이까 예수께서 대답하여 이르시되

이제 허락하라 우리가 이와 같이 하여 모든 의를 이루는 것이 합당하니라 하시니 이에 요한이 허락하는지라 예수께서 세례를 받으시고 곧 물에서 올라오실새 하늘이 열리고 하나님의 성령이 비둘기 같이 내려 자기 위에 임하심을 보시더니 하늘로부터 소리가 있어 말씀하시되 이는 내 사랑하는 아들이요 내 기뻐하는 자라 하시니라

- 마태복음 3:13-17

예수님의 지상 사역이 아직 시작되지 않았습니다. 예수님은 아직 기적을 행하지 않으셨고, 아직 하나님의 아들임을 나타내지 않으셨습니다. 바로 이 시점까지, 예수님께서 침례를 받으신 사건은 가장 강조되는 사건일 것입니다. 예수님의 권능과 영광이 세상에 드러나는 새로운 시즌이 시작되는 시점이었습니다. 아버지께서 침례의 강에서 예수님에게 말씀하신 것을 특별히 주목해서 보십시오: “이는 내 사랑하는 아들이요 내 기뻐하는 자라 하시니라.” 다음 장에서 예수님께서 마귀에게 시험을 받으실 때, 이 말씀이 아주 중요한 쟁점이 됩니다. 예수님이 침례를 받으시고 난 뒤, “그 때에 예수께서 성령에게 이끌리어 마귀에게 시험을 받으러 광야로 가사”(마4:1)라고 기록되어 있습니다.

종종 산꼭대기에서의 영적인 체험은 산골짜기로 이어집니다. 많은 경우 위대한 계시 뒤에는 거대한 유혹이 옵니다. 예수님의 생애에서도 그러했고, 우리의 삶에서도 이런 일이 벌어집니다. 그런데 이것이 하나님의 계획의 일부분이라는 것을 기억하십시오. 이 구절은 예수께서 마귀에게 이끌리어 광야로 가셨다고 기록하지 않습니다. 예수께서 성령에게 이끌리어 광야로 가사 마귀에게 시험을 받으셨다고 기록하고 있습니다.

사십 일을 밤낮으로 금식하신 후에 주리신지라 시험하는 자가 예수

께 나아와서 이르되 네가 만일 하나님의 아들이어든 명하여 이 돌들로 떡덩이가 되게 하라

- 마태복음 4:2-3

예전에 저는 마귀가 예수님의 금식을 방해하려고 예수님을 시험했다고 생각했습니다. 장기간의 금식을 해본 적이 있다면, 먹고 싶은 욕구에 지고 싶은 유혹이 얼만큼 강할 수 있는지 알 것입니다. 그런데 이 특별한 유혹은 먹는 것과 아무런 상관이 없었습니다. 사실, 성경은 이 유혹이 금식 이후에 있었다고 분명히 말씀합니다. 하나님의 아들을 대적하는 이 공격은 금식을 깨기 위한 것보다 훨씬 더 중대한 것이었습니다. 가까이 들여다보면, 예수님이 받으신 유혹과 아담과 하와가 에덴 동산에서 받은 유혹에는 놀라운 평행 구조가 있음을 발견하게 됩니다.

예수님은 두 번째 아담이라고 불리시며, 예수님의 생애와 아담의 생애에서 우리는 많은 성경적 평행 구조들을 볼 수 있습니다. 아담이 잘못한 것을, 예수님께서 바르게 하셨습니다. 아담이 실패한 곳에서, 예수님은 성공하셨습니다. 아담의 타락이 그의 후손에게 저주를 물려주었지만, 예수님의 보혈은 축복과 구원, 저주로부터의 자유를 유업으로 받는 새로운 세대의 씨앗이 되었습니다! 사탄이 처음 동산에서 아담과 하와를 유혹한 것처럼, 예수님도 유혹한 것을 볼 수 있습니다.

많은 경우 위대한 계시 뒤에는 거대한 유혹이 옵니다.
예수님의 생애에서도 그러했고, 우리의 삶에서도
이런 일이 벌어집니다.

사탄이 첫 번째 아담을 위협으로 보았다면, 예수님은 백만 배나 더 위

험했습니다. 예수님은 하나님이시며 사람이셨기 때문입니다–이것은 사탄의 두 가지 악몽이 결합된 것이었습니다! 사람으로서, 예수님은 자연계를 다스리는 권세를 위임받아 가지고 계셨고, 신으로서, 삼위일체 하나님의 충만함이 예수님의 몸 안에 거하셨습니다.

그런데 이 이야기에 또 다른 측면이 있습니다. 역사상 이전에는 하나님께서 그분 자신을 이토록 연약하게 만드신 적이 없었습니다. 영원한 시간 동안 불멸의, 보이지 않는, 전능하신 하나님께서 절대 권력과 천하무적의 보좌에 앉아 계셨고, 강력한 천군 천사에게 둘러싸여 계셨습니다. 사탄은 하나님의 아름답고 강력한 천사들 중 하나였습니다. 사탄은 이 영광을 직접 보았었고 하나님께 아주 가벼운 손해도 미칠 기회가 없다는 것을 알았습니다. 반란의 생각이 사탄의 마음에 들어갔을 때, 전지하신 하나님께서 강력한 힘으로 그를 하늘에서 쫓아내셨고, 그는 번개같이 땅으로 떨어졌습니다(눅10:18)!

그런데 이제 하나님께서 하늘의 높은 보좌로부터 스스로를 낮추시고 이 땅의 가장 낮은 자리로 내려오셨습니다. 하나님께서 가장 연약한 사람의 몸을 입으셨습니다. 예수님께서 이 땅을 걸으실 때 사탄은 예수님을 지켜보았고, 에덴 동산에서 하와를 발견했던 것과 같은 황금 기회를 얻기 위해 기다렸습니다. 이제 예수님께서 광야에 나가셔서 40일 동안 금식하셨습니다. 예수님은 지치셨고, 피곤하셨고, 배가 고프셨습니다. 그리고 예수님은 약해지셨고 이전의 그 어느 때보다도 더 연약한 상태였습니다. 예수님이 가장 연약한 그 때가 절호의 기회인 것을 사탄은 알아챘습니다. 교만이 그의 마음에 일어나, “내가 하늘에 올라 하나님의 뭇별 위에 내 자리를 높이리라 내가 북극 집회의 산 위에 앉으리라 가장 높은 구름에 올라가 지극히 높은 이와 같아지리라”(사14:13-14)고 말한 이래로, 그가 기다려온 바로 그 순간이었습니다. “드디어,” 그는 스스로에게 말했습니다. "승리가 내 손 안에 있어."

에덴 동산에서 했던 것처럼, 사탄은 속임수로 가득 찬 크고 검은 가방 안에서 가장 매력적인 유혹을 꺼냈습니다. 그저 평범한 유혹이 아니었습니다. 이 최적의 기회에 사탄은 그의 무기고에서 가장 유력한 무기를 꺼내 들었습니다−하와가 금지된 열매 앞에 서 있었을 때 하와에게 사용했던 것과 똑같은 무기, 수천 년 동안 인간에게 성공적으로 사용해왔던 것과 똑같은 무기, 그의 가장 강력하고 효과적인 유일한 무기였습니다.

예수님께서 바로 전에 요단강에서 침례를 받으신 것을 기억해봅시다. 아버지께서 예수님에게 하신 말씀을 기억하시나요? "이는 내 사랑하는 아들이요 내 기뻐하는 자라." 이제 사탄이 예수님께 접근하고, 그의 입에서 나온 말은 이것이었습니다. "네가 만일 하나님의 아들이어든…"

이해가 되시나요? 이것은 근본적으로, 사탄이 동산에서 하와에게 사용했던 것과 똑같은 불신의 주사입니다: 하나님이 그렇게 말씀하셨나? "네가 하나님의 아들인 것이 확실하냐? 증거 좀 보자. 초자연적인 뭔가를 좀 해봐. 기적을 일으켜 봐."라고 말하고 있는 것입니다. 광야를 둘러보니, 돌들은 넘쳐나고, 먹을 것이라곤 없었습니다. 사탄은 땅에 있는 돌 하나를 가리키며, 예수님께 기적을 일으켜서 돌을 떡으로 만들라고 말했습니다(마4:3). "네가 진정 하나님이 말씀하시는 바로 그 사람이라면, 어디 한번 보자"라고 말하고 있는 것입니다.

우리는 이 유혹이 있고 나서 며칠 뒤에 예수님께서 갈릴리 지방 가나의 혼인 잔치에서 첫 기적을 행하시는 것을 읽습니다. 흥미롭게도 이 기적은 첫 번째 유혹과 닮았습니다. 혼인 잔치에서 예수님은 돌을 떡으로 바꾸지 않으셨고, 다른 것−물−을 포도주로 바꾸셨습니다. 그리고 요한복음은 이 기적으로 제자들이 예수님께서 메시야이신 줄 믿었다고 기록합니다(요2:11).

우리의 믿음은 잘못된 기초 위에 닻을 내리곤 합니다. 예수님에 대한 제자들의 믿음도 처음에는 그분의 기적에 닻을 내렸습니다. 제사들은 에수님이 물을 포도주로 바꾸시고, 오병이어를 증가시키시고, 병든 자를 고치시고, 죽은 자를 일으키셨기 때문에 메시야라고 믿었습니다. 제자들의 믿음은 그들이 볼 수 있었던 것에 닻을 내렸습니다. 그러나 믿음의 기초가 눈에 보이는 것이라면, 우리의 믿음은 보는 것에 의해서 흔들릴 수 있습니다. 예수님께서 잡히시고 십자가 처형을 당하셨을 때, 제자들의 믿음은 흔들렸습니다–하나님의 말씀보다 그들이 본 것에 더욱 그 기초를 두었기 때문입니다!

예수님을 믿기 위해 제자들은 기적이 필요했습니다. 그러나 하나님께서 말씀하신 것을 믿기 위해 예수님은 기적이 필요하지 않았습니다. 예수님은 이 첫 번째 유혹에, "기록되었으되 사람이 떡으로만 살 것이 아니요 하나님의 입으로부터 나오는 모든 말씀으로 살 것이라 하였느니라"고 대답하셨습니다. 즉, 이렇게 말씀하신 것입니다. "마귀야, 내가 하나님의 아들인 것을 증명하기 위해 기적이 필요한 게 아니다. 내게 필요한 증거는 아버지께서 말씀하셨다는 그 사실 하나뿐이다. 내 믿음은 기적이 아닌, 하나님의 입으로부터 나오는 말씀에 닻을 내린다. 하나님께서 말씀하셨고, 나는 그 말씀을 믿고, 이것으로 모든 것이 결정되었다!"

두 번째 유혹은 첫 번째 유혹과 같았습니다.

> 이에 마귀가 예수를 거룩한 성으로 데려다가 성전 꼭대기에 세우고 이르되 네가 만일 하나님의 아들이어든 뛰어내리라 기록되었으되 그가 너를 위하여 그의 사자들을 명하시리니 그들이 손으로 너를 받들어 발이 돌에 부딪치지 않게 하리로다 하였느니라
>
> – 마태복음 4:5-6

저는 이 유혹을 익스트림 스포츠(역주: 모험과 극한의 묘기를 즐기는 여가 활동)를 금지하는 것으로 생각하곤 했습니다. 어렸을 때, 위험하거나 모험적인 일을 하려고 하면, 어른들이 이렇게 말씀하시는 것을 듣곤 했습니다. "주님을 시험하지 말아라." 누군가가 스카이 다이빙이나 번지점프를 하러 갈 때, 우리는 "주님을 시험한다"고 말하곤 했습니다. 이런 것이 마귀가 예수님을 시험했던 그것-성전 꼭대기에서 뛰어내리라고 한 것-이라고 생각했기 때문입니다. 사실, 이 유혹은 익스트림 스포츠와는 아무 상관이 없습니다. 당신이 충분히 용감하다면, 스카이 다이빙이나 번지점프를 하는 것은 당신의 자유입니다. 그것이 "주님을 시험하는 것"은 아닙니다.

믿음의 기초가 눈에 보이는 것이라면, 우리의 믿음은 보는 것에 의해서 흔들릴 수 있습니다.

"네가 만일 하나님의 아들이어든…" 자, 여기에 다시 등장합니다: 사탄의 입에서 나오는 그 오래된 불신의 주사, 동산에서 하와에게 사용했던 똑같은 유혹: 하나님이 그렇게 말씀하셨나?

이 유혹의 본질은 다시 한 번 하나님의 말씀을 의심하게 만드는 것이었지만, 이번에는 살짝 다른 방식으로 제시됩니다. "네가 만일 하나님의 아들이어든," 사탄이 말했습니다. "증명해 봐. 성전 꼭대기에서 뛰어내려서, 하나님의 약속을 시험해보지 그래?" 예수님의 대답은 놀랍도록 간단했지만 매우 심오했습니다: "기록되었으되 주 너의 하나님을 시험하지 말라 하였느니라"(마4:7).

"기록되었으되,"라는 구절을 볼 때마다, 이것은 이어지는 구절이 구약 성경에 쓰여진 것을 인용하는 말씀이라는 의미입니다. 예수님께서 말씀하시고자 한 것의 완전한 의미를 이해하기 원한다면, 그 구절이 쓰여 진 곳으로 가서 볼 필요가 있습니다.

예수님께서 인용하신 구절을 신명기 6:16에서 찾을 수 있습니다: "너희가 맛사에서 시험한 것 같이 너희의 하나님 여호와를 시험하지 말고." 이 구절은 명백하게 이스라엘 백성이 광야를 헤매는 동안 맛사에서 일어났던 한 사건을 주목하게 합니다. 주님께서 강한 손과 편 팔로 그들을 애굽에서 건지셨습니다. 하나님께서 그들을 위해 홍해를 가르시고 마른 땅으로 건너가게 하셨습니다. 낮에는 구름 기둥으로, 밤에는 불 기둥으로 그들을 인도하셨습니다. 그리고 그들이 먹을 만나를 내려주셨습니다. 주께서 그들의 옷이 해어지지 않게 하셨습니다.

하나님께서 적대적인 주변 나라들로부터 그들을 건지셨고, 매년 모든 필요를 채우셨습니다. 그런데 하루는 그들이 도전에 직면했습니다. 맛사라고 하는 곳에서 이스라엘 백성이 물이 떨어지자 모세에게 불평과 원망을 늘어놓기 시작했습니다. 백성들은 마음 속에 불신을 허용했고, 그들을 죽이려고 한다며 모세를 고소하기 시작했습니다.

> 거기서 백성이 목이 말라 물을 찾으매 그들이 모세에게 대하여 원망하여 이르되 당신이 어찌하여 우리를 애굽에서 인도해 내어서 우리와 우리 자녀와 우리 가축이 목말라 죽게 하느냐
>
> - 출애굽기 17:3

하나님께서 그들을 위해 모든 것을 행하신 후에, 모든 것을 공급하시는 기적과 과분한 하나님의 신실하심을 경험한 후에, 첫 번째 생긴 문제 때문에 그들은 즉시 의심하기 시작했고, 그들을 목말라 죽게 하신다며 하나님을 고소하기까지 했습니다. 그런데 몇 구절 뒤에 어떻게 기록되어

있는지 보십시오. 이 부분에서 이 이야기가 예수님께서 받으신 유혹과 연결됩니다.

> 그가 그 곳 이름을 맛사 또는 므리바라 불렀으니 이는 이스라엘 자손이 다투었음이요 또는 그들이 여호와를 시험하여 이르기를 여호와께서 우리 중에 계신가 안 계신가 하였음이더라
>
> - 출애굽기 17:7

예수님께서 "기록되었으되 주 너의 하나님을 시험하지 말라 하였느니라"고 말씀하셨을 때, "사탄아, 나는 이스라엘 백성이 맛사에서 하나님을 시험했던 것같이 주님을 시험하지 않을 것이다. 하나님께서 나를 향해 좋은 생각을 가지고 계신 것을 나에게 증명해주실 필요가 없다. 나는 아버지를 완전히 신뢰하고, 아버지께서 신실하신 것을 믿는다. 하나님께서 좋으신 것을 믿는다. 아버지는 나를 단 한번도 실망시키신 적이 없으시고, 나는 하나님의 말씀이 진리인 것을 믿는다. 하나님께서 내 시험을 통과하셨기 때문이 아니라, 하나님께서 말씀하셨고, 나는 그 말씀을 믿고, 이것으로 모든 것이 결정되었기 때문이다!"라고 말씀하신 것이었습니다.

예수님께서 진정한 믿음이 어떠한지 보여주셨습니다. 이 믿음은 완전하고, 순전하며, 그 어떤 불신의 말에도 오염되지 않은 믿음입니다. 믿음은 절대적이고, 조건이 없는 신뢰입니다. 진정한 믿음은 자연계에서 무엇을 경험한다 하더라도 하나님을 신뢰하는 것입니다. 진정한 믿음은 "하나님께서 제가 원하는 방식으로 일하시는 한, 제가 하나님을 신뢰할 것입니다"라고 말하지 않습니다. 진정한 믿음은 욥과 같이 말합니다. "그가 나를 죽이실지라도 나는 그를 의뢰하리니"(욥13:15).

세 번째이자 마지막 유혹은 유일하게 사탄이 "네가 만일 하나님의 아들이어든"이라는 말을 노골적으로 사용하지 않은 유혹이었습니다. 그러나 이 유혹도 다른 두 가지 유혹과 같습니다.

> 마귀가 또 그를 데리고 지극히 높은 산으로 가서 천하 만국과 그 영광을 보여 이르되 만일 내게 엎드려 경배하면 이 모든 것을 네게 주리라
>
> \- 마태복음 4:8-9

저는 항상 사탄이 무슨 근거로 예수님을 그에게 엎드려 경배하게 만들겠다고 생각했는지 궁금했습니다. 도대체 왜 그런 어리석은 유혹에 시간을 낭비하고 있었던 걸까요? 그러나 여기에는 눈에 보이는 것보다 훨씬 더 많은 일이 벌어지고 있었고, 이 유혹을 이해하기 위해서 우리는 다시 한 번 구약 성경을 들여다보아야 합니다. 이번에는 시편입니다.

시편 2편은 메시야이신 예수님에 대한 언급을 포함하고 있기 때문에 메시야 시편으로 불립니다. 사실, 시편 2:7이 실제로 예수님을 지칭한다고 하는 완벽한 신약의 확증이 히브리서 1:5에 있습니다. 시편 2:7에서 하나님 아버지께서 그 아들 예수에게 말씀하십니다. "너는 내 아들이라 오늘 내가 너를 낳았도다."

이것이 익숙하게 들리시나요? 요단강의 침례 때 아버지께서 예수님에게 말씀하신 것이 생각나시나요? 아버지께서 계속해서 말씀하십니다. "내게 구하라 내가 이방 나라를 네 유업으로 주리니 네 소유가 땅 끝까지 이르리로다"(시2:8).

근본적으로 아버지께서 예수님에게 이렇게 말씀하십니다. "너는 나의 아들이다. 나의 아들로서 너는 유업을 받을 것이다. 나라들과 이 세상

의 왕국들과 이방 나라들과 그리고 땅 끝까지 유업으로 받을 것이다. 나는 너에게 이 모든 것을 줄 것이다."

이제 사탄은 광야에서 예수님께 나타나 근본적으로 이렇게 말합니다. "예수여, 요단강에서 하나님께서 네게 무엇을 말씀하셨는지 나는 알고 있다. 하나님은 네가 그분의 아들이라고 말씀하셨다. 그런데 하나님께서 시편 2:7에서도 같은 말씀을 하셨다는 것을 잊지 말아라. 하나님께서 예언적인 시를 통해 네가 그분의 아들이라고 말씀하셨던 바로 그 때, 네게 만국을 주신다고도 말씀하셨다. 그러나 보아라, 네게 만국을 주시는 대신에, 하나님께서 그것들을 나에게 주셨다!"(고린도후서 4:4은 사탄을 "이 세상의 신"이라고 말씀합니다.) "이제," 사탄이 말했습니다. "하나님께서 그분의 약속을 그 때 지키지 않으셨다면, 지금 너는 하나님을 어떻게 믿을 수가 있느냐? 네가 진정 하나님께서 말씀하신 그 아들이라고 어떻게 확신할 수 있느냐?"

진정한 믿음은 자연계에서 무엇을 경험한다 하더라도
하나님을 신뢰하는 것입니다.

이것이 보이나요? 사악한 말들 안에 신중하게 밀어 넣었지만, "네가 만일 하나님의 아들이어든…"과 똑같은 유혹이 있습니다. 사탄의 말은 동산에서 하와에게 사용했던 똑같은 불신의 주사를 내포하고 있습니다: 하나님이 그렇게 말씀하셨나? 이 유혹으로 사탄은 공격해왔습니다. "예수여, 하나님은 신뢰할 수 없는 분 같다. 하나님이 네게 완전히 정직하시지 않았던 것 같다. 내 말을 잘 들어봐. 여기서 우리가 거래를 하자. 네가 엎드려 나에게 경배하면 내가 너에게 천하 만국을 주겠다."

예수님의 입장에서 생각해보기 원합니다. 피곤하고, 굶주리고, 연약하고, 외로운 채 광야에 서 계셨습니다. 40일 동안 음식을 드시지 않은 채 견디셨고, 사막의 무자비하게 내리쬐는 해의 열기를 견디셨고, 이제 사탄이 예수님께 던진 가장 더러운 유혹들을 견디셨습니다. 예수님은 우리만큼 인간이셨습니다. 예수님도 감정을 갖고 계셨고, 고통과 좌절을 느끼셨습니다. 그런데 예수님께서 이 순간에 무엇을 하셨는지 주목하기 바랍니다. 예수님은 마귀를 데리고 종말론적 성경 공부를 하러 가셔서, 궁극적으로 하나님의 약속이 어떻게 이루어질 것인지를 설명하지 않으셨습니다. 사실, 바로 그 순간에, 자신을 유한한 사람으로 제한하셨습니다. 예수님께서 어떻게 반응하셨는지 보십시오.

> 이에 예수께서 말씀하시되 사탄아 물러가라 기록되었으되 주 너의 하나님께 경배하고 다만 그를 섬기라 하였느니라
>
> \- 마태복음 4:10

당신이 가장 낮아졌을 때, 이해할 수 없을 때, 그 어떤 것도 이해가 되지 않을 때, 당신은 무엇을 하겠습니까? 하나님에 대해 의문을 제기하고, 하나님의 계획과 말씀을 의심하겠습니까? 여러분, 예수님의 본을 따르십시오. 마귀에게 등을 돌리고, 당신의 눈을 하늘을 향해 들고, 예배하기 시작하십시오!

누구와 동의하는가?

저는 유명한 복음전도자, 라인하르트 본케Reinhard Bonnke의 후임자입니다. 그분의 사역은 역사상 가장 강력하고 열매가 많은 사역들 중 하나입니다. 그분은 Christ for all Nations(역주: 만민을 위한 그리스도)를

설립하셨고, 오늘날 저는 이 사역을 이끌고 있습니다. 이 글을 쓰고 있는 현재, 1987년 이후로 우리의 사역은 7,800만 명이 넘는 사람들이 그리스도께로 나오는 것을 보았습니다. 추정치가 아닌, 기록된 수치입니다. 제가 이 사역의 대표이자 최고경영자가 되었을 때, 겨우 28세였습니다. 우리는 다섯 개 대륙에 10개의 사무실을 가지고 있었고, 매년 여러 번의 거대한 크루세이드를 지휘하고 있었으며, 각각의 크루세이드를 위해 거의 백만 달러의 비용이 필요했습니다. 예산, 의회, 크루세이드, 컨퍼런스, 모금, 그리고 이 이상의 분량이 갑자기 제 책임이 되었습니다. 저의 역량 밖인 것을 우리 모두가 알았습니다.

제가 이 임무를 구한 적이 없다는 사실에서 저는 종종 용기를 얻곤 했습니다. 저는 이 일이 일어나게 하기 위해 그 어떤 것도 조작한 적이 없었습니다. 그러나 하나님께서 이 일에 저를 부르셨다는 것을 확신했습니다. 그 과정에서 초자연적인 확증이 있었고, 하나님의 손이 제 위에 있는 것을 알았습니다. 이것은 아주 큰 위안이었습니다. 제 역량 밖의 문제에 직면했을 때, 저는 “주님, 주께서 저를 여기에 두셨습니다. 이것은 주님의 생각이기 때문에, 이것을 해낼 수 있는 은혜를 주실 것을 확신합니다”라고 말했습니다. 꼭 필요한 때에 지혜를 주시고 인도해주시는 하나님의 방법에 놀라고 놀랐습니다.

그 당시에 친하게 지내던 한 친구는 제가 현실을 직시하고 있는지 확인하려고 했습니다. 그는 저에게 이렇게 말하곤 했습니다. “이거 될 리가 없다는 거 알고 있지?” 그는 불가능한 상황을 설명하려고 했습니다. 경험도 없는 28세의 젊은이가 어떻게 라인하르트 본케와 같은 전설적 인물의 자리를 대신할 수 있겠습니까? 친구는 장담했습니다. “괜찮아, 일이 되지는 않겠지만, 적어도 너는 좋은 경험을 얻게 될 거야.” 처음에는 그의 부정적인 태도가 고맙지 않았지만, 시간이 지나면서, 피할 수 없는 실망에 대비해 친구가 저를 준비시켜주고 있다는 생각이 들었습니다. 저는 그의 동기의 좋은 면을 보았고, 그가 말하는 것을 개인적으로 받지 않았습니다. 그런데 시간이 지날수록 제가 그와 동의하고 있는 것을 발견했고, 심지어 그의 말을 따라 하고 있는 것을 보았습니다. "결코 일이 되지는 않겠지만, 적어도 나는 좋은 경험을 얻게 되겠지." 저는 그 말들을 제 안에 완전히 새겨버렸습니다.

하루는 제가 그와 식사를 하면서 의논을 하는데, 그는 다시 한번 저에게 왜 일이 절대로 되지 않을 것인지를 설명했고, 저는 그와 동의했습니다. 그 후에 호텔 방으로 돌아왔는데, 주님께서 갑자기 말씀하셨습니다. "절대로 다시는 내 말을 의심하지 말아라." 그것은 꾸짖음이었지만, 저를 무너뜨리지 않았습니다. 대신에 그 말씀은 제 뼈를 불에 넣는 힘과 은혜를 함께 가져다주었습니다. 순간, 광야에서 그리스도께서 받으신 유혹에 대한 총체적인 계시가(모든 유혹이 아버지께서 요단강에서 하신 말씀과 어떻게 연결이 되며, 에덴 동산에서 벌어진 사탄의 유혹과 어떻게 연결이 되는지) 즉각적으로 제 영혼에 떨어졌습니다. 마치 순간적으로 다운로드가 되는 것 같았습니다. 저는 압도되었습니다. 저는 회개했습니다. "죄송합니다, 주님. 이제부터 저는 오직 주님의 말씀에만 동의하기로 선택하겠습니다." 며칠 후에, 그 사람은 제 인생에서 제외되었습니다. 저는 그가 비록 좋은 그리스도인이었을지라도, 제 마음에 불신의 씨앗을 심으려는 적에 의해 이용되었고, 주님께서 꾸짖으심으로 개입해 주시지 않았다면 적은 저를 파괴할 수도 있었다는 것을 깨달았습니다.

지난 장에서 나누었던 베드로의 이야기가 떠오릅니다. 마태복음 16장에서 예수님께서 제자들에게 물으셨습니다. "사람들이 인자를 누구라 하느냐?" 그러고 나서 또 제자들에게 물으셨습니다. "너희는 나를 누구라 하느냐?"(마16:13,15)

그 계시를 알고 있었던 것은 베드로뿐이었습니다: "주는 그리스도시요 살아 계신 하나님의 아들이시니이다"(마16:16).

예수님께서 말씀하셨습니다. "바요나 시몬아 네가 복이 있도다 이를 네게 알게 한 이는 혈육이 아니요 하늘에 계신 내 아버지시니라"(마16:17).

이후에 같은 장에서 예수님은 제자들에게 그가 죽임을 당하시고 다시 살아나실 것을 말씀하셨습니다. 베드로가 이것을 듣고, 예수님을 붙들고 항변했습니다. "그리 마옵소서 이 일이 결코 주께 미치지 아니하리이다!"(마16:22).

예수님께서 베드로를 꾸짖으시며 말씀하셨습니다. "사탄아 내 뒤로 물러 가라 너는 나를 넘어지게 하는 자로다 네가 하나님의 일을 생각하지 아니하고 도리어 사람의 일을 생각하는도다"(마16:23).

예수님께서, 그분의 가장 가까운 제자이자 친구 중 한 명으로 부르신 베드로에게, "사탄"이라고 부르시고, 이어서 그가 넘어지게 하는 장애물로 사용되고 있다고 말씀하셨습니다. 그렇습니다. 신실한 친구들—그리고 신실한 그리스도인 친구들—조차도 사탄에게 이용되어, 당신의 마음속에 하나님의 지식을 대적해 자신들을 높이는 생각을 가져다줄 수 있습니다.

이것이 전부가 아닙니다. 여기에서 우리가 주목해야 하는 것을 예수님께서 말씀하십니다. 이미 언급했지만, 강조하기 위해 여기서 한번 더 언급합니다. 이 문제는 이 책 전반에 걸쳐 계속해서 등장하게 될 것입니다. 베드로를 "사탄"이라고 부르신 후에, 예수님께서 말씀하십니다. "네가 하나님의 일을 생각하지 아니하고 도리어 사람의 일을 생각하는도다." 사람의 사고방식이 자연적으로 악하다는 것을 깨닫고 있나요? 육신의 생각은 사탄에게 영감을 받으므로 하나님과 원수가 됩니다.

우리는 부지런히 우리의 생각과 영혼을 지켜서 하나님의 말씀에 맞추고, 이 세상을 통치하는 땅 위의, 정욕적인, 귀신의 사고방식을 저항해야만 합니다.

기록되었으되

이 이야기에 대해 강조할 중요한 것이 있습니다. 예수님은 결코 요단강에서 경험하신 것을 사탄에게 말씀하심으로 사탄의 유혹에 응답하지 않으셨습니다. 영적인 산꼭대기에서 하나님의 음성을 분명하게 들을 때, 그것은 아주 황홀한 경험입니다. 그러나 산골짜기로 내려왔을 때, 우리는 산꼭대기에서 경험한 것이 무엇이었는지 쉽게 의문을 품곤 합니다.

주일에 교회에서 강력한 예배를 드릴 때, 설교자가 설교를 하고, 예배팀이 예배를 시작하면, 당신은 기름부음을 느끼고, 하나님의 말씀을 듣습니다. 그러나 월요일에 직장이나 가족 안에서 적이 공격을 해오기 시작할 때, 적은 당신이 주일 아침에 경험한 것에 대해 의문을 갖게 할 것입니다. 당신의 믿음을 경험에 뿌리내리게 한다면, 사탄은 쉽게 당신을 밀 까부르듯 할 것입니다. 그러나 기쁜 소식이 있습니다. 하나님께서 우리의 믿음이 결코 흔들릴 수 없도록 견고한 반석을 주셨습니다–그것은 기록된 하나님의 말씀입니다! 예수님께서 사탄에게 대답하실 때마다, “기록되었으되…”라고 말씀하셨습니다.

성령의 검

사탄은 하나님의 말씀을 싫어합니다. 하나님의 말씀은 영적 전쟁에서 양쪽에 날이 선 검으로, 사탄을 산산조각 낼 수 있기 때문입니다! 하나님의 말씀은 움직이지 않으며 변하지 않습니다. 하나님의 말씀은 우리 믿음의 견고한 토대이고, 우리 영혼의 닻입니다. 하나님께서 그분의 말씀을 존중하시기 때문에, 우리는 말씀을 신뢰할 수 있고, 말씀 위에 설 수 있으며, 온 마음을 다해 말씀을 믿을 수 있습니다! 자연적으로 당신이 무엇을 경험하고 있든지, 말씀에 동의하고, 당신의 건강, 재정, 가족, 사업, 사역, 그리고 당신 삶의 모든 영역 위에 말씀을 고백하십시오!

기록되었으되, "나의 하나님이 그리스도 예수 안에서 영광 가운데 그 풍성한 대로 너희 모든 쓸 것을 채우시리라"(빌4:19).

기록되었으되, "그가 내게 간구하리니 내가 그에게 응답하리라 그들이 환난 당할 때에 내가 그와 함께 하여 그를 건지고 영화롭게 하리라"(시91:15).

기록되었으되, "악인의 삯은 허무하되 공의를 뿌린 자의 상은 확실하니라"(잠11:18).

기록되었으되, "오늘 있다가 내일 아궁이에 던져지는 들풀도 하나님이 이렇게 입히시거든 하물며 너희일까보냐 믿음이 작은 자들아"(마6:30).

기록되었으되, "내가 너희에게 뱀과 전갈을 밟으며 원수의 모든 능력을 제어할 권능을 주었으니 너희를 해칠 자가 결코 없으리라"(눅10:19).

기록되었으되, "화가 네게 미치지 못하며 재앙이 네 장막에 가까이 오지 못하리니"(시91:10).

기록되었으되, "의인은 고난이 많으나 여호와께서 그의 모든 고난에서 건지시는도다"(시34:19).

기록되었으되, "믿음의 기도는 병든 자를 구원하리니 주께서 그를 일으키시리라"(약5:15).

기록되었으되, "네 짐을 여호와께 맡기라 그가 너를 붙드시고 의인의 요동함을 영원히 허락하지 아니하시리로다"(시55:22).

기록되었으되, "여호와의 천사가 주를 경외하는 자를 둘러 진치고 그들을 건지시는도다"(시34:7).

기록되었으되, "네 길을 여호와께 맡기라 그를 의지하면 그가 이루시고"(시37:5).

기록되었으되, "또 임신하지 못하던 여자를 집에 살게 하사 자녀들을 즐겁게 하는 어머니가 되게 하시는도다"(시113:9).

기록되었으되, "여호와께 감사하라 그는 선하시며 그 인자하심이 영원함이로다"(시136:1).

기록되었으되, "우리가 사방으로 욱여쌈을 당하여도 싸이지 아니하며 답답한 일을 당하여도 낙심하지 아니하며 박해를 받아도 버린 바 되지 아니하며 거꾸러뜨림을 당하여도 망하지 아니하고"(고후4:8-9).

토론을 위한 질문

1. 하나님께서 당신에게 주신 약속에 대해 의문을 제기하게 하는 유혹을 경험해 본 적이 있나요?
2. 예수님께서 광야에서 받으신 유혹이 아담과 하와가 동산에서 받은 유혹과 어떻게 비슷한가요?
3. 불신이 그토록 위험하다고 생각하는 이유가 무엇인가요?
4. 어떻게 우리의 마음을 변화시켜 하나님의 말씀에 더욱 나란히 맞출 수 있을까요?

4장

시대정신

군대의 침략은 막을 수 있지만; 때를 만난 사상은 물리칠 수 없다.

- 빅토르 위고, '범죄의 역사' -

십자가는 사람들의 의견 위에 높이 서고,

마침내 그 십자가 앞에 모든 의견이 심판을 받게 된다.

- A.W. 토저, '철저한 십자가' -

zeitgeist는 문자 그대로 시대정신을 의미하는 독일어 단어입니다. 문화의 고유한 가치와 신념을 낳는 것은 특정 기간 동안의 분위기나 풍조입니다. 명확하게 표현하지 못해도, 우리는 직감적으로 이 아이디어를 이해합니다. 여러 동향들이 특정한 시대와 지역의 열정이나 불안을 전형적으로 나타내는 것을 우리는 본능적으로 아는 것 같습니다. 예를 들어, 1960년대의 반문화적 시대정신은 분명한 스타일의 음악, 문학, 종교적 경험, 반권위주의, 약물 실험 등을 통해 표현되었습니다.

세상의 문화적인 시대가 바뀔 때, 마치 보이지 않는 손이 일을 추진하고 있는 것처럼 느껴질 수 있습니다. 이것이 상징적으로도 문자적으로도 시대의 정신입니다. 지혜로운 사람들은 항상 그것을 감지해왔습니다. 그러나 오늘날에는 가장 의식하지 못하는 사람들조차도 시대의 정신을 부인하기 어렵습니다. 이제 세상은 아주 빠르게 변화하고 있고 새로운 세대는 각각 그 세대만의 뚜렷한 문화를 가지고 있어, 새로운 문화는 이전의 세대에게 아주 낯설게 느껴집니다. 생각은 복합적인 전선을 이루어 서로 전쟁을 벌이고, 때로는 집단적으로 의식할 수 있는 것의 표면 아래에서 서로 겨루고 있습니다. 우리는 영화, 음악, 예술작품에서 아이디어들을 읽을 수 있습니다. 설교가, 정치인, 전문가, 운동선수, 영화배우, 예술가들의 대립되는 의견을 듣고 있습니다. 이내 공공의 의견은 변화하기 시작하고, 법이 제정되며, 사회는 하나의 정해진 아이디어를 받아들이고 다른 것은 거부합니다.

한때는 금기시되던 것이 지금은 *유행*입니다. 어떻게 이럴 수 있을까요? 어떻게 한 나라 전체가 사회주의자 혹은 파시스트가 될 수 있을까요? 어떻게 동성애와 성전환이 사회적으로 용인되지 않았던 상태에서 이렇게 짧은 시간 안에 유행이 될 수 있을까요? 르네상스, 종교개혁, 과학의 혁명, 계몽주의와 같이 서구 사회에서 지난 몇 백 년에 걸쳐 일어났던 극단적인 문화의 변화를 어떻게 설명할 수 있을까요? 우리는 혁명의 시대를 살고 있는 듯합니다! 교실에 앉은 고루한 지식인들 사이에서 만들어져, 이내 사회를 이끄는 원칙이 되고, 이것의 근원을 알지도 못하는 평범한 사람들의 언어와 생각 안에 자리잡은 철학들을 당신은 어떻게 설명하십니까? 노동자 계급의 사람들은 부지불식간에 포스트모더니즘과 막시즘, 상대주의의 아이디어들을 별 생각 없이 되뇌고 있습니다. 아이들을 위한 이야기들이 프로이트와 매슬로우, 칸트, 융, 피아제의 이론을 반영합니다. 이 모든 것이 상당히 이상한 방식으로 잘 맞아 떨어지는 것 같고, 마치 수 세기에 걸쳐 일해온 우주적인 마케팅 회사의 지휘 하에 사람들의 생각을 형성해가고 있는 것 같습니다.

메리암 웹스터Merriam-Webster는 *zeitgeist*라는 단어를 이렇게 설명합니다. "학자들은 각각의 시대가 다른 시대들로부터 구별되는 독특한 정신과 본질 혹은 풍조를 가진다는 관점을 오랫동안 유지해왔다. 독일어로 그러한 정신은 'Zeitgeist'로 알려져 있다. 독일어로 *Zeit*는 '시간'을, *Geist*는 '정신' 혹은 '영'을 의미한다. 어떤 작가들과 예술가들은 진정한 시대정신은 그 시대가 끝나기까지 알려지지 않는다고 주장하고, 몇몇은 오직 예술가들이나 철학자들만이 적절하게 그 정신을 설명할 수 있다고 공표했다. 그것이 사실인지 모르겠으나, 우리는 'zeitgeist'가 적어도 1835년 이후로 영어에 포함되었다는 것을 알고 있다."[1]

성경적인 관점에서 시대정신은 추상적이지 않습니다. 문자 그대로 영들－강력하고 악한 영들－이 그들의 높은 자리에서 적극적으로 어젠다를 밀어붙이고 있습니다.

명백하게, 역사상 어떤 시대도 굵은 선 하나로 그리는 것은 불가능할 것입니다. 더욱 미묘하고 정밀도가 높은 분석이 여러 많은 지역들의 다양한 시대정신을 보여줄 것입니다. 예를 들어, 제2차 세계대전 당시, 독일의 시대정신은 러시아나 영국, 미국의 시대정신과 분명히 달랐습니다. 한 시대와 지역의 시대정신은 다른 시대와 지역의 시대정신보다 더 낫거나 더 나쁠 것입니다. 그러나 각 시대의 시대정신이 대부분 기독교의 세계관과 반대되는 것으로 나타나는 흥미로운 양식이 존재합니다. 그리스도와 그리스도가 말씀하시는 모든 것에 대해 반감을 나타내는 주제가 끊임없이 있어왔습니다. 이 증오는 노골적이기도 하고 암시적이기도 합니다. 사도 요한이 "적그리스도의 영이… 지금 벌써 세상에 있느니라"(요일 4:3)고 말한 것이 이것을 의미합니다.

사도 바울도 이와 같이 말했습니다. "우리의 씨름은 혈과 육을 상대하는 것이 아니요 통치자들과 권세들과 이 어둠의 세상 주관자들과 하늘에 있는 악의 영들을 상대함이라"(엡6:12). 다시 말해, 성경적인 관점에서 시대징신은 추상적이지 않습니다. 문자 그대로 영들–강력하고 악한 영들–이 그들의 높은 자리에서 적극적으로 어젠다를 밀어붙이고 있습니다.

우리는 종종 영적 전쟁을 개인적인 문제로 생각합니다. 그리고 그것은 사실입니다. 영적인 공격이 개인적인 수준에서 각 개인을 대항해서 옵니다. 우리는 경계하며 깨어있어야 합니다. 그러나 본질적으로 사탄의 어젠다는 단순히 개개인의 그리스도인들을 비참하게 만드는 것이 아님을 이해하는 것이 중요합니다. 사탄의 어젠다가 당신의 자동차를 고장내거나 직장에서 안 좋은 일을 벌이기 위해 존재하지 않습니다. 사탄과 그의 졸개들은 오래된 거대 기업을 구성해, 인간의 마음에 영향을 미칠 수 있는 모든 수단을 동원해 일합니다. 앞서 두 장에 걸쳐서 논의했듯이, 그들은 인류에게 악한 사고방식을 주입하기 원합니다. 이것이 진짜 전쟁입니다.

시대정신의 문제는 에덴 동산까지 거슬러 올라갑니다. 뱀이 하와를 유혹했을 때, 사탄은 하와에게 자신의 사고방식을 성공적으로 전달했습니다. 그 때 그 악한 사고방식은 타락 이후로 인간에게 자연스러워졌습니다. 오늘날 인류 전체의 의식–세계적인 시대정신–은 여전히 악한 주술에 걸린 상태에 놓여 있습니다. 사실, 사도 요한은 동산에서의 유혹에 대해 아주 명백한 암시를 줍니다. "이는 세상에 있는 모든 것이 육신의 정욕과 안목의 정욕과 이생의 자랑이니 다 아버지께로부터 온 것이 아니요 세상으로부터 온 것이라"(요일2:16). 창세기 3:6을 기억해보면, 하와가 "그 나무를 본 즉 먹음직도 하고"(육신의 정욕)라고 합니다. 나무는 "보암직도 했습니다"(안목의 정욕). 그리고 "지혜롭게 할 만큼 탐스럽기도 한 나무"(이생의 자랑)였습니다. 사도 요한에 의하면, 하와가 사탄으로부터 받아들인 이러한 사고방식은 이제 "세상에 있는 모든 것"입니다. 이러한 "세상의" 사고방식은 "아버지의" 사고방식을 정면으로 부정합니다.

오늘날 사탄은 노예가 되어 버린 마음들을 통해 전 세계를 그의 통치 아래 잡아두고 있습니다. "그 중에 이 세상의 신이 믿지 아니하는 자들의 마음을 혼미하게 하여"(고후4:4). 그러나 이러한 사고방식이 표면적으로는 명백하게 악해 보이지 않고, 상당히 자연스럽게 느껴집니다. 그런데 예수님께서 베드로에게 말씀하신 것으로부터 이미 보았듯이, 사탄은 그의 사고방식을 인간에게 전달해왔습니다(마16:23). 오늘날의 자연적인 육신의 사고방식은 실제로 악합니다. 바울이 말했습니다. "육신의 생각은 하나님과 원수가 되나니 이는 하나님의 법에 굴복하지 아니할 뿐 아니라 할 수도 없음이라"(롬8:7).

여러분이 박해를 받고 있지 않다면, 아마도 여러분은 이 시대의 정신과 잘 맞추어져 있어서 적에게 아무런 위협이 되지 않는 상태일 것입니다.

적그리스도의 영이 그리스도를 대적하여 스스로를 세웁니다. 예수님께서 가르치시고 본이 되어 주신 모든 것이 적그리스도의 영에게 적입니다. 그리고 이렇게 그리스도인들이 결국 방해를 받게 됩니다. 우리가 이미 논의한 것과 같이, 이 거대한 용은 이빨이 없습니다. 화려한 언변만 가지고 있습니다. 그의 무기는 미혹입니다. 사탄은 세상에 영향을 주기 위해 사람들의 마음을 통해 일합니다. 그리스도의 마음을 가진 우리는 이 악한 움직임에 대적이 됩니다. 이것이 바로 사탄이 우리를 표적으로 겨냥하는 이유입니다.

예수님께서 말씀하셨습니다. "세상이 너희를 미워하면 너희보다 먼저 나를 미워한 줄을 알라"(요15:18). 세상은 예수님을 미워한 것과 같은 이유로 우리를 미워합니다. 예수님의 삶은 이 시대의 정신을 정면으로 반박했고, 예수님은 이 시대의 영을 이기는 권능을 가지고 계셨습니다. 우리가 예수님의 마음을 가지고 예수님처럼 살 때에, 우리는 적그리스도의 시대정신에 대적이 됩니다. 그래서 바울이 이렇게 말했습니다. "무릇 그리스도 예수 안에서 경건하게 살고자 하는 자는 박해를 받으리라"(딤후3:12). 여러분이 박해를 받고 있지 않다면, 아마도 여러분은 이 시대의 정신과 잘 맞추어져 있어서 적에게 아무런 위협이 되지 않는 상태일 것입니다.

예수님은 하나님의 사고방식을 세상에 구체적으로 보이셨습니다. 예수님은 육신이 되신 말씀이십니다(요1:14). 예수님의 삶 전체가 시대의 악한 정신을 향한 공격이었습니다. 이러한 일이 이토록 강력하고 완전하게 일어난 적이 없었습니다. 물론, 하나님께서 모세에게 율법을 주셨습니다. 그러나 그 법은 불완전한 계시였습니다—때가 차매 그리스도께서 오실 때까지 율법은 초등교사가 되었습니다(갈3:24-25; 4:1-5). 모세의 시대 이후에, "은혜와 진리는 예수 그리스도로 말미암아 온 것"입니다(요1:17). 예수님은 자신에 대해 이렇게 말씀하셨습니다: "예수께서 또 말씀하여 이르시되 나는 세상의 빛이니 나를 따르는 자는 어둠에 다니지 아니하고 생명의 빛을 얻으리라"(요8:12). 예수님이 오시기 전에는, 그리고 예수님이 없이는 빛이 존재하지 않습니다—전 세계가 악한 그림자의 어둠 속에서 삽니다. 그러나 예수님께서 오셨을 때, 갑자기 어둠 가운데 빛이 있었습니다. 예수 그리스도의 영향력이 얼마나 강력한지 생각해 보십시오. 서른 세 살의 나이에 죽은 한 사람이 이천 년 후에 이십억 명이 넘는 제자를 가지고 있습니다! 그분의 가르침과 그분의 삶의 이야기는 수억 명의 사람들에게 알려지고 사랑을 받습니다. 인류 역사의 소름 끼치는 쇼(show)인 어둠의 한 가운데서, 석탄 속의 다이아몬드처럼 인생이 밝게 빛나는 한 남자가 있습니다. 요한 사도가 그분의 "생명은 사람들의 빛이라"고 기록한 것이 당연합니다(요1:4).

복음전도자 빌리 선데이Billy Sunday가 말했습니다:

> 순교로 이끈 헌신으로 그분을 사랑했던 사람들의 응시로부터 밝은 구름이 그분을 가렸을 때, 그분께서 하신 말씀의 유일한 기록이 그들의 마음에 새겨졌지만, 이제 도서관들이 그 말씀을 돌보는 일에 전념하고 있다. 그 어떤 말도 머리 둘 곳이 없을 정도로 매우 가난했던 그분의 말씀만큼 중대하거나 무게가 나간 적이 없었다. 세상의 학자들은 그분의 발 앞에 앉아 모자를 벗고, "결코 이 사람이 말하는 것처럼 말한 자가 없었다"고 거듭해서 말하곤 했다. 그분의 말씀은 알려진 모든 방언으로 통역되었고, 가는 곳마다 그 날개 위에 치유를 운반했다. 그 어떤 책도 그분의 말씀을 담고 있는 책의 발행부수를 십분의 일도 따라가지 못했고, 그뿐 아니라, 그분의 생각과 삶의 이야기는 모든 문학에 엮여 들어가, 성경책을 한 줄도 읽어보지 않은 사람도 그리스도에 대해 무지한 상태로 남아있을 수는 없었다.[2]

예수님이 사셨던 시대뿐만 아니라 그 이후의 시대에서도, 예수님은 이 세상의 시대정신에 직접적으로 강력하게 영향을 미치셨습니다. 이것이 얼마나 놀라운 일인지 생각해 보십시오. 어떤 사람도 그러한 영향을 미치지 못했습니다. 그런데 예수님이 그토록 영향력이 있으셨다는 사실만이 놀라운 것은 아닙니다. 완전히 반대되는 시대정신으로 가득 찬 세상에서 그러한 생각이 역사에 걸쳐 수많은 사람들의 마음속에 널리 퍼졌는데도, 그렇게 보이지 않는다는 점이 더욱 놀랍습니다. 하나님의 생각은 우리의 생각과 다릅니다. 하나님의 생각은 인간 본성의 모든 것에 반대됩니다.

예수님은 이 땅에 사시는 동안 매일 영적 전쟁을 하셨습니다. 깃발을 흔들고, 쇼파르(역주: 양각나팔)를 불고, 허공에 주먹질을 하면서 싸우지 않으셨습니다. 예수님의 삶의 방식과 가르침, 그리고 예수님의 일과 죽음, 부활을 통해 하나님의 나라를 이 땅에 나타내심으로 하셨습니다.

이것을 생각해 볼 때, 예수님의 사역에서 영적 전쟁은 항상 우리가 예상할 수 있는 그런 것이 아니었습니다. 예를 들어, 산상수훈을 살펴봅시다(마5-7). 대부분의 그리스도인들은 산상수훈의 메시지를 알고 있고 사랑합니다. 그런데 너무 익숙해진 나머지 그 메시지의 중요성을 종종 놓치곤 합니다. 예수님의 산상수훈은 완전히 새로운 사고방식에 우리의 눈을 열어줍니다. 처음 이 말씀을 받았던 사람들에게 이 가르침이 얼마나 혁명적이고 심지어 충격적이었을지, 우리는 전부 이해하기 어렵습니다. 예수님께서 이것을 고대의 로마 제국에 살았던 사람들에게 가르치셨다는 것을 기억해 보십시오. 당시 로마 사회에서는, 권력이 궁극적인 덕목이었습니다. 자비는 연약함이었고, 연약한 것은 멸시당했습니다. 부도덕, 방탕, 쾌락주의, 그리고 폭력이 칭송을 받았습니다.

그 때 예수님께서 오셔서 심령이 가난하고, 애통하고, 온유하고, 의에 주리고 목마르고, 긍휼히 여기고, 마음이 청결하고, 화평케 하고, 의를 위하여 박해를 받는 자가 복이 있다고 말씀하셨습니다.

온유한 사람이 땅을 기업으로 받는다고요? 상상도 할 수 없는 일입니다. 권력이 있고 폭력적인 사람들이 나라를 정복하고 세상을 통치하는 것 아닌가요? 음욕을 품으면 간음한 것이라니요? 미워하는 것이 살인이라니요? 박해를 받는 것이 기뻐하고 즐거워할 이유인가요? 우리는 우리의 적을 용서하고 사랑하기까지 해야 되나요? 필요가 있는 사람들을 돌보아야 합니까? 은밀한 곳에서 구제하고, 기도하고, 금식해서 이 땅의 누구도 그것을 보고 칭찬하지 못하게 해야 하나요? 보물을 이 땅에 쌓아두지 말고, 하늘에 쌓아두어야 하나요? 걱정하지 말라고요? 우리의 생명보다 하나님을 사랑하라고요? 다른 사람들을 판단하지 말라고요? 찾는 이가 적은, 좁은 문으로 들어가야 하나요?

다시 말해, 이러한 생각들이 예수님의 시대에 얼마나 혁명적이었을지 우리는 이해하기 어렵습니다. 지난 이천 년 동안 그리스도인들의 영향력이 이 세상의 시대정신에 깊고 긍정적으로 영향을 미쳐온 시간에 우리는 살고 있습니다. 어떤 방식으로 영향을 미쳐왔는지 우리가 항상 의식하지는 못합니다. 예를 들어, 우리는 가난하고, 연약하고, 병든 사람들, 고아와 과부에게 자비를 베푸는 경향이 있습니다. 그런데 항상 그렇지는 않았습니다. 기독교가 들어가 소개되기 전, 이교도 문화에서는 강하고 교만한 것을 가치 있게 여겼습니다. 인권은 기독교적인 생각입니다. 자연법은 기독교적인 생각입니다. 개인의 선택의 자유는 기독교적인 생각입니다. 언론의 자유, 정교 분리, 그리고 심지어 과학적인 방법도 기독교의 산물입니다.

서양의 문화는 예수님과 성경의 가르침에 큰 영향을 받아왔기 때문에, 이곳에 사는 사람들은 성경책을 한 번도 읽어보지 않았을지라도 대부분 성경의 주제나 이야기에 익숙합니다. 그리고 이야기 그 자체를 모르는 경우에도, 사람들은 도덕적으로 영향을 받아왔습니다. 유명하고도 말이 많은 무신론자 리차드 도킨스Richard Dawkins조차도 영어학에 있어서 성경의 중요성을 적고 있습니다. 성경책을 전혀 읽어보지 않은 사람들을 포함해, 영어권의 모든 교양 있는 사람들이 사용하고 이해하는 129개의 성경 문구를 도킨스는 나열하고 있습니다. "세상의 소금," "억지로 오 리를 가게 하거든 십 리를 동행하고," "나는 그 일에서 손 씻는다(역주: 마27:24)," "불의한 소득," "거울로 보는 듯 희미하다," "양의 탈을 쓴 늑대," "등불을 켜서 말 아래 두다," "악한 자에게는 평안이 없다," "용사가 엎드러졌다" 등, 이 외에도 많이 있습니다.[3] 도킨스가 말합니다. "영어를 모국어로 말하는 사람들 중에 킹제임스 성경 말씀을 한 번도 읽어보지 않은 사람은 야만인에 가깝다."[4] 선한 사마리아인의 비유와 탕자의 비유 같은 이야기가 이천 년 동안 대중의 의식에 잘 파고들어 사회에 어떤 영향을 미쳤는지 생각해 보십시오. 심지어 구약 성경은 기독교의 스며드는 영향력으로 인해 서양의 사고에 일부분이 되어왔습니다(다윗과 골리앗이나 십계명을 생각해 보십시오).

여러 방면에서, 가치를 폄하하기 좋아하는 세상 사람들조차도, 오늘날 우리 서양 사람들이 누리는 평화롭고, 세련되고, 질서 있는 사회는 그리스도인들의 영향력이 있기 때문이라고 인정합니다. 그러나 이러한 사회는 수백 년 동안 공격을 받아왔습니다. 사람이 세운 것 중 역사상 가장 위대한 사회가 그 사회로부터 유익을 얻는 바로 그 사람들에 의해 공격을 받아왔습니다. 그리고 사회를 위대하게 만들어 준 바로 그것을 가장 격렬하게 공격합니다. 왜 그렇습니까? 도스토옙스키Dostoevskii가 말합니다. "사람은 어리석다. 당신도 알다시피, 놀랍도록 어리석다; 혹은 전혀 어리석지 않은데, 너무 감사할 줄 몰라서, 모든 피조물 중에 사람과 같은 것은 찾아볼 수 없다."[5] 아니면 또 다른 설명이 있을 수도 있겠습니다. 이미 이 세상에 존재하는 사탄, 즉 적그리스도의 영으로부터 오는 적대감이 그리스도와 그리스도가 나타내는 모든 것을 향해 만연해 있기 때문입니다.

십자가, 하나님의 지혜

하나님의 신성한 사고방식은 사탄의 사고방식과 완전히 달라서 하나님께서 가장 뛰어난 조치를 취하실 때 사탄은 그것을 전혀 보지 못합니다. 사탄과 같이 생각하는 사람들도 마찬가지입니다. 바울이 신성한 지혜에 대해 말합니다. "이 지혜는 이 세대의 통치자들이 한 사람도 알지 못하였나니 만일 알았더라면 영광의 주를 십자가에 못 박지 아니하였으리라"(고전2:8). 따라서 사탄은 사람들을 속일 뿐 아니라 자기 스스로도 미혹된 자입니다. 사탄의 악한 사고방식은 십자가를 연약함과 실패로 보았지만, 실제로 십자가는 하나님의 권능이며 지혜였습니다.

우리가 알아보아야만 하는 것이 바로 이것입니다. 하나님의 지혜는 사람의 지혜와 전혀 다릅니다. 하나님의 지혜는 전혀 다른 범주로 홀로 존재하며, 세상의 사고방식과 완전히 분리되어 인간은 그리스도 예수를 믿는 믿음으로만 그 지혜를 이해할 수 있습니다. 혈과 육으로 우리에게 익숙한 기술을 가지고 영적 전쟁을 싸우려고 노력한다면, 사탄을 이기지 못할 것이고 오히려 사탄의 편에서 싸우고 있는 자신을 발견하게 될 것입니다. 예를 들어, 물리적인 전쟁에서 분노와 폭력과 미움은 우리의 친구들입니다. 이것들이 우리 안에 불을 붙여서 적에게 치명적인 무기가 되도록 우리를 던져버릴 것입니다. 그러나 영적인 전쟁은 이렇게 싸울 수 없습니다. 미움, 분노, 복수는 사탄이 공평을 이루는 방법입니다. 적을 이기기 위해서 어떻게 적의 방법을 사용할 수 있겠습니까? 적의 방법을 취하는 순간 우리는 전쟁에서 지게 되고 적의 편에 서게 됩니다. 야고보와 요한은 사마리아인들이 예수님을 존중하지 않았을 때에 그들에게 불을 내리기 원했습니다. 그러나 예수님은 그들을 꾸짖으시고 말씀하십니다. "너희는 무슨 정신으로 말하는지 모르는구나"(눅9:55). 제자들의 육신에 따른 반응은 그리스도와 완전히 반대되는 정신에 동의하게 했습니다. 예수님은 그분을 대적하는 사람들을 미워하지 않으십니다. 예수님은 그들을 사랑하십니다. 예수님은 스스로를 폭파시켜서 그분의 적들에게 상처를 입히고자 하는 자살 테러범이 아닙니다. 예수님은 그분의 적들을 위해 자신의 삶을 내려 놓으시고, 그들의 생명을 구원하시기 위해 자신의 생명을 내주십니다. 이러한 사고방식을 이해하는 것은 거의 불가능합니다. 사실 그리스도의 마음이 없이 우리는 이것을 이해할 수 없습니다. 그러나 복음에 의하면, *이것은* 신성한 지혜입니다. 그리스도를 닮은, 희생적인 사랑의 길이 어둠의 세력을 몰아냅니다.

예수님께서 제자들에게 말씀하셨습니다. "보라 내가 너희를 보냄이 양을 이리 가운데로 보냄과 같도다"(마10:16). 이 말씀이 전혀 매력적이지 않게 들린다는 것을 인정합니다. 저는 양이 되고 싶지 않습니다. 저는 사람입니다. 저는 강합니다. 저를 방어할 수 있습니다. 오히려 예수님께서 "보라 내가 너희를 보냄이 사자를 이리 가운데로 보냄과 같도다"라고 말씀하시면 좋겠습니다. 저는 저들을 잡아먹고 싶지, 저들의 점심이 되고 싶지 않습니다. 그러나 이것은 타락한, 육신에 속한 마음이 말하고 있는 것입니다. 자연적인 관점에서 이리는 포식자이고 양은 먹이가 됩니다. 그러나 하나님의 지혜 안에서, 양은 궁극적으로 이리를 정복합니다. 요한계시록에서 유다 지파의 사자가 이긴 자로 소개될 때, 사도 요한은 *어린 양*을 보았습니다—"어린 양이 서 있는데 일찍이 죽임을 당한 것 같더라"(계5:6). 유다의 사자가 희생적인 어린 양으로, 영적인 적들에 대해 승리를 얻었습니다.

"온유한 자는… 땅을 기업으로 받을 것임이요"(마5:5). 진실로, 우리는 단기적으로는 항상 승리하지 않습니다. 그리고 우리는 악의 통제를 받고 있는 이 세상에서 때때로 고난을 받습니다. 예수님조차도 십자가에 달리셨을 때, “바산의 힘센 소들”의 둘러싸임을 당하셨습니다. 그들의 사자와 같은 이빨로 예수님의 몸을 찢었습니다(시22:12-13). 그러나 바로 그 때, 예수님께서 그 황소들을 이기셨습니다. 오직 죽음으로만 죽음의 세력을 이기실 수 있었습니다. 예수님은 죽은 자들 가운데서 살아나셨고, 적들에 대해 영원히 완전한 승리를 이루셨습니다!

적을 이기기 위해서 어떻게 적의 방법을 사용할 수 있겠습니까? 적의 방법을 취하는 순간 우리는 전쟁에서 지게 되고 적의 편에 서게 됩니다.

그리스도의 삶은 치열한 전투 가운데 충돌하고 있는 악한 시대정신과 완전히 대립되었습니다. 이것은 두 이데올로기 간의 과장이 심한 논쟁 따위가 아니었습니다. 예수님은 사탄의 사고방식을 누그러뜨리는 논리로 싸우지 않으셨습니다. 그것은 전쟁이었습니다. 영원을 결정지을 궁극적인 영적 전쟁이었습니다. 다른 랍비들도 예수님이 가르치신 것과 비슷한 것들을 가르쳤습니다. 그러나 그 누구도 하나님의 지혜를 구현하지 못했고, 완벽한 모범을 보이지 못했습니다. 피로 범벅이 되고 갈기갈기 찢긴 몸의 시체가 빌린 무덤에 차갑게 놓이는 그 마지막 순간까지 예수님은 하나님의 지혜를 물리적으로 살아내셨습니다. 자연적인 눈으로 지켜보았던 모든 사람들에게 승자는 분명해 보였을 것입니다. 로마의 군사들은 사랑이신 예수님의 죽은 시체를 보며 의기양양하게 서 있었습니다. 그러나 삼일 후, 마치 두꺼운 껍데기와 같이 수 천년 동안 지구를 덮었던 악한 사고의 단단한 표면을 하나님의 지혜가 깨고 나왔을 때, 땅은 진동했습니다.

너희는 세상의 빛이라

앞에서 저는, 예수님께서 자신을 세상의 빛이라 선포하신 것을 언급했습니다. 그런데 이야기가 여기서 끝나지 않습니다. 이 말씀을 하시고, 예수님은 제자들에게 (그리고 우리에게) 말씀하셨습니다. "*너희*는 세상의 빛이라"(마5:14). 성령으로 충만하여 그리스도의 마음을 받을 때, 우리는 예수님의 빛을 비추게 됩니다! 예수님의 사고방식과 삶의 방식이 우리의 것이 됩니다. 이렇게 되면, 우리가 가는 곳마다 어둠을 가릅니다. 우리가 가는 곳마다 하나님의 통치가 증가합니다! 이것이 진정한 영적 전쟁입니다!

그리스도인으로서 우리의 역할이 단순히 기도와 중보로만 영적 전쟁을 하는 것은 아닙니다. 우리는 예수님처럼 사는 것으로 어둠과 싸웁니다—극단적인 하나님 나라의 사고방식을 살아냄으로 어둠과 싸웁니다. 날마다 우리의 행동은 하나님의 생각과 방법을 구현해야 합니다. 이것이 악한 영을 대적해 싸우기 위한 가장 흥미로운 방법으로 들리지는 않지만, 아주 강력합니다. 이렇게 생각해봅시다. 우리가 악한 시대정신에 맞추어 생각하고 산다면, 어떻게 그것에 맞서 싸울 수 있겠습니까?

사도 바울은 마지막 때에 악한 시대정신이 어떻게 드러나는지 분명히 말했습니다. "너는 이것을 알라 말세에 고통하는 때가 이르러, 사람들이 자기를 사랑하며, 돈을 사랑하며, 자랑하며, 교만하며, 비방하며, 부모를 거역하며, 감사하지 아니하며, 거룩하지 아니하며, 무정하며, 원통함을 풀지 아니하며, 모함하며, 절제하지 못하며, 사나우며, 선한 것을 좋아하지 아니하며, 배신하며, 조급하며, 자만하며, 쾌락을 사랑하기를 하나님 사랑하는 것보다 더하며, 경건의 모양은 있으나 경건의 능력은 부인하니 이같은 자들에게서 네가 돌아서라!"(딤후3:1-5)

마지막 때에 이러한 사람들이 하나님 아버지의 모든 것을 대적할 것이라 확신해도 됩니다. 그리고 빛의 자녀들인 우리는 세상의 모든 것과 정반대로 살아갈 것이 요구됩니다.

대부분의 사람들이 악한 주술 아래에서 살아가는 세상에서, 예수님을 따르는 사람들은 완전히 다른 생각과 삶의 방식을 가집니다. 세상 사람들은 자기를 사랑하지만, 우리는 우리의 삶을 사랑하지 않습니다. 저들은 돈을 사랑하지만, 우리는 희생을 사랑합니다. 저들은 교만하고 자랑하지만, 우리는 온유하고 겸손합니다. 저들은 하나님을 비방하지만, 우리는 하나님을 예배합니다. 저들은 하나님의 법을 거스르지만, 우리는 하나님의 법에 순종합니다. 저들은 감사하지 않고, 거룩하지 않고, 사랑하지 않지만, 우리는 감사하고, 정결하고, 그리스도의 자비로 충만합니다. 저들은 쓴 마음을 품지만, 우리는 용서합니다. 저들은 모함하지만, 우리는 찬양합니다. 저들은 잔혹하지만, 우리는 온화합니다. 저들은 선을 멸시하지만, 우리는 선을 위해 싸웁니다. 저들은 쾌락을 사랑하지만, 우리는 하나님을 사랑합니다.

그리스도인으로서 우리의 역할이 단순히 기도와 중보로만 영적 전쟁을 하는 것은 아닙니다. 우리는 예수님처럼 사는 것으로 어둠과 싸웁니다－극단적인 하나님 나라의 사고방식을 살아냄으로 어둠과 싸웁니다.

사도 바울은 거듭해서, 새로운 생각과 삶의 방식을 악한 시대정신의 지배권 아래 있는 옛 방식과 대조합니다. “그는 허물과 죄로 죽었던 너희를 살리셨도다 그 때에 너희는 그 가운데서 행하여 이 세상 풍조를 따르고 공중의 권세 잡은 자를 따랐으니 곧 지금 불순종의 아들들 가운데서 역사하는 영이라"(엡2:1-2). "우리가 세상의 영을 받지 아니하고 오직 하나님으로부터 온 영을 받았으니 이는 우리로 하여금 하나님께서 우리에게 은혜로 주신 것들을 알게 하려 하심이라"(고전2:12).

저는 당신이 성령의 열매를 영적인 무기로 생각하지 않을 것이라고 감히 추측해봅니다. 그러나 이러한 덕목들은, 우리 삶에서 성령님의 역사를 통해 성숙해지면, 초자연적입니다. 이 열매들은 하나님 나라에 속한 것입니다. 위로부터 내려와, 하나님의 지혜를 나타내고 신성한 영향력을 행사합니다. 즉, 세상에서 역사하는 악한 시대정신을 정면으로 대적한다는 뜻입니다. 예를 들어, 믿음은 보이는 것으로 작동되지 않고, 하나님의 말씀으로 작동됩니다. 믿음은 그리스도의 사고방식이지, 육신에 속한 사고방식이 아닙니다. 믿음은 우리를 하나님의 생각에 맞추어주고, 믿음을 통해 하나님의 권능이 이 땅으로 흘러갑니다.

저는 크리스천 록과 랩을 하는 그룹들이 마귀를 죽이고 사탄의 통치를 날려버리는 것에 대해 노래하는 것을 들어보았습니다. 저는 사실 이러한 아이디어들이 늘 어리석게 느껴집니다. 사탄은 총알과 폭탄에 대해 염려하지 않습니다. 사탄의 시스템을 매우 위협하는 것은 성령님 특유의 사고방식에서 비롯되는 풍성한 덕목들입니다: 사랑, 희생, 겸손, 인내, 믿음, 성별, 자기 절제, 거룩함, 기쁨, 온유함 등, 우리는 이보다 더 많은 덕목들을 말할 수 있습니다.

전쟁과 건축자

앞에서 저는 산상수훈을 영적 전쟁으로 언급했습니다. 산상수훈은 악한 시대정신을 정면으로 반대하고 공격하는 신성한 사고방식을 대표합니다. 통치의 충돌이 바로 우주적인 전쟁입니다. 어린 양의 편에서 싸우기 원한다면, 오직 한 길밖에 없습니다. 우리는 사도 바울이 말하는 "그리스도의 마음"(고전2:16)을 가져야 합니다. 우리의 생각, 신념, 행동, 삶의 방식은 그리스도께 완전히 맞추어져야 합니다. 바울이 로마서에서 말하는 바가 정확히 이것을 의미합니다. "너희는 이 세대를 본받지 말고 오직 마음을 새롭게 함으로 변화를 받아 하나님의 선하시고 기뻐하시고 온전하신 뜻이 무엇인지 분별하도록 하라"(롬12:2). 이 세대를 본받는 것은 적그리스도 영의 영향력 아래로 들어가는 것입니다. 우리가 그것을 인지하든 인지하지 못하든 그렇습니다. 잘못 굳어진 마음의 상태로는, 하나님의 자녀일지라도 잘못된 편에서 싸울 수 있습니다. 예수님의 제자이자 좋은 친구였던 베드로를 향해 예수님이 "사탄"이라고 외치셨던 것을 기억하십시오. "너는 하나님의 관심사에 *네 마음을 고정*하지 아니하고, 사람의 관심사에 마음을 둔다"(마16:23, NASB 직역). 우리가 세상의 사고방식을 받아들일 때, 시대의 정신을 우리의 마음과 입과 공간에 받아들이는 것입니다. 이렇게 함으로 우리는 사탄의 시스템을 취해서 발전시킵니다. 예수님께서 예수님을 따르라 부르실 때 그토록 극단적이신 이유가 이것입니다.

예수님은 가르치실 때에 흑과 백을 분명히 나누십니다. 예수님의 입장에 대해 미묘한 여지를 두지 않으십니다. "나와 함께 아니하는 자는 나를 반대하는 자요, 나와 함께 모으지 아니하는 자는 헤치는 자니라"(마12:30). 여기서 예수님께서 묘사하시는 것은 양을 모으고 헤치는 것입니다. 누가 양을 모읍니까? 목자입니다. 누가 양을 헤치나요? 약탈하는 자입니다. 당신은 목자이거나 늑대입니다. 그 중간은 없습니다. 예수님께서 명쾌하게 말씀하십니다. "네가 나와 함께 있지 않으면, 너는 나를 대적하는 것이다!" 중립적인 영혼도, 중립적인 지대도 없습니다. 영적인 세계에서는 스위스가 없습니다. 단 두 개의 팀만이 있을 뿐입니다. 하나님을 위해 싸우지 않으면, 마귀를 위해서 싸우는 것입니다. 단 두 가지의 신택만 있을 뿐입니다. 그리고 여러분이 어떤 팀에 소속되어 있는지를 아는 것은 쉽습니다. 하나님을 섬기기 위해 의도적인 결정을 내리지 않는다면, 자연스럽게 반대 쪽을 위해 싸우는 것입니다. 하나님을 대적하는 것입니다!

다른 많은 성경 본문도 같은 정서를 나타냅니다. "한 사람이 두 주인을 섬기지 못할 것이니 혹 이를 미워하고 저를 사랑하거나 혹 이를 중히 여기고 저를 경히 여김이라"(마6:24). 한 가지를 사랑하고 다른 한 가지를 괜찮게 여기는 선택 사항은 없음을 주목하십시오. 무엇을 더 좋아하고 무엇을 덜 좋아할지 결정하는 것이 아닙니다. 무엇을 사랑하고 무엇을 미워할지 선택하는 것입니다.

예수님께서 우리에게 선택하라고 하시는 것은 아주 냉엄합니다. 예수님은 사랑-미움의 선택을 두 주인에 제한하지 않으십니다. 그보다 더 나아가십니다. "무릇 내게 오는 자가 자기 부모와 처자와 형제와 자매와 더욱이 자기 목숨까지 미워하지 아니하면 능히 내 제자가 되지 못하고, 누구든지 자기 십자가를 지고 나를 따르지 않는 자도 능히 내 제자가 되지 못하리라"(눅14:26-27). 이것은 어떤 기준으로 보아도 과격합니다. 제가 저의 관점을 주장하기 위해서 이 구절들을 골라내는 것이 아닙니다. 이 순전한 극단성이 예수님의 대부분의 가르침을 차지합니다. 예수님은 예수님을 따르기 위해 요구되는 것들에 대해 모호하게 말씀하지 않으셨습니다. 완전히 항복하지 않고 예수님을 섬기려는 사람들에게 예수님의 나라는 주어지지 않습니다. 이러한 사람들은 도움이 안 될 뿐만 아니라, 오히려 대단히 해롭습니다.

아무런 열매도 맺지 않아 주인이 잘라버리라고 명한 무화과나무에 대한 이야기를 예수님께서 해주셨습니다. 주인은 그것이 땅만 버리고 있다고 말했습니다(눅13:7). 다시 말해, 이 나무는 해롭지 않은 나무가 아니었습니다. 공간과 영양분과 햇빛을 축내고 있었습니다. 땅을 약하게 만들고 포도원의 다른 나무들에게 해를 가했습니다. 중립은 없었습니다. 이 나무는 골칫거리로 분류되었습니다. 주인은 포도원을 위해 이 나무를 잘라버리기 원했으나 악의로 그렇게 한 것이 아니었습니다. 다시 말해, 우리는 도움이 되지 않으면 해롭습니다. 중간은 없습니다.

자신을 그리스도인이라고 주장하면서 계속 악한 시대정신의 주술 아래에서 살려고 한다면, 실제적으로는 그리스도를 대표하지 않는 것입니다. 사탄을 대표합니다. 이 세상에는 크게 단 두 가지의 정신만 존재합니다. 그리스도의 영과 적그리스도의 영입니다. 한 쪽에 맞추어 서면, 다른 한 쪽을 거절하는 것이 됩니다. 예수님께서 보시기에, 우리가 적극적으로 예수님께 연결되어서 성령의 열매를 맺고 있지 않다면, 우리는 파괴적이 됩니다. 우리가 그것을 인지하든 인지하지 못하든 그렇습니다. 우리가 알든 모르든, 마귀에게 이용당하는 것입니다.

예수님께서 또 다른 비유를 말씀하셨습니다.

> 너희 중의 누가 망대를 세우고자 할진대 자기의 가진 것이 준공하기까지에 족할는지 먼저 앉아 그 비용을 계산하지 아니하겠느냐 그렇게 아니하여 그 기초만 쌓고 능히 이루지 못하면 보는 자가 다 비웃어 이르되 이 사람이 공사를 시작하고 능히 이루지 못하였다 하리라
>
> \- 누가복음 14:28-30

저는 아프리카에서 이 장면을 종종 목격합니다. 가난한 마을에서 자란 한 남자가 뜻밖의 행운으로 부유한 사업가나 정치인이 됩니다. 그는 자신의 부의 상징으로 고향에 대저택을 짓습니다. 때로는 그 마을에 지

어진 건물 중에서 가장 크고 인상적인 건물을 의뢰합니다. 그런데 어떤 이유인지, 건축이 끝나기 전에 자금이 바닥납니다. 아프리카에서는 빚을 내서 집을 건축하는 것이 일반적이지 않습니다(예수님의 시대에도 이것이 일반적이지 않았습니다). 뭐든 건축을 하려 한다면, 현금으로 건축해야 합니다. 현금이 바닥나면 건축도 멈추는 것입니다.

아프리카에는 절반 정도 지어지고 나서 누가 보아도 삼십 년은 멈춘 듯한 상태로 놓여있는 저택들이 많았습니다. 잡초와 심지어 나무들도 그 안에서 자라고 있었습니다. 부랑자들이 들어가 몇 개의 판자를 붙여 그 안에서 살고 있었습니다. 기념비적인 건축물로 지어지려던 것이 보기에 흉한 물건이 되고, 그 “성공한 사람”은 온 마을에서 조롱당하는 사람이 됩니다. 예수님은 존중-대-수치의 묘사를 사용하셔서 완전한 항복에 대해 명확히 하십니다. 예수님께는 전부가 아니면 아무것도 아닌 것입니다. 중간에 있는 것은 무엇이든지 실패와 수치가 됩니다.

당신이 그리스도를 주장할 때, 가장 고귀한 이름을 주장하는 것입니다. 마치 당신이 아주 큰 탑, 혹은 대저택을 건축하고 있는 것처럼, 사람들은 당신의 거대한 주장을 알아봅니다. 그리스도의 이름을 맡았는데 시작한 것을 끝내지 못한다면, 그리스도의 이름과 당신의 이름에 수치를 가져올 것입니다. “너는 네 하나님 여호와의 이름을 망령되게 부르지 말라”(출20:7). 이것은 그저 하나님의 이름을 맹세할 때 사용하지 말라는 의미만은 아닙니다. 주님의 이름을 망령되게 취하거나 사용해서 주님의 이름에 수치를 가져오지 말라는 것입니다. 당신이 스스로를 그리스도인이라고 부른다면, 모든 이름 위에 뛰어난 예수의 이름에 합당한 책임을 맡은 것입니다. 이것은 예수님의 명예가 당신에게 달렸다는 것입니다. 심각하게 받아들이시기 바랍니다.

당신이 미지근한 그리스도인이라면, 당신은 복음을 대적하는 마귀의 가장 강력한 무기 중 하나입니다. 사람들이 당신을 볼 때, 당신의 삶이 그들의 삶과 다르지 않은 것을 알게 된다면, 그들은 예수님이 필요 없다고 확신하게 될 것입니다. 간디의 유명한 말을 기억하십시오. "나는 당신의 그리스도를 좋아한다. 그러나 나는 그리스도인들이 싫다." 다시 말해, 그리스도인들의 삶이 그들이 섬긴다고 주장하는 그리스도와 어울리지 않았다는 것입니다. *그리스도인들의 그리스도 같지 않음은* 사람들이 복음을 받아들이는 데에 가장 큰 장애물 중 하나입니다. 우리는 전쟁 중입니다. 우리는 그저 하나님 나라의 제복만 갖추어 입고, 양쪽 나라를 위해 건성으로 전쟁에 임할 수 없습니다. 이것은 무례하고 위험하며 반역적입니다.

이러한 진리의 빛 안에서, 우리는 무엇을 해야 할까요?

끝내지 못한 망대 이야기 다음에 등장하는 예수님의 비유를 살펴봅시다. 이 두 이야기는 그리스도를 따르는 사례에 북엔드(역주: 세워 놓은 책들이 쓰러지지 않도록 양쪽 끝에 받쳐주는 물건)가 되는 것 같습니다. 망대의 이야기는 우리에게 예수님을 따르기 위한 비용을 계산해보고 가볍게 결정하지 말라고 말해줍니다. 반면에 그 다음 이야기는 '예수님을 따르지 않는 것'의 비용을 계산해보고 정확히 무엇을 해야 하는지 가르쳐줍니다.

> 또 어떤 임금이 다른 임금과 싸우러 갈 때에 먼저 앉아 일만 명으로 써 저 이만 명을 거느리고 오는 자를 대적할 수 있을까 헤아리지 아니하겠느냐 만일 못할 터이면 그가 아직 멀리 있을 때에 사신을 보내어 화친을 청할지니라 이와 같이 너희 중의 누구든지 자기의 모든 소유를 버리지 아니하면 능히 내 제자가 되지 못하리라
>
> - 누가복음 14:31-33

이 이야기에서 전쟁하는 왕은 2 대 1로, 수적으로 열세한 상태입니다. 훨씬 더 강한 왕과 싸워 이길 방법이 없습니다. 따라서 그는 사신을 급히 보내 항복할 것입니다. 고대 사회에서 왕이 항복하면 그는 보통 친절한 대우를 받고 정복하는 제국의 대리인으로 권력의 자리에 남아 있게 됩니다. 그러나 왕이 저항하면, 자비는 없습니다.

하나님의 통치는 이 땅의 그 어떤 통치보다 강력하고 그 누구의 야망보다도 훨씬 위대합니다. 지혜로운 사람은, 사울이 다메섹으로 가는 길에 하나님께서 말씀하셨듯이, "가시채를 뒷발질하기가" 헛되고 위험함을 깨달을 것입니다(행26:14). 빠른 항복이 가장 합리적인 일입니다.

이 책은 영적 전쟁에 관한 책입니다. 우리는 하나님 군대의 일원이 되는 법에 대해 이야기하고 있습니다. 실제로 그리스도인의 삶은 영적으로 전쟁하는 삶입니다. 그런데 여기서 예수님은 훨씬 더 엄밀한 비유를 주십니다. 주님의 군대에 일원이 되는 것은 단순히 신병을 모집하는 사무실에 가서 입대하는 것이 아닙니다. 우리는 본성적으로 하나님의 통치에 속한 시민이 아닙니다. 우리는 자연적으로 하나님의 적입니다. 그리스도께 단순히 참여하는 것으로는 시작할 수 없습니다. 우리는 먼저 항복해야 합니다!

> 전에는 우리도 다 그 가운데서 우리 육체의 욕심을 따라 지내며 육체와 마음의 원하는 것을 하여 다른 이들과 같이 본질상 진노의 자녀이었더니
>
> \- 에베소서 2:3

> 전에 악한 행실로 멀리 떠나 마음으로 원수가 되었던 너희를
>
> \- 골로새서 1:21

바울의 말을 들어봅시다. 바울은 "육체의 욕심을 따라 지내는 것"과 "육체와 마음의 원하는 것"에 대해 말하고, 우리는 "마음으로 원수가 되었었다"고 말합니다. 제가 설명해온 악한 시대정신을 말하고 있습니다. 하나님의 군대에 일원이 되기 위해서, 우리는 옛 생각과 삶의 방식을 항복해야 합니다. 구원받기 위해 회개가 반드시 필요한 이유가 여기에 있습니다. 회개는 우리가 생각하는 방식에 혁명을 일으키고, 따라서 우리의 사는 방식에 혁명을 일으킵니다!

네 십자가를 지고

이번 장에서 저는 여러 가지 은유를 사용했는데, 한 가지 은유를 더 들어보겠습니다. 이것은 저의 은유가 아니고 예수님께서 직접 사용하셨던 것입니다. 예수님께서 우리가 예수님을 따르기 원한다면, 자신을 부인하고, 우리의 십자가를 지고, 그분을 따라야 한다고 말씀하셨습니다(마16:24). 앞에서 우리는 십자가의 지혜에 대해(십자가가 어떻게 세상에 속한 모든 지혜를 부인하고, 악한 시대정신에 치명타를 가했는지) 이야기했습니다. 여기서 예수님께서, 예수님의 제자가 되기 원한다면 우리도 십자가를 져야한다고 말씀하십니다. 그런데 십자가를 지는 것은 무엇을 의미할까요?

십자가는 고통과 죽음의 상징입니다. 십자가를 지는 사람은 십자가 처형으로 가는 길을 오르고 있습니다. 죽은 사람이 걷고 있는 것입니다. 낡고, 육신에 속한, 악한 사고방식은 쉽게 변하지 않습니다. 반드시 죽어야만 합니다.

예수님은 우리에게 옛 사람을 벗어버리고 새로운 정체성과 새로운 사고방식, 새로운 삶의 방식을 입으라고 요구하십니다. 같은 육신을 입고 살아가지만, 우리의 옛 자아는 죽었습니다. 마음을 새롭게 함으로 우리는 변화를 받았습니다. 이것이 효과적인 영적 전쟁을 위해 정확히 요구되는 정신입니다. 십자가를 지지 않은 군인은 사탄을 위해서 싸웁니다. 전쟁은 세상에 있을 뿐 아니라, 우리 안에도 있습니다. 우리로부터 변화가 시작되어야 합니다.

토론을 위한 질문

1. 당신이 살고 있는 세상과 문화의 시대정신을 특징지을 수 있는 것에는 무엇이 있나요?
2. 그리스도의 영에 반대되는 사회와 문화의 동향은 어떠한가요?
3. 예수님의 가르침과 반대되는 철학이나 신념체계를 받아들인 것이 있다면, 무엇인가요?
4. 이 시대의 정신이 만연하여 미치고 있는 영향력에 대항하여 우리는 어떻게 마음을 지킬 수 있을까요?

5장

우주적 전쟁

모든 군인은 전투에 나서기 전에, 그가 싸울 작은 전투가
더 큰 그림 안에 어떻게 들어가는지, 그리고 그가 싸우는
싸움의 성공이 전투 전반에 어떤 영향을 미칠지 알아야 한다.
- 육군 원수 버나드 몽고메리 -

죽은 것은 시류에 편승하여 갈 수 있으나,
오직 살아있는 것만이 시류를 거슬러 갈 수 있다.
- G. K. 체스터턴, '영원한 사람' -

4장에서 저는 악한 시대정신에 대해 설명했습니다. 악한 시대정신은 자연적인 인간의 생각을 통제하는 시대의 영입니다. 에덴 동산에서 사탄이 하와에게 던졌던 악한 사고방식과 같은 것입니다. 예수님은 이 세상에 빛으로 오셨습니다. 하나님의 지혜로 악한 미혹의 어둠을 깨뜨리셨습니다. 하나님의 지혜는 세상의 지혜와 완전히 반대되며, 십자가는 하나님의 지혜를 궁극적으로 나타냈습니다. 이제 예수님께서 우리에게 말씀하십니다. "*너희는* 세상의 빛이라"(마5:14). 우리가 구원받을 때 우리는 거듭나고, 안으로부터 변화되어 새 마음과 새 성품을 갖게 됩니다. 이제 우리는 새로운 사고방식과 삶의 방식을 통해 이 세상에서 예수님의 빛을 비춥니다—우리는 그리스도처럼 생각하고 살게 됩니다. "주께서 그러하

심과 같이 우리도 이 세상에서 그러하니라"(요일4:17).

제가 이 관점을 설명한 이유는 우리가 종종 영적 전쟁에 대해 자아도취적 관점을 갖기 때문입니다. 자동차가 고장 나거나 교회에 가는 길에 가족 중 한 명과 싸움이 일어날 때, 우리는 지옥이 우리의 하루를 망치려 든다고 생각합니다. 우리가 매일 영적인 저항에 맞닥뜨리는 것은 사실입니다. 이러한 실제를 무조건 경시하려는 것은 아닙니다. 그런데 여기서 우리가 알아야 할 큰 그림이 있습니다. 사탄의 목표는 그의 사고방식에 정신이 팔린 사람들의 마음을 통해 세상을 통제하는 것입니다. 우리가 십자가를 지고 그리스도를 따름으로 사탄의 어젠다와 싸우고, 그리스도의 지혜를 세상에 나타낼 때, 그것이 최고의 영적 전쟁입니다.

그런데 이 모든 것이 조금 평범하게 느껴집니다. 예수님께서 다시 오시는 날까지, 그저 작은 그리스도인으로 선하게 살면 되는 것일까요? 이것이 영적 전쟁의 전부인가요? 그렇지 않습니다! 우리는 아직 영적 전쟁의 다른 측면들을 이야기하지 않았습니다. 그러나 이 큰 그림의 토대를 놓는 것이 올바른 맥락 안에 다른 측면들을 놓기 이전에 반드시 필요합니다.

이번 장에서 우리는 조금 더 확대하여 더 큰 그림을 볼 것입니다. 영적 전쟁을 그리스도인의 삶에서뿐만 아니라 모든 인생에서 일반적으로 맞닥뜨리는 전쟁이라는 맥락 안에 놓을 것입니다. 곧 보게 되겠지만, 이것은 부차적인 문제가 아닙니다. 우리가 곧 논하게 될 것은 인간이 창조된 정확한 목적으로 우리를 안내할 것입니다. 사탄이 에덴 동산에서 왜 그렇게 열심을 내어 사람을 속였는지 보게 될 것이고, 그 모든 것을 반전시키실 하나님의 계획 안에 우리가 어떤 부분을 차지하는지 보게 될 것입니다.

삶의 의미

열일곱 살의 한 우수한 여학생이 미국의 대학수학능력시험에서 완벽한 점수를 받고 캘리포니아 주립대학의 입학 절차에서도 완벽한 점수를 받았습니다. 이전에 없었던 학업 성과였습니다. 이 여학생은 진짜 천재였습니다. 그런데 기자가 "삶의 의미가 무엇이죠?"라고 물었을 때, 그녀의 대답은, "전혀 모르겠어요. 저도 저를 알고 싶어요"였습니다.[1]

삶의 의미는 역사상 위대한 실존주의적 질문입니다. 이것은 태초 이래로 인류의 철학적인 갈등이 되어왔습니다. 이 질문은 가장 뛰어난 사상가들을 당황하게 했고, 죄인과 성인 모두의 호기심을 일으켜왔습니다. 그렇습니다. 그리스도인들도 삶의 의미를 찾아 씨름할 수 있습니다. 그리스도인들은 이 질문을 훨씬 더 정확하게 표현하는데, 이 두 가지의 질문을 던집니다: 나는 왜 창조되었나? 그리고 나는 왜 구원받았나?

성경의 말씀을 찾아보면, 이 두 가지 질문에 대한 답이 같은 것을 발견하게 됩니다. 한 가지 질문에 대한 답을 찾을 때, 우리는 두 질문 모두에 대한 답을 찾게 됩니다—이렇게 삶의 의미 그 자체에 이르게 됩니다.

하와가 '아담을 돕는 배필'로 만들어진 것과 같이,
인간도 '하나님을 돕는 배필'로 만들어졌습니다.

첫 번째 질문—나는 왜 창조되었나—에 답하기 위해, 우리는 다시 한 번 태초로 돌아가봅니다. 성경의 첫 장에서, 우리는 창세기부터 요한계시록에 이르는 주제를 발견합니다. 이미 함께 보았듯이, 하나님께서 먼저 아담을 창조하시고 하와를 만드셔서 아담을 완성하셨을 때, 하나님께서 그 두 사람에게 인간의 구체적인 목적을 주셨습니다: 생육하고 번성하여 땅에 충만하라, 땅을 정복하라, 모든 생물을 다스리라(창1:26-28). 다시 말해, 하나님께서 인간을 식물이나 동물과 같은 다른 피조물처럼 만들지 않으시고, 이 세상을 다스리는 하나님의 특별한 조력자로 만드셨습니다. 하와가 '아담을 돕는 배필'로 만들어진 것과 같이, 인간도 '하나님을 돕는 배필'로 만들어졌습니다.

하나님의 은사와 부르심에는 후회하심이 없고(롬11:29), 이 원칙은 인류를 향한 다스리라는 부르심에 계속해서 적용됩니다. 동산에서 아담이 타락한 것이 이 부르심을 바꿀 수 없었습니다. 하나님은 계속해서 이 부르심을 존중하십니다. 사실, 이것이 하나님의 영원한 계획입니다. 하나님께서 우리를 만드신 목적을 이룰 때 우리는 가장 하나님을 영화롭게 합니다. 이것이 바로 하나님께서 스스로를 그토록 제한하셔서 우리를 통해 일하시는 이유입니다. 우리는 하나님의 대리인이고, 하나님을 대표하는 자이며, 이 세상의 문지기입니다.

하나님은 우리가 없이 일하지 않으십니다. 그런데 사탄은 우리가 없이 일을 *할 수 없습니다*. 이 세상에서 발생하는 모든 악은 악한 사람들을 통해서 옵니다. 이 세상에서 일어나는 모든 선은 경건한 사람들을 통해서 옵니다. 사탄이 사람들을 유혹해서 죄를 짓게 만드는 이유가 이것입니다. 사탄은 문지기인 우리가 능력을 부여하지 않으면 실제로 능력이 없습니다. 전설적인 출애굽 사건에서 하나님께서 모세를 통해 일하시는 동안 사탄은 바로를 통해 일했습니다. 자연적인 눈으로 보기엔 두 사람의 대결로 보였습니다. 그러나 그것은 하나님과 사탄의 전쟁이었습니다—하나님께서 사람을 통해 일하신 것처럼 사탄도 사람을 통해 일했습니다. 요한계시록에서 하나님께서 하나님의 종인 선지자들을 통해서 일하시는 동안, 사탄은 적그리스도가 필요한 이유입니다(계1:1-3; 10:7; 11:10; 참고: 암3:7).

저는 이 원칙을 신성한 동역이라고 부릅니다. 이것을 한 번 인지하고 나면, 성경 말씀 전체에서 이것을 볼 수 있습니다. 하나님께서 홍수의 심판을 통해 하나님의 의와 구원을 나타내기 원하셨을 때, 노아와 동역하셔서 방주를 지으셨습니다. 그 후에 하나님께서 아브라함과 동역하셔서 특별한 나라 이스라엘을 만드셨고, 세상의 다른 모든 나라들을 축복하셨습니다. 하나님께서 모세와 동역하셔서 이스라엘 백성을 애굽에서 건지셨고, 여호수아와 동역하셔서 이스라엘 백성을 약속의 땅으로 인도하셨습니다. 하나님께서 다윗, 솔로몬, 엘리야, 이사야, 예레미야, 에스겔을 사용하신 것을 읽으며, 신성한 동역이 역사되는 것을 봅니다. 이 원칙이 역사되는 예가 너무 많아서 성경의 어느 장을 펼쳐도 하나씩 찾을 수 있습니다. 성경 자체도 신성한 동역의 산물입니다—"오직 성령의 감동하심을 받은 사람들이 하나님께 받아"(벧후1:21) 말하고 적었습니다.

예수: 궁극적인 하나님의 동역자

어떤 위대한 진리와도 마찬가지로, 우리는 그리스도에게서 이 원칙의 가장 강력한 예를 찾게 됩니다. 하나님께서 하나님의 위대한 영광을 극대화하여 나타내시고 잃어버린 인류를 구원하시기 위해서 하나님의 아들을 세상에 보내셨습니다(히1). 그러나 하나님의 아들은 멀고 먼 은하계에서 온 외계인처럼 오시지 않았습니다. 또 다른 차원에서 온 유령도 아니었고, 빛나는 영광의 천사도 아니었습니다. 그리스도는 사람으로, 엄마를 통해 아기로 이 땅에 오셨습니다. 최고의 인간으로 오셨습니다. 최고의 인간으로서, 예수님은 신성한 동역의 궁극적인 예가 되셨습니다.

그리스도께서 오시는 것과 관련하여 하나님께서 사람과 함께 일하신 것은 성령께서 동정녀 마리아에게 임하신 순간에 시작된 것이 아니었습니다. 사실 하나님은 태초부터 그리스도의 성육신을 위해 일해오셨습니다! 마태복음은 예수님의 긴 족보로 시작하는데, 아브라함으로 거슬러 올라갑니다(마1). 누가복음은 예수님의 족보를 아담으로부터 기록합니다(눅3)! 이 족보들이 나타내는 것은 그리스도의 혈통과 가문, 유산입니다. 영원히 견고한 다윗의 왕위를 잇는 적법한 상속자로서, 전 인류의 구원자로서, 그리스도의 정통성을 증거합니다. 예수님은 갑자기 나타나셔서 우리를 구원하신 것이 아닙니다. 적법한 경로를 통해 오셨습니다. 태초부터 하나님은 인류를 구원하시기 위해 인간과 함께 일하셨습니다. 아브라함의 씨를 통해, 다윗의 혈통으로, 마리아의 태에 잉태되어, 우리의 구속자께서 혈과 육을 가진 사람으로 태어나셨습니다.

예수님은 하나님께서 사람과 함께 일하신 궁극적인 예가 되심을 봅니다. 그런데 예수님은 또한 사람이 의도적으로 하나님과 함께 일한 궁극적인 예가 되십니다. 하나님께서 태초부터 갈망해오신 인간 동역자를 (하나님께서 항상 원하셨던 사람의 아들을) 예수님에게서 찾으셨습니다. 예수님은 가장 의미 있고 완전한 방법으로 하나님과 함께 일하셨습니다. 예수님은 진정한 통치가 어떤 것인지 우리에게 보여주셨고, 하나님께서 내내 뜻하셨던 바가 무엇인지 보이셨습니다: 하나님의 백성을 통해 하나님의 통치가 하늘로부터 이 땅으로 확장되는 것입니다. 그리고 성경이 하나님의 나라를 말씀할 때 의미하는 바가 정확히 이것입니다.

예수님께서 오시기 전에 인류는 하나님의 나라에 대한 불완전한 그림을 가지고 있었습니다. 구약성경을 통해, 선지자들, 교사들, 작가들, 왕들은 우리에게 하나님 나라의 일부분만 어렴풋이 알려주었습니다. 길가의 이정표로서, 하나님의 나라를 가리키는 역할을 했습니다. 그러나 그들은 목적지가 아니었습니다. 따라서 그들은 이 땅 위에 임하는 하나님의 통치를 완전히 드러낼 수 없었습니다.

다윗은 구약 시대에 그리스도의 가장 강력한 모형으로서 이스라엘을 다스렸습니다. 그러나 그의 죄는 그가 부족함을 증명했고, 죽음은 그의 한계를 증명했습니다. 다니엘은 다가올 왕국에 대한 환상을 보았습니다. 그 비전이 비록 초자연적이고 압도적이었지만, 휘장에 난 작은 구멍을 통해 비추는 점과 같은 빛에 불과했습니다. 온전한 빛은 휘장 뒤에서 불타고 있었고, 휘장은 아직 찢어지지 않은 채 남아있었습니다. 완전한 왕국은 여전히 장막 뒤에 감추어져 있었습니다.

모세, 엘리야, 그리고 엘리사는 표적과 이사와 기적을 행했습니다. 물론 이들을 통해서도 이 세상에 하나님의 통치가 임했습니다. 죽은 사람도 살아났습니다. 이들은 세상이 감당하지 못한 사람들이었습니다. 그러나 이들은 "약속된 것을 받지 못하였습니다"(히11:39). 완전한 통치는 휘장 뒤에 있었습니다. 하나님의 광범위하고 제한 없는 통치는 아직 나타나지 않았습니다. 나사렛의 한 젊은 남자가 침례를 받기 위해 요단강에 등장하기까지는….

하나님의 나라

하나님의 나라에 대한 예수님의 가르침은 복음서 전체에 스며들어 있습니다. 예수님의 설교, 비유, 제자들에게 주신 가르침 전부가 하나님의 나라에 관한 것입니다. 몇 년간 예수님은 계속해서 하나님의 나라에 대해 가르치셨고, 십자가에 달리시는 순간까지 가르치셨습니다. 그런데 죽은 자들 가운데서 살아나신 후에도, 예수님은 승천하시기까지 사십일 동안 "하나님 나라의 일을" 말씀하셨다고 성경은 기록합니다(행1:3). 그리스도의 가르침 처음부터 끝까지, 하나님의 나라가 중심이 되는 주제였습니다. 하나님의 나라는 예수님께서 가르치신 것이었고, 삶으로 보여주신 것이었습니다. 이것이 이 세상의 영적 전쟁입니다. 하나님의 나라가 증가되는 것입니다. 우리는 통치자들과 권세들과 이 어둠의 세상 주관자들과 하늘에 있는 악한 영들을 상대하여 제멋대로 주관적인 방법으로 싸우지 않습니다. 우리는 하나님 나라의 증가를 위해 싸웁니다. 이것이 바로 예수님께서 이 땅에 사시는 동안 우리에게 본이 되신 바입니다.

서구 사회에는 학문적인 관점에서만 이해하는 주제들을 가르치는 교사들이 종종 있습니다. 대학교에서 기업가 정신에 대해 가르쳤던 한 교수님이 생각납니다. 그분은 학기가 시작될 때, 이전에 사업을 해본 적이 없지만 사업하는 방법을 가르칠 것이라고 공지하셨습니다. 예수님은 이런 교사가 아니셨습니다. 사실 예수님은 먼저 가르치시고 보여주신 것이 아니고, 먼저 보여주신 후에 가르치셨습니다![2]

누가복음 24:19에 기록되기를, 예수님은 "일과 말에 능하신 선지자" 이십니다(역주: 개역개정에는 "말과 일"로 번역되어 있음). 서구 사회의 청중들에게는 이러한 순서로 적혀 있는 것이 이상하게 들립니다. 우리는 오히려 "말과 일"이라는 구절을 사용할 것입니다. 그러나 누가복음은 분명히 말 이전에 행동을 놓았습니다. 사도행전 1:1에서 누가 사도는 "예수께서 행하시며 가르치시기를 시작하심"이라고 기록했습니다. 이번에도 먼저 행하시고 설명하십니다. 예수님은 제자들이 본 것을 이해하도록 도와주시기 위해 제자들을 가르치셨습니다. 그런데 슬픈 사실은, 오늘날의 많은 사람들도 그러하듯, 당시 대부분의 사람들은 예수님의 가르침을 놓쳤습니다. 많은 사람들이 예수님을 보았지만 예수님의 행동과 가르침을 완전히 잘못 해석했습니다.

그러면 예수님께서 행하신 것이 정확히 무엇인가요? 사도행전 10:38은 명확하게 선포합니다. "하나님이 나사렛 예수에게 성령과 능력을 기름 붓듯 하셨으매 그가 두루 다니시며 선한 일을 행하시고 마귀에게 눌린 모든 사람을 고치셨으니 이는 하나님이 함께 하셨음이라." 이것이 완벽한 영적 전쟁입니다.

또한, 마태복음 10:7-8에서 예수님은 제자들에게 사명을 주시고 내보내셨습니다: "가면서 전파하여 말하되 천국이 가까이 왔다 하고 병든 자를 고치며 죽은 자를 살리며 나병환자를 깨끗하게 하며 귀신을 쫓아내되 너희가 거저 받았으니 거저 주라." 우리는 예수님께서 본을 보여주신 것과 같은 영적 전쟁으로 부르심을 받았습니다. 전반적인 악을 상대해 제멋대로 하는 전쟁이 아니고, 이 땅에서 하나님의 나라가 전진하는 전쟁입니다!

이렇게 명백한 진리를 간과해서는 안 됩니다. 하나님의 나라가 임하시면, 무엇인가 보여야 합니다. 분명히 감지할 수 있는 실재가 있어야 합니다. 하나님의 통치는 실재하는 결과 없이 천국에만 있을 법한 신학적인 이론이 아닙니다. 하나님의 나라가 자연적인 세상과 충돌할 때, 눈으로 볼 수 있고 입증할 수 있는 하나님의 통치의 증거가 있습니다. 예를 들어, 아픈 사람이 치유를 받고, 나병 환자가 깨끗하게 되고, 죽은 사람이 살아나고, 사탄의 능력이 끊어지고, 억눌린 자들이 자유를 얻습니다!

그리스도의 가르침 처음부터 끝까지, 하나님의 나라가 중심이 되는 주제였습니다. 하나님의 나라는 예수님께서 가르치신 것이었고, 삶으로 보여주신 것이었습니다.

예수님의 기적은 예수님의 통치를 나타내 보여줍니다. 예수님은 성령의 권능으로 하나님의 통치를 나타내 보이심으로, 한 사람이 (타락한 세상 속에 하나님 나라의 확장이 되어) 데스티니를 이루는 것이 어떤 모습인지 우리에게 보이셨습니다. 예수님은 성령의 권능 아래 인간이 무엇을 할 수 있는지 직접 보여주셨습니다. 예수님은 진짜 전사, 용을 죽이는 전사가 어떠한지 우리에게 보이셨습니다. 이제 우리는 예수님의 본을 따라가면 됩니다.

어떤 사람들은 예수님의 기적이 단순히 그분이 메시야이신 것을 증명했다고 잘못 생각합니다. 우리에게 얼마나 편리한 해석인지요! 예수님의 기적이 단순히 그분의 메시야이심을 증거하신 것이라면, 우리는 쉬워집니다. 그러나 예수님의 기적은 그분의 역할을 증거하는 것 이상이었습니다; 우리의 역할을 보여주시는 시범이었습니다.

예를 들어, 마태복음 12장에서 예수님께서 놀라운 기적을 행하셨습니다. 예수님께서 손이 마른 한 남자를 치유하셨습니다(마12:13). 그리고 귀신 들려 눈이 멀고 듣지 못하는 사람을 치유하셔서, 그 사람이 말하게 되었고 보게 되었습니다(마12:22). 15절에는 "많은 사람이 따르는지라 *예수께서 그들의 병을 다 고치시고*"라 기록합니다. 그리고 같은 장에서, 조금 뒤에 서기관과 바리새인 몇 사람이 여전히, "우리에게 표적 보여주시기를 원하나이다"(마12:38)라고 합니다! 이러한 긴장이 상상이 되시나요? 이 사람들은 방금 수많은 사람들이 모든 질병과 연약함으로부터 치유를 받는 것을 목격했습니다! 저는 역사상 이보다 더 위대한 기적을 들어본 적이 없습니다. 그런데 비판적인 사람들은 감동하거나 확신을 갖지 않았습니다.

이러한 기적은 의심하는 자들이 구하는 그런 종류의 표적이 아니었습니다. 그들은 뭔가 더욱 화려하고 거창한 것을 원했습니다. 예수님이 모세와 같이 바다를 가르시거나 엘리야처럼 하늘에서 불을 내리시기를 원했습니다. 예수님께서 마침내 이와 같은 종류의 표적을 보여주셨지만(죽은 자들 가운데서 부활하셨지만) 그들은 여전히 믿지 않았습니다(마

12:39-40). 그러나 어차피 예수님의 치유와 기적은 믿지 않는 사람들에게 뭔가를 증명하기 위한 것이 아니었습니다. 오히려 인간이 하나님의 통치 안에서 살아가는 것이 어떤 모습인지 보여주신 것이었습니다. 다시 말해, 예수님은 스스로를 증명하시기 위해 기적을 행하신 것이 아니었습니다. *우리가* 기적을 행할 수 있다는 것을 입증하시기 위해 기적을 행하셨습니다! 예수님께서 이렇게 말씀하신 것입니다. "보아라! 이것이 내가 너희에게 가르쳤던 하나님의 나라다! 하나님의 나라가 이 땅에 임하실 때 이와 같다! 나는 너희들이 이렇게 하기 원한다!"

그런데 여기에 문제가 있습니다. 타락한 인류는 하나님의 통치 안에서 살아갈 수 없습니다. 우리는 죄로 인해 죽었습니다. 저주 아래에 있고, 공중 권세 잡은 자의 통제를 받고 있습니다. 사탄이 악한 시대정신으로 세상을 통제하고 있고, 우리는 그것에 홀려 있습니다. 그래서 예수님께서 하나님의 나라를 보여주시고 가르치실 뿐만 아니라, 믿는 자들에게 하나님의 나라를 주시기 위해 죽기까지 하셨습니다(눅12:32). 예수님께서 십자가에서 죽으신 것은 단순히 우리를 지옥에서 건지시기 위한 것이 아니었습니다; 우리가 에덴 동산에서 잃어버린 통치권을 회복시키시고, 거기에 훨씬 더하여 주시기 위한 것이었습니다. 예수님께서 말씀하신 것을 기억하십시오. "인자가 온 것은 잃은 *것을* 구원하려 함이니라"(마 18:11). 대부분의 사람들은 이 구절을 부정확하게 인용해서, 예수님이 "잃은 *사람들을* 구원하려" 오셨다고 말합니다. 그러나 예수님은 "잃은 *것을* 구원하려" 이 땅에 오셨습니다.

예수님께서 죽으심으로 인류를 신성한 데스티니로 회복시키셨고, 태초부터 하나님께서 인간에게 부여하신 목적과 부르심을 회복시키셨습니다. 예수님께서 죽으심으로 우리를 하나님 앞에서 왕들과 제사장들로 삼으셨습니다. 예수님께서 다시 한 번 우리를 부르셔서 땅을 정복하고 다스리라 하십니다—식물과 동물뿐만 아니라, "뱀과 전갈, 원수의 모든 능력"(눅10:19)을 다스리라고 부르십니다. 예수님께서 죽으심으로 우리는 예수님의 방법대로 살 수 있게 되었습니다. 예수님께서 죽으심으로 우리도 예수님처럼 용을 죽일 수 있게 되었습니다. 예수님께서 단지 우리를 천국에 데려가시기 위해 죽으신 것이 아닙니다. 하나님의 나라를 우리 안에 주셔서, 우리를 통해 이 세상에 하나님의 나라가 임하게 하시기 위해 죽으셨습니다!

구원의 목적

여기서 우리는 두 번째 질문인 '나는 왜 구원받았나?'에 대한 답을 찾게 됩니다. 하나님의 나라가 우리를 통해 이 땅에 임하시고, 하나님의 뜻이 하늘에서 이루어진 것 같이 땅에서도 이루어지기 위해 구원을 받았습니다!

예수님은 스스로를 증명하시기 위해 기적을 행하신 것이 아니었습니다. 우리가 기적을 행할 수 있다는 것을 입증하시기 위해 기적을 행하셨습니다!

그러나 하나님의 구속의 역사는 십자가에서 끝나지 않았습니다. 예수님께서 제자들에게 하늘로부터 권능을 받기까지 다락방에서 기다리라고 말씀하셨습니다. 열흘 후에 성령께서 우리와 영원히 거하시기 위해 오셨습니다. 새로운 형태로 하나님께서 우리에게 오신 것이었습니다. 예수님께서 이 땅에 오셨을 때, 하나님께서 한 사람의 육신을 입고 "많은 형제 중에 맏아들"(롬8:29)로 오셨습니다. 이제 하나님께서 성령님을 통해, "사람의 뜻으로 나지 아니하고 오직 하나님께로부터"(요1:13) 거듭난, 새로운 자들의 육신 안에 거하십니다.

웨스트민스터 소요리문답Westminster Shorter Catechism에 "인간의 제일 되는 목적은 하나님을 영화롭게 하고, 그분을 영원토록 즐거워하는 것이다"라고 적혀있습니다.[3] 저는 이것에 전적으로 동의하지만, 가끔 이것을 해석하는 어떤 방식에는 문제를 제기합니다. 어떤 사람들에게 이것은 끝없는 찬양과 경배의 예배로 영원을 보낼 계획을 한다는 것을 의미합니다. 이들은 심지어 천사들의 예배팀과 함께 영원토록 노래하는 것을 상상하기도 합니다. 이들에게 *하나님을 영화롭게 한다*는 것은 단순히 가사와 멜로디에 맞추어 노래하는 것을 의미합니다. 이것이 이들이 예배를 이해하는 유일한 방식입니다. 그러나 하나님께 영광을 올려 드린다는 것은 우리의 말과 음악을 훨씬 넘어서는 것을 포함합니다. 우리는 순종하는 삶을 통해 하나님을 영화롭게 하며, 이러한 삶은 예수 그리스도의 형상을 따릅니다. 이것은 우리가 하나님의 목적을 위해 하나님과 동역하고, 하나님의 통치 안에 살아가며, 하나님 나라의 확장이 됨으로, 하나님의 대사로서 그분을 대표하는 것을 의미합니다. 이것이 우리가 창조된 목적이고, 구원의 목적입니다. 그리고 이것이 바로 삶의 의미입니다!

궁극적으로 영적 전쟁은 이미 십자가 위에서 승리했습니다. 그러나 우리는 사람들이 여전히 죄와 마귀의 노예인 세상에서 살고 있습니다. 사람들의 마음이 여전히 이 시대의 악한 영 아래에 있습니다. 그리고 우리는 이들을 자유롭게 하는 사명을 받았습니다. 우리는 복음을 선포하고, 복음의 능력을 감당함으로 하나님의 통치를 나타냅니다. 귀신들이 사는 곳에서, 그것들을 내쫓습니다. 질병이 있는 곳에서, 병을 치유합니다. 묶임이 있는 곳에서, 묶임을 끊어냅니다. 견고한 진이 있는 곳에서, 우리는 진들을 끌어내립니다. 하나님께서 우리에게 주신 모든 도구(설교,

기도, 믿음, 예언의 말들, 표적, 이사, 기적, 사랑, 희생, 봉사 등)로 이 일들을 합니다.

저는 이러한 것들을 강조합니다. 왜냐하면 종종 사람들이 영적 전쟁을 생각할 때, 한 가지 측면만 생각하곤 하기 때문입니다—보통 큰 소리로 기도하는 것만 생각하곤 합니다. 그러나 영적 전쟁은 기도에 국한되어 있지 않습니다. 예수님께서 어둠을 상대해 전쟁을 수행하는 본을 우리에게 보여주셨습니다. 예수님은 우리가 본을 따르기 위해 찾아야만 하는 용을 죽이는 전사이십니다.

토론을 위한 질문

1. 이 장의 내용을 토대로, 당신의 삶의 의미를 어떻게 설명할 수 있나요?
2. 위에서 다룬 '신성한 동역'의 개념을 당신은 어떻게 설명하나요?
3. 하나님의 나라가 확장되는 것을 위해 당신의 재능과 직업, 영향력을 어떻게 사용할 수 있을까요?
4. 노래와 음악이 없이 우리가 하나님을 예배할 수 있는 방법에는 어떤 것들이 있을까요?

6장

영적 전쟁 이해하기

이 세상의 어떤 것도 끈기를 대신할 것은 없다. 재능이 끈기를
대신할 수 없다; 재능이 있으나 성공하지 못하는 사람들은 너무 많다.
천재성이 끈기를 대신할 수 없다; 천재가 보상받지 못한다는 것은
속담이 될 정도다. 교육도 끈기를 대신할 수 없다; 세상에는 교육받은
부랑자들이 가득하다. 끈기와 투지는 모든 것을 가능하게 한다.[1]
- 무명 -

전술의 가장 첫 번째 특징은, 잘 서는 법을 아는 것이고,
많은 것들이 이것에 의존할 것이다.
- 크리소스토모스, '에베소 교회에 보내는 설교집' -

자전거를 타보았다면, 언덕을 볼 수 없을 때에도, 언덕을 *느낄* 수 있다는 사실을 알고 있을 것입니다. 어느 정도의 경사는 아주 미세해서 보이지 않곤 합니다. 특히 그 길을 따라 나무, 지나가는 사람들, 짖고 있는 강아지 등의 방해물이 많다면, 이 모든 것은 주의를 빼앗을 것입니다. 그런데도 우리의 다리는 거짓말을 하지 않습니다. 우리의 다리는 그 과정이 어려울 때와 쉬울 때를 알고 있습니다. 우리는 아주 미세한 경사가 다리의 노고를 저항하고 있음을 느낍니다.

이렇게 물리적인 저항이 있는 것처럼, 영적인 저항 또한 존재합니다.

사도 바울이 에베소 교인들에게 말했습니다. “우리의 씨름은 혈과 육을 상대하는 것이 아니요 통치자들과 권세들과 이 어둠의 세상 주관자들과 하늘에 있는 악의 영들을 상대함이라”(엡6:12). 이 구절에서 얻을 수 있는 명백한 결론은, 비록 보이지 않아도 씨름은 실재한다는 것입니다. 자전거를 타고 미세하지만 분명한 경사를 오르는 것과 같이, 영적으로 전진할 때 뒤에서 끌어당기는 힘을 눈으로 볼 수 없습니다. 그렇지만 우리는 그 힘을 감지합니다. 바로 이 시점에, 우리는 그 과정이 끝나기까지 인내하고 견디기로 선택해야 합니다.

이 보이지 않는 저항을 그리스도인들은 종종 영적 전쟁으로 여깁니다. 예를 들어, 선교 여행을 준비하고 있는 동안 일이 하나씩 잘못되어 갑니다. 마치 누군가가 *고의적으로* 우리의 계획을 방해하고 있는 것처럼 느껴집니다. 혹은 자녀나 결혼 생활에 있어서 예사롭지 않은 해로운 도전을 경험할 수 있습니다. 가족들이 평소와 같지 않게 행동합니다. 그들이 영적으로 두려움 아래 놓인 것 같아 보입니다. 혹은 우리의 몸에, 또는 우리가 사랑하는 사람들의 몸에 이상한 질병이 계속해서 발생할 수도 있습니다. 또는 사업이나 경제상황이 끊임없이 공격을 받고 있는 것 같습니다. 이 모든 저항은 마치 발생의 근원지가 없는 것처럼 느껴지고, 자연계 밖에서 온 것이라는 분명한 느낌이 듭니다. 우리의 인생에서 그러한 시간에는 어떻게 해야 할 지가 항상 분명하지는 않습니다. 이번 장에서 우리는 영적 전쟁이 무엇인지 나눌 것이고, 어떻게 영적 전쟁을 위해 준비할 수 있을지 지혜를 얻도록 할 것입니다.

용어

많은 유용한 용어들이 그러하듯, *영적 전쟁*이라는 말은 성경 말씀에 등장하는 용어가 아닙니다. 이 용어는 성경에서, 그리스도를 따르는 자들이 (불의와 유혹의 형태로 나타나는) 악을 물리치는 방법을 군대의 비유를 사용하여 묘사한 것에 뿌리를 둡니다. 사도 바울이 에베소의 성도들에게 쓴 편지에서 가장 유명한 예를 찾을 수 있을 것 같습니다.

> 끝으로 너희가 주 안에서와 그 힘의 능력으로 강건하여지고 마귀의 간계를 능히 대적하기 위하여 하나님의 전신 갑주를 입으라 우리의 씨름은 혈과 육을 상대하는 것이 아니요 통치자들과 권세들과 이 어둠의 세상 주관자들과 하늘에 있는 악의 영들을 상대함이라 그러므로 하나님의 전신 갑주를 취하라 이는 악한 날에 너희가 능히 대적하고 모든 일을 행한 후에 서기 위함이라 그런즉 서서 진리로 너희 허리 띠를 띠고 의의 호심경을 붙이고 평안의 복음이 준비한 것으로 신을 신고 모든 것 위에 믿음의 방패를 가지고 이로써 능히 악한 자의 모든 불화살을 소멸하고 구원의 투구와 성령의 검 곧 하나님의 말씀을 가지라 모든 기도와 간구를 하되 항상 성령 안에서 기도하고 이를 위하여 깨어 구하기를 항상 힘쓰며 여러 성도를 위하여 구하라
>
> \- 에베소서 6:10-18

고대 로마 제국의 군인은 적을 대면하기 전에 전쟁 장비를 완전히 갖춰 입어야 했습니다. 이와 같이 바울은, 우리도 *영적인* 갑옷을 완전히 갖추어 입어야 한다고 말합니다—방어적이고 공격적인 갑옷은 우리의 영적인 삶을 보호하고 전진하게 하도록 디자인되었습니다. 노련한 전사는 갑옷의 모든 부분이 각각 특별한 보호를 제공한다는 것을 알고 있습니다. 양말 하나 입는 것을 잊어버리면 치명적인 실수를 할 수 있습니다. 우리가 상대하는 적은 우리를 죽이고 멸망시키기 위해 심각하게 달려들

기 때문에, 악을 상대하는 전쟁을 삶과 죽음의 문제로 받아들이고, 그에 합당하게 차려 입어야 합니다.

옷을 입으라

이쯤에서 하나님의 전신 갑주에 대해 각각의 갑옷이 영적으로 어떻게 기능하는지 제가 하나씩 설명하기를 기대하고 계실 수도 있겠습니다. 예를 들어, 사람들은 종종 의는 우리의 마음을 지켜주기 때문에 호심경이라고 말하곤 합니다. 혹은 구원은 우리의 생각을 보호해주기 때문에 투구라고 합니다. 그러나 저는 바울이 이것을 말하고자 했던 것이 아니라고 생각합니다. 오히려 바울은 갑옷 전체를 은유로 사용해, 전반적으로 영적 전쟁을 어떻게 해야 하는지 이해하도록 돕고 있습니다. 물리적인 전쟁에서 물리적인 무기를 가지고 싸우는 것과 마찬가지로, 영적인 전쟁은 영적인 무기를 가지고 싸웁니다. 이것이 바울의 요점입니다. 의로움이 우리의 마음만을 보호해주지 않고, 구원이 우리의 생각만을 보호해주지 않습니다.

우리가 이것을 알 수 있는 이유는, 바울이 다른 곳에서 다른 방식으로 비슷한 은유를 사용하기 때문입니다. 예를 들어, 믿음은 에베소서에서 방패이지만, 다른 본문에서는 다른 그림을 그려줍니다. 사도행전 14:27에서는 문이고, 데살로니가전서 5:8에서는 호심경입니다. 또한, 성경은 믿음 이외의 덕목에 대한 은유로 방패를 사용합니다. 다윗은 방패의 이미지를 구원과(삼하22:36), 은혜와(시5:12), 그리고 주님을(시33:20) 상징하는 데에 사용합니다. 언어는 유연합니다. 엄격하게 지나친 해석을 붙여서 주의를 빼앗기고 요점을 놓쳐서는 안되겠습니다.

바울은 하나님께서 우리를 영적으로 보호하시기 위해 이것들을 주셨다는 의미로 말하고 있습니다. 영적 전쟁은 영적인 삶을 경작해 우리의 실제 성품을 낳을 것을 요구합니다. 진리, 의, 평안, 믿음, 구원은 경건한 덕목 이상이라는 의미입니다. *이것들은 영적 전쟁을 위해 갖추어야 하는 장비들입니다.* 우리는 좋은 증인이 되기 위해서, 또한 효과적인 군인이 되기 위해서 이러한 덕목들이 필요합니다. 모든 종류의 악과 싸울 준비가 되기 위해, 이러한 영적인 방어 장비로 무장해야 합니다.

우리는 하나님의 자녀로서 평안합니다; 이와 마찬가지로 하나님의 자녀로서 전쟁에 임합니다.

더 나아가서, 바울의 은유는 더 넓은 영적인 맥락 안에서 이해해야 합니다. 바울이 자신의 목적을 위해 은유를 도입했지만, 그가 은유를 만들어낸 것은 아닙니다. 유대인 청중들은 즉시 하나님의 전신 갑주 본문이 이사야 선지자의 야훼에 대한 묘사와 관련이 있다는 것을 알아챘을 것입니다. 야훼께서 영적인 적들과 싸우시기 위해 무장하시는 묘사입니다.

> 성실이 없어지므로 악을 떠나는 자가 탈취를 당하는도다 여호와께서 이를 살피시고 그 정의가 없는 것을 기뻐하지 아니하시고 사람이 없음을 보시며 중재자가 없음을 이상히 여기셨으므로 자기 팔로 스스로 구원을 베푸시며 자기의 공의를 스스로 의지하사 공의를 갑옷으로 삼으시며 구원을 자기의 머리에 써서 투구로 삼으시며 보복을 속옷으로 삼으시며 열심을 입어 겉옷으로 삼으시고 그들의 행위대로 갚으시되 그 원수에게 분노하시며 그 원수에게 보응하시며 섬들에게 보복하실 것이라
>
> - 이사야 59:15-18

만일 구원이 그리스도인의 생각을 보호하기 위한 것이라는 의미에서 구원의 투구가 쓰였다면, 이 본문에서 왜 *하나님께서* 그것을 머리에 쓰셨을까요? 하나님은 구원이 필요 없으시고, 생각을 보호하실 필요도 없으십니다. 이러한 덕목들은 하나님의 성품을 나타냄으로, 영적 전쟁의 맥락 안에 전혀 새로운 의미를 담고 있습니다. 이것이 바로 각각의 갑옷을 너무 엄격하게 해석하지 말아야 하는 이유입니다. 그러나 갑옷의 은유는 총력전에 적합한 열정을 가지고 악과 불의를 완전히 이기고자 하는 입는 자의 의도를 분명히 말하고 있습니다–그리고 이것이 가장 중요한 포인트입니다. 이사야 선지자의 신성한 그림을 빌려와 그리스도인들에게 적용함으로, 주께서 하신 것과 같은 방법으로 악을 다뤄야 한다고 바울은 전하고 있습니다: 적이 완전히 패배하도록 말입니다. 우리는 하나님의 자녀로서 평안합니다; 이와 마찬가지로 하나님의 자녀로서 전쟁에 임합니다. 보이지 않는 세계의 악한 통치자들과 권세자들과 맞서 싸울 때, 구원과 의, 믿음을 입고 악의 전략에 대항해 굳게 설 수 있습니다.

지극히 정상적인 영적 전쟁

이 책의 전반에 걸쳐, 저는 영적 전쟁을 우주적인 맥락 안에 두기 위해 시간을 들이고 있습니다. 공중 권세 잡은 사탄이 어떻게 인간의 사고방식에 독을 탔는지 보았습니다. 이미 이 세상에 존재해 온 적그리스도의 영은 악한 시대정신으로 하나님과 하나님의 길을 정면으로 대적하고 있습니다. 그렇다면 사실상 영적 전쟁은 사탄이 이 세상의 목을 조르고 있는 힘을 약화시키는 것입니다. 기도모임이나 대규모의 집회에서뿐만 아니라, 일상에서 전쟁을 해야 하고, 할 수 있습니다. 우리의 노력이 언제나 영웅적이거나 세상을 뒤흔드는 것처럼 보이지는 않을 것입니다. 모든 그리스도인이 매일 사탄의 벽을 한 조각씩 무너뜨린다면 어떻게 될지 상상해 보십시오.

많은 그리스도인들이(특별히 성령의 은사와 능력을 믿는 그리스도인들이) 영적 전쟁을 물리적인 방식으로 행하는 것으로 이해하곤 합니다. 깃발을 흔들고, 쇼파르를 불고, 예언적인 춤을 추거나 보이지 않는 상대와 육체적인 싸움을 하는 듯한 몸짓을 행함으로 중보기도를 하는 모임들을 가끔 접하게 됩니다. 그러나 대부분의 영적 전쟁은 이렇게 이루어지지 않음을 반드시 이해해야 합니다. 영적 전쟁은 대부분 가장 일상적인 모양으로 나타납니다. 사탄의 어두운 왕국에 가장 큰 파괴를 가져오는 그리스도인의 전쟁은 순결한 삶, 친절한 행동, 그리스도를 닮은 용서, 겸손과 자기 희생을 통해 일어납니다.

영적 전쟁이 물리적이고 극적으로 나타날 때 조차도, 그것은 단지 인상 깊은 승리 정도로 보이곤 합니다. 예를 들어, 최고의 영적 무기를 생각해 보십시오: *예수님의 보혈*은 게임을 영원히 뒤집고 사탄을 이미 패배한 적으로 만들어버린 영적 전쟁의 수소폭탄입니다. 그리스도의 십자가는 영적 전쟁의 궁극적인 행동이었습니다. 그러나 이것은 영원한 군사력이 극적으로 나타난 것으로 보이지 않았습니다. 오히려 극도의 연약함과 전적인 상실, 완전한 실패로 보였습니다. 물리적으로 강력하고 효과적으로 보이는 것이 종종 영적인 영역에서는 완전히 무력합니다. 마찬가지로, 사람의 눈에 연약하고 작아 보이는 것이 어둠의 왕국을 떨게 할 수 있습니다. 가장 효과적인 영적 전쟁은 표면 아래에서 일어납니다. 우리의 성품과 경건함, 자기 희생의 깊은 곳에서 일어납니다.

그런데 이것은 외적으로 표현되는 영적 전쟁이 없다는 말을 하려는 것이 아닙니다. 이 장의 후반부에 저는 더욱 물리적이고 표현적인 방법으로 행해지는 영적 전쟁을 변호할 것입니다. 특별히 중보기도를 할 때

말입니다. 그러나 지금은 이것을 더욱 근본적인 요점으로 강조하고 싶습니다. 쇼파르와 깃발은 성경 말씀 어디에서도 영적 전쟁의 무기로 제시되지 않습니다. 영적 전쟁이 얼마나 실제적인지 강조하기 위해서 에베소서에서 우리에게 제시하는 갑옷을 살펴보십시오: 진리, 구원, 의, 복음의 평안, 믿음, 그리고 하나님의 말씀. 전부 오직 그리스도인의 삶의 방식에서만 드러나는, 보이지 않는 속성들입니다. 더 나아가서, 여기서 언급되는 모든 것들은 이 시대의 정신(앞서 다룬 악한 적그리스도의 영)과 정면으로 반대됩니다. 이것이 하나님께로 정렬된 우리 내면의 중심과 그로부터 말미암는 행동이 영적 전쟁에서 지극히 중요하다는 진리에 힘을 더해줍니다. 실제로 이것들이 바로 모든 영적인 싸움에서 승리의 근원이 됩니다. 에베소서에서 바울의 메시지가 이 점에 대해 충분히 명확하지 않다면, 로마서에서 바울이 영적인 갑옷의 뼈대를 설명하는 방식을 살펴보십시오.

> 당신들이 지금이 얼마나 늦은 시간인지 알고 있듯이, 이것은 더욱 위급합니다. 시간이 얼마 없습니다. 깨어나십시오. 우리가 처음 믿었을 때보다 우리의 구원이 더욱 가까이 왔습니다. 밤이 거의 지나가고, 구원의 시간이 곧 올 것입니다. 그러므로 당신의 어둠의 행위를 더러운 옷처럼 벗어버리고, 옳은 삶의 빛나는 갑옷을 입으십시오. 우리는 낮에 속하였으니, 모두가 볼 수 있도록 단정한 삶을 살아야만 합니다. 제멋대로 행하고 술 취한 자들의 어둠에 참여하지 말고, 성적인 난잡함과 부도덕한 삶의 어둠에 참여하지 말고, 다투고 시기하지 마십시오. 그리스도 주 예수의 임재로 옷 입으십시오. 당신의 악한 정욕을 채우려는 길에 대해서는 생각도 하지 마십시오.
>
> - 로마서 13:11-14 (NLT 직역)

군사 용어가 죄에 대항하는 우리의 개인적인 전쟁을 설명하기 위해 사용된 것을 주목하십시오. 어떤 분들은 제가 *영적 전쟁*이라는 용어의 허가증을 받아서 영적 전쟁을 우리 내면의 분투에다 적용함으로 그 중요성을 희석하고 있다고 느낄 수 있기 때문에, 이것을 분명히 하기 원합니다—성경적인 영적 전쟁은 우리 안에서 시작됩니다. 이 말씀에서 바울은 특별히 강조합니다. 우리의 영적인 갑옷이 외부의 악한 힘으로부터 우리를 보호할 뿐 아니라, 내면의 개인적인 죄의 습관으로부터 우리를 보호한다고 강조합니다. 바울은 두 개의 본문에서, 말하자면, 올바른 생각과 정결한 행동, 하나님의 실제적인 임재를 입음으로, 악과 죄를 대적해 스스로를 지키라고 독자들에게 강력히 충고합니다.

바울은 (우리를 포함하여) 청중의 개인적인 거룩함을 깊이 염려하여 강력한 군사 용어들을 사용하고 있습니다. 바울은 교회가(그의 생명을 쏟아 부은 귀중한 사람들이) 어떤 종류의 악을 향해서라도 경솔한 태도를 가짐으로 분해되는 것을 원치 않았습니다. 바울은 유혹에 맞서 전쟁을 준비하라고 교회를 격려하고 있습니다. 그리고 준비되기 위해 할 수 있는 모든 것을 다한 후에, 일어나서 실제로 *싸우라*고 격려합니다.

준비하라; 준비되어 있으라

전쟁을 위해 옷을 차려 입는 것은 사소한 일이 아닙니다. 현대의 미국 군인들은 60파운드(역주: 약 30킬로그램)가 넘는 장비를 입고, 장거리 순찰에는 두 배가 넘는 양의 장비를 입기도 합니다! 식량, 의료기구, 무기, 탄약, 통신장비와 여러 가지 다양한 도구들이 모든 주머니를 가득 채웁니다. 그러나 전쟁에 나가는 것이 아니라면, 그 정도로 준비하는 노력을 들이지 않습니다. 이것은 오늘날에도 그러하고, 이천 년 전 바울이 에베소 교회에 편지를 썼던 때에도 그러했습니다. 전쟁을 위해 옷을 입는다는 것은 싸우려는 의도가 있다는 신호입니다. 이사야가 위의 본문에서 갑옷의 은유를 사용해 이것을 말했고, 바울이 오늘날의 그리스도인들에게 갑옷의 은유로 이것을 말했습니다.

우리는 영적 전쟁 중에 있다는 것을 이해하기 때문에 장비를 갖추어 입습니다. 따라서 우리는 무장하지 않은 채 순진하게 돌아다니지 않고, 전쟁과 상관없는 시민들처럼 무감각하지 않습니다. 전사의 마음가짐은 일반 시민의 마음가짐과 다릅니다. 바울은 디모데에게 전사의 정신을 언급합니다. “너는 그리스도 예수의 좋은 병사로 나와 함께 고난을 받으라 병사로 복무하는 자는 자기 생활에 얽매이는 자가 하나도 없나니 이는 병사로 모집한 자를 기쁘게 하려 함이라”(딤후2:3-4).

군사로 준비되는 것에 대한 주제가 에베소서 6장의 전쟁 본문을 흠뻑 적십니다. 바울은 마귀의 간계를 능히 대적하고 설 수 있는 것에 대해 말합니다(엡6:11). 악한 날에 악을 능히 대적할 수 있는 것에 대해 말합니다(엡6:13). 우리의 신을 신고 완전히 준비되는 것에 대해 말합니다(엡6:15). 그리고 성령 안에서 모든 상황 가운데 항상 기도하고 간구하는 것에 대해 말합니다. “깨어 구하기를 항상 힘쓰며 여러 성도를 위하여 구하라”(엡6:18). 사실, 이 내용 안에서 모든 갑옷은 ‘준비하는 것과 준비되어 있는 것’에 대한 문제로 보입니다.

바울이 이 본문에서 영적 전쟁에 사용하는 정확한 도구를 구체적으로 명시하고 있지 않은 것을 발견하실 것입니다. 그는 오히려 우리가 장비를 갖추고 준비되어야 한다고 강조합니다. 바울은 우리에게 검을 가지고 무엇을 해야 하는지 말하고 있지 않습니다; 단지 검을 가지라고 말합니다. 그리고 바울은 싸움에 필요한 특정한 전략을 주고 있지 않습니다. 사실, 그는 싸움에 대해서는 많이 말하고 있지 않습니다. 그의 기본 가르침은 하나님의 전신 갑주를 입고, 입고 있는 상태로 서서 싸우라는 것입니다.

전쟁을 위해 옷을 입는다는 것은 싸우려는 의도가 있다는 신호입니다.

군인에게 일어날 수 있는 최악의 일은, 한밤중에 갑옷을 벗은 상태에서 잠을 자다가 경비대에게 잡히는 것입니다. 전쟁에서 언제 공격이 올지 우리는 전혀 알지 못합니다. 적은 항상 우리를 깜짝 놀라게 하는 것을 좋아합니다. 그러나 종종 뭔가 옳지 않은 조짐이 있습니다. 가끔은 우리가 직관적으로 이것을 느낍니다. 그것은 종종 제가 앞에서 묘사한 것과 같이 느껴집니다. 우리는 정상적인 길처럼 보이는 곳을 지나가고 있지만, 보이지 않는 힘이 우리를 저항하는 것 같습니다. 그 저항을 감지할 때, 갑옷을 입고 있는지 확인해야 합니다. 사실, 우리는 언제나 갑옷을 입고 준비되어 있어야 합니다.

영적인 공격이 언제 올지 우리가 항상 아는 것은 아니기 때문에, 언제나 준비되어 있어야 합니다. 영적인 공격과 삶의 평범한 어려움 간의 차이를 즉각적으로 구별해내기 어려울 때도 있습니다. 그러나 전쟁을 위해 준비된 사람은 삶에 닥치는 모든 일을 다스릴 수 있습니다. "근신하라 깨어라 너희 대적 마귀가 우는 사자 같이 두루 다니며 삼킬 자를 찾나니 너희는 믿음을 굳건하게 하여 그를 대적하라 이는 세상에 있는 너희 형제들도 동일한 고난을 당하는 줄을 앎이라"(벧전5:8-9).

미신적이 되거나 두려워하지 않고, 계속해서 마음과 생각을 그리스도께 맞춤으로, 우리는 전쟁에 대비합니다. 우리가 마귀의 공격을 받을 때도 있을 것이고, 단지 삶의 복잡한 일들을 다스려야 할 때도 있을 것입니다. 뭐가 뭔지 항상 알 수는 없겠지만, 우리가 준비되어 있다면 모든 상황에서 넉넉히 이길 것입니다.

서서 싸우라

바울은 에베소서 6장의 전쟁 본문에서 흥미로운 진술을 합니다. "모든 일을 행한 후에 서기 위함이라"고 말한 후에, "그런즉 서서"(엡6:13-14)라고 말합니다. 하나님의 전신 갑주를 입고 싸우기 위한 모든 준비를 갖추고 나서, 여전히 해야만 하는 한 가지가 있습니다−서기로 결심하고, 전투가 벌어질 때 싸우는 것입니다.

우리는 영적 전쟁에서 승리를 얻는데 필요한 모든 것을 가지고 있습니다. 그리스도를 통해 우리는 하나님의 군장을 가지고 있습니다−전 우주에서 가장 훌륭한 군장입니다. 그 어떤 영적 무기도 천국에서 만들어지고 우리를 통해 성령께서 휘두르시는 무기와 비교할 수 없습니다. 갑옷은 우리에게 주신 선물입니다. 우리는 그것을 입기만 하면 됩니다. 그러나 싸우겠다는 결심이 안으로부터 나와야 합니다. 가장 잘 준비된 군인도 싸우지 않는다면 지고 말 것입니다.

너무나 명백해서 어쩌면 말할 필요가 없을 수도 있겠지만, 얼마나 많은 사람들이 영적인 저항을 대면하고 나서 포기해 버리는지, 이것은 놀랍습니다. 좌절과 두려움에 압도되어, 포기하고 웁니다. 적이 그들의 삶을 황폐하게 만들 때, 그들은 눈물 너머를 바라보며 질문합니다. "왜 이렇게 되었나요, 하나님?"

당신 안에서 싸워야 합니다! 마귀가 당신의 삶과 아이들, 결혼을 망치도록 내버려두지 않을 것이라고 단호하게 마음을 정해야 합니다. 마귀가 질병, 재정적인 문제, 두려움, 중독, 정욕, 거짓말로 당신을 파괴하도록 내버려두지 않을 것이라고 결단해야 합니다. 하나님의 전신 갑주를 입고 있는지 확인하십시오—그러고 나서 싸우십시오!

이사야 59장의 본문에서 하나님께서 갑주를 입으실 때, 이것은 마치 액션 영화의 한 장면 같습니다. 영화 음악이 절정에 달하는 것이 들리는 것 같습니다. 슬로 모션(역주: 화면에 보이는 움직임이 실제 움직임보다 느리게 보이도록 만드는 기법)으로 하나님께서 벨트를 조이시고, 칼집에 칼을 꽂으십니다. 적들을 진멸하기 위해 나오시며 무섭게 응시하시는 하나님의 불타는 눈이 그려집니다. 이사야 선지자가 우리에게 보여주기 원하는 것이 이것입니다. 그리고 사도 바울이 하나님의 전신 갑주에 대한 본문에서 전달하고자 하는 것도 이것이라고 저는 믿습니다. 개인적인 장비에 관한 것이라기보다, 전쟁을 위해 무장하고 적들을 정복하기 위해 나오는 전사의 심장에 관한 것입니다. 영적 전쟁에서 우리는 불타는 심장과 호랑이의 눈을 가지고 있어야 합니다—반드시 이기고 절대로 물러서지 않는 맹렬한 투지를 가져야 합니다.

2장에서 언급했던 것과 같이, 하와가 동산에서 유혹을 당했을 때 그것은 분명 한심한 광경이었을 것입니다. 어떤 이유였든지 간에 아담이 그 자리에 서서 벌어지는 모든 일을 보고만 있었다는 것은 납득하기 어렵습니다. 아담은 그 뱀의 머리를 잡아, 발 뒤꿈치 아래 넣고, 그의 모든 무게를 실었어야 합니다. 그러나 아담은 하나님께서 말씀하신 것을 완전히 잘 알고 있었음에도 불구하고, 하와가 그 열매를 입에 넣는 것을 내버려두었습니다.

아담이 그렇게 한 것처럼, 많은 남자들이 오늘날 가정을 파괴하는 사탄 곁에 게으르게 서 있습니다. 의자에 앉아 맥주를 마시며 축구를 보거나 비디오 게임을 하느라 너무 바빠서 집 안에 뱀이 있는 것을 알아채지 못합니다. 예수의 이름으로, 안락 의자에서 나와, 리모트 컨트롤을 내려

놓고, 검을 들고 싸울지어다! 어쩌면 당신은 가족을 모아 예배를 드리고, 성경을 읽고, 함께 기도해야 할 필요가 있겠습니다. 아마도 당신은 아들, 딸, 또는 아내와 함께 데이트를 나가, 대화를 나누고, 그들의 이야기를 듣고, 함께 기도하고, 가정의 리더가 될 필요가 있겠습니다. 어쩌면 당신은 기도 방에 들어가 문을 잠그고, 뱀이 숨어있는 곳을 보여주실 때까지 하나님께서 주시는 은혜를 전부 받고 기도해야 합니다. 어쩌면 금식이 필요합니다. 적을 상대해서 싸울 수 있도록 인도하심을 받는 방법은 아주 많습니다―너무 많아서 여기에 다 적을 수가 없습니다. 그러나 이것만은 확실합니다: 하나님의 전신 갑주를 입고, 전쟁을 위해 준비하십시오. 그리고 전쟁이 올 때, 서서 싸우십시오! 이것이 영적 전쟁입니다!

자연적인 것이 영적인 것에 영향을 줍니다

저는 이 책의 전반에 걸쳐, 우리의 외적인 행동보다 개인적인 삶을 더 다루고 있습니다. 그러나 영적 전쟁을 위해 눈에 보이게 물리적으로 중보기도 하시는 분들을 위해 말씀드릴 것이 있습니다. 공중에 주먹을 휘둘러서 마귀를 넘어뜨릴 수 있다고 생각하는 것은 잘못된 것입니다(누군가 실제로 이렇게 믿고 있다는 의미는 아닙니다; 단지 때때로 그렇게 보이기도 한다는 것입니다). 영적인 싸움을 물리적인 무기를 가지고 싸울 수 없습니다. 여기까지는 자명합니다. 그러나 자연적인 행동이 영적인 세계에 영향을 준다는 사실을 부인할 수 없습니다. 우리는 성경에서 바깥의 행동들이 영적으로 엄청난 중요성을 갖는 예를 많이 봅니다.

몇 가지 성경적인 예를 언급하기에 앞서, 이것은 단순한 상식의 문제이기도 하다는 점을 말하고 싶습니다. 영적인 세계와 물질 세계는 서로 상호 작용합니다. 우리는 자연계에 살고 있습니다. 비록 *영적* 전쟁이 영적이지만, 언제나 물질 세계와 상호 작용을 합니다. 사람들이 관여할 때, 두 가지 영역은 연결됩니다. 우리 모두는 각각 영, 혼, 육입니다. 자연적인 것과 영적인 것이 우리 안에서 합쳐집니다. 그리고 이 두 가지(영적인, 물리적인) 실제가 서로 분명하게 구분이 되고, 때로는 서로를 거스르기도 하는 반면에, 우리 안에서 이들은 맞붙어서 경계를 말하기 어려울 때가 종종 있습니다. 예를 들어, 기도에는 우리의 뇌와 목소리, 그리고 몸이 참여합니다. 이러한 것들은 영적인 효력을 갖는 물리적인 것들입니다. 금식은, 나중에 더 깊이 나누겠지만, 역시 영적인 세계와 관련되는 물리적인 훈련입니다.

예수의 이름으로, 안락 의자에서 나와, 리모트 컨트롤을 내려 놓고, 검을 들고 싸울지어다!

독특한 이야기 하나가 이 관점을 잘 설명해줍니다. 선지자 엘리사가 죽기 전에, 이스라엘 왕 요아스가 그를 만나러 갑니다(왕하13:14-19). 엘리사는 요아스에게 화살을 잡아 땅을 치라고 말하지만, 그 어떤 설명이나 추가적인 지시 사항을 주지 않습니다. 요아스는 땅을 세 번 치고 멈추었습니다. 엘리사가 그에게 화를 내며 말했습니다. "왕이 대여섯 번을 칠 것이니이다 그리하였더라면 왕이 아람을 진멸하기까지 쳤으리이다 그런즉 이제는 왕이 아람을 세 번만 치리이다 하니라"(왕하13:19).

이 본문에서 어떤 일이 일어나고 있는지 표면적으로는 명백하지 않습니다. 그러나 선지자 엘리사는 왕의 물리적인 행동에 매우 실재하는 영적인 영향력이 있음을 이해했습니다. 요아스의 물리적인 반응은 영적인 세계에 경보를 울려, 아람을 상대하는 이스라엘 군대의 싸움에 직접적으로 영향을 줄 것이었습니다. 요아스가 땅을 치는 열심이 그의 마음을 나타내는 것으로 하나님은 보셨습니다. 어쩌면 요아스의 부족한 열심이 그의 마음을 드러냈고, 그의 깊은 동기가 어디에 있는지 보여주었을 것입니다. 어쩌면 그것은 그가 주님을 신뢰하지 않는 것을 보여주었을 것입니다. 사실이 무엇이든, 엘리사는 요아스가 물리적으로 어떤 행동을 해야 한다는 것을 알았습니다. 외적인 행동이 없이는 어떤 영적인 영향도 없을 것이었습니다. 많이 쳤든 적게 쳤든, 요아스의 물리적인 행동은 심각하면서도, 실제적인 결과를 가져왔습니다.

비슷한 이야기에서 이스라엘 백성은 아말렉 족속과 전쟁을 했습니다. 모세가 산 꼭대기에서 (하나님의 지팡이를 손에 쥐고) 손을 들면, 골짜기에서 이스라엘이 아말렉을 이겼습니다. 그러나 모세가 그의 손을 내리자마자 아말렉이 이겼습니다(출17:9-13). 다시 한 번 우리는 외적인 행동이 하나님의 초자연적인 개입에 직접적인 영향을 준 것을 봅니다. 여리고에서도 같은 일이 벌어졌습니다. 어찌되었든 이스라엘 백성이 성벽 주위를 도는 것이 그 벽의 초자연적인 붕괴에 직접적인 영향을 주었습니다(수6). 엘리야는 나아만에게 요단 강에 일곱 번 몸을 담그라고 했습니다(왕하5:1-14). 예수님은 눈 먼 사람의 눈에 진흙을 바르셨고(요9:6), 제자들에게 그물을 배 오른편에 던지라고 말씀하셨습니다(요21:6).

성경 전체에 이러한 예는 많이 있습니다. 물론, 가장 위대한 예는 그리스도의 십자가입니다. 어떤 것도 예수님께서 죽으신 방법보다 더 물리적일 수는 없습니다. 예수님은 물리적인 십자가 위에서 육체의 피를 흘리셨습니다. 예수님은 사람의 몸으로 창에 찔리시고 알아볼 수 없을 정도로 상하는 고통을 당하셨습니다. 그리고 육체의 죽음을 경험하셨습니다. 이 모든 것이, 비록 전적으로 자연적인 세상 안에 있었지만, 천국 꼭대기로부터 지옥의 바닥까지 영적인 세계를 진동했습니다. 그 이전에도, 그리고 그 후에도 그토록 중요한 영적인 사건은 없었습니다. 그리고 그것은 전적으로 물질 세계에서 성취되었습니다.

영지주의 이단

바로 이 문제는 사도 요한이 요한일서에서 언급하는 영지주의 이단의 중심부에 놓여 있습니다. 영지주의는 물질 세계가 본질적으로 악하다고 가르쳤습니다. 오직 영적인 세계만이 좋다는 것입니다. 따라서 "구원"은 지식이나 *영적 인식*을 통해 사람의 영이 육신의 세계로부터 해방될 때 일어난다고 했습니다. 이러한 철학 체계는 이단자들을 이끌어, 예수님의 인성을 부인하고 육신의 죽음과 부활을 거절하게 만들었습니다. 그런데 이러한 이단은 교회에서 여전히 우리의 현대적인 사고방식 안에 들어와 있습니다. 때로는 명백하게, 때로는 교묘하게 우리는 물질 세계와 영적인 세계를 나누려고 합니다. 한 가지는 나쁘고, 다른 한 가지는 좋게 여깁니다.

'육신flesh'이라는 단어가 종종 죄 된 본성을 지칭하는 데 사용되기 때문에(참고: 롬7:18), 우리는 물질적인 인간 세계에서 모든 것이 악하다고 생각합니다. (제가 이미 충분히 논했듯이) *육신*은 그리스도와 반대되는 사고방식뿐만 아니라 땅에 속한 (정욕의, 악한) 본성을 지칭할 수 있습니다. 그러나 하나님께서 태초에 우리의 육신을 포함하여 물리적인 세상을 만드셨습니다. 그리고 "말씀이 육신이 되셨습니다"(요1:14). "땅과 거기에 충만한 것과 세계와 그 가운데에 사는 자들은 다 여호와의 것입니다"(시24:1). 물질 세계를 본질적으로 악하게 보는 사고방식에는 성경적으로 타당한 이유가 없습니다. 반대로, 신약 성경은 우리의 영적인 믿음이 몸에 실현되지 않으면 그것은 합법적인 믿음이 아니라는 것을 강력하게 강조합니다(예: 고전6:12-20). 물질 세계는 영적인 통치가 임하도록 의도된 바로 그 장소입니다. "하나님의 나라가 임하옵시며 뜻이 하늘에서 이루어진 것 같이 *땅에서도* 이루어지이다"(마6:10). 물리적인 행동이 영적인 세계에 그토록 깊은 영향을 줄 수 있는 이유가 이것입니다.

이것은 강력한 진리입니다. 성경은 물리적인 행동이 영적인 실제에 영향을 주는 많은 예를 담고 있습니다. 물리적인 행동이 어떻게 영적인 변화를 실제로 가져올 수 있는지는 이해하기 어렵습니다. 그런데 이것 또한 제가 말하고자 하는 요점입니다. 우리는 하나님께서 무슨 일을 하시며, 왜 하시며, 하나님의 사람들을 어떻게 인도하시는지 항상 알지 못합니다. 그리고 우리는 영적인 세계가 어떻게 그토록 세밀하게 운영되는지 결코 이해할 수 없습니다. 만약 누군가 중보기도를 하면서 이상해 보이는 행동을 하고 있다면, 재빨리 판단하지 마십시오. 그들은 우리가 성경 속의 예화들에서 살펴보았던 것과 같은 일을 하고 있습니다. 무심한 관찰자들에게는 어리석어 보이는 행동의 결과로, 그들은 영적으로 굉장한 돌파를 보게 될 수 있습니다—특별히 그러한 행동이 성령 하나님께 순종하는 것이라면 말입니다.

토론을 위한 질문

1. 믿음, 소망, 사랑과 같은 덕목들이 어떻게 사탄의 어두운 통치를 대적하는 무기가 될 수 있을까요?
2. 예수님은 이 땅에 사시는 동안, 어떻게 영적 전쟁을 하셨나요?
3. 최근 당신의 삶에서, 어떤 영역이 사탄의 공격에 놓인 것을 감지했던 적이 있나요?
4. 당신의 현재 마음 상태를 어떻게 설명할 수 있을까요? 영적인 전투를 위해 준비가 되어있나요, 평범한 시민의 상태인가요?

7장

제자도, 성별, 영적인 권세

자기 절제는 자존감의 가장 주요한 요소이며,
자신을 존중하는 것은 결국 용기의 가장 주요한 요소이다.
- 투키디데스, '펠로폰네소스 전쟁의 역사' -

절제가 왜 중요한가? 절제는 욕구보다 원칙에 의해 움직이도록 가르쳐준다. 충동에 대해 아니라고 말하는 것은 (본질적으로 죄의 충동이 아닌 경우에도) 욕구를 통제할 수 있는 자리로 우리를 넣어준다. 절제는 정욕을 물러가게 하고, 진리와 덕, 순전함을 가져와, 우리의 생각을 다스릴 수 있게 한다.
- 존 F. 맥아더, '진리의 순간' -

하나님께서 환상을 통해 바울과 실라를 마게도냐로 보내셨습니다. 하루는 그들이 기도를 하러 가던 길에, "점치는 귀신 들린 여종 하나"를 만났습니다(행16:16). 그 여종은 바울과 실라를 따라오기 시작했고, 가는 곳마다 따라다니며 소리를 질렀습니다. "이 사람들은 지극히 높은 하나님의 종으로서 구원의 길을 너희에게 전하는 자라"(행16:17). 여러 날이 지난 후에, 바울이 몹시 괴로웠습니다. "바울이 심히 괴로워하여 돌이켜 그 귀신에게 이르되 예수 그리스도의 이름으로 내가 네게 명하노니 그에게서 나오라 하니 귀신이 즉시 나오니라"(행16:18).

이 본문에서 배울 점이 많이 있지만, 이것을 강조하고 싶습니다. 당신이 내버려둔다면 귀신은 당신 곁에 머물 것입니다. 너무 많은 사람들이 악한 영들에게 시달리는데, 사실 그런 영들은 환영받지 못하면 떠나버립니다. 예수님께서 두아디라 교회가 이세벨의 영을 용납하는 것을 책망하셨습니다(계2:20-21). 그들은 미혹되어 성적인 부도덕과 다른 죄들에 빠졌습니다. 이 영이 그들을 기만하고 미혹할 수 있었던 것은, 이것이 너무 강력했기 때문이 아니라, 그들 안에서 다루지 않고 내버려두어 그들을 다스리도록 허용했기 때문이었습니다.

영적인 권세

사탄은 우리가 허용하는 권세만 가질 수 있다는 점을 이미 분명히 말했습니다. 그런데 우리가 용납하고 있거나, 심지어 이보다 악화되어, 순종하고 있는 영들에 대해 어떻게 권세를 가질 수 있을까요? 어떤 사람이 정욕에 묶여 있다면, 그 영에 대해 아무런 권세도 없을 것입니다. 어떤 사람이 중독에 묶여 있다면, 다른 사람들의 중독을 끊을 권세는 갖지 못합니다. 어떤 사람이 질투나 교만으로 가득 차 있다면, 그 사람이 머무는 곳에서는 이러한 영들이 마음껏 다스리게 될 것입니다.

예수님께서 말씀하셨습니다. "이 후에는 내가 너희와 말을 많이 하지 아니하리니 이 세상의 임금이 오겠음이라 그러나 그는 내게 관계할 것이 없으니"(요14:30). 그 어떤 악의 근원도 예수님 안에 거할 수 없었습니다. 예수님은 악한 사고방식에 넘어가신 적도 없고, 유혹에 넘어가신 적도 없습니다. 사탄은 예수님께 관계할 것이 없었습니다. 이것이 바로 마귀가 예수님에게 아무런 힘도 행사하지 못했던 이유입니다. 죽음조차도 예수님을 붙들지 못했습니다. 예수님께서 귀신들에 대해 완전한 권세를 가지고 계셨던 것이 놀랍지 않습니다. 극적으로 귀신을 내쫓으셨던 예화들은 예수님께서 용에 대해 완전한 권세를 가지고 사셨던 매일, 매 순간의 삶의 방식이 눈에 보이게 나타난 것일 뿐이었습니다.

우리는 죄, 자아, 마귀에 대해 언제나 완전한 승리 안에서 사셨던 예수님처럼 살지 못할 수 있습니다. 그러나 하나님의 자녀로서, 우리는 그리스도의 권세 아래에서 계속해서 자라가도록 부르심을 받았습니다. 매일 우리 삶에 "하나님 통치의 증가가 끝이 없어야" 합니다(사9:7; AMP성경 직역; 역주: "그 정사와 평강의 더함이 무궁하며"-개역개정). 어둠의 세력을 이기는 예수님의 승리는 단순히 신학이나 명제로 남아있을 수 없습니다. 반드시 실제가 되어야 하며, 삶의 방식이 되어야 합니다. 그리스도인의 성품이 그리스도의 형상에 이르도록 자라가면서, 실제로 죄와 마귀를 이기는 권세를 가지고 살아야 합니다. 결론은 이렇습니다: 우리는 훈련되고 거룩한 삶을 살도록 부르심을 받았습니다.

그러면 우리 자신의 실제적인 삶 속에서 어둠을 이기는 이 권세가 우리 주변의 세상으로 확장됩니다. 다른 사람들에게 영향을 미치는 귀신들을 마주할 때, 우리는 그 영들에 대해서도 권세를 갖게 됩니다. 그러나 우리 자신의 삶에서 사탄에게 굴복한다면, 다른 사람의 삶에 영향을 미치는 사탄에 대해 권세를 행사하는 것이 매우 어려울 것입니다. 이것은 영적이면서도 실제적인 문제입니다. 우리가 무엇에 굴복한다는 것은 그것에 동의하는 것입니다. 우리의 말이 하나님의 진리를 선포하고 있을지라도, 이렇게 동의한 것이 우리의 행동에 나타나게 되어 있습니다. 우리의 말과 삶이 다를 때, 우리는 사탄의 세력에 대해 아무런 영향력도 갖지 못합니다.

귀신들을 이기는 권세가 우리의 강함 안에(우리가 충분히 선하거나 충분히 훈련되었을 때) 있다는 말은 아닙니다. 우리의 권세가 충분한 양의 종교적인 일이나 무작정 행하는 자기 훈련에서 비롯되지 않습니다. 우리는 하나님의 권세에 복종함으로 권세를 받게 됩니다. 사실, 하나님께 복종하는 것은 사람의 교만, 자기 확신, 종교적인 일들을 거스릅니다. 하나님께 복종하는 것은 그분의 은혜를 향한 아주 깊고 절실한 필요를 자각하는 것입니다. 그런데 이러한 겸손한 항복도 실제적이어야 합니다. 그러므로 우리의 삶의 방식에서 하나님께 복종하지 *않는다면*, 실제적으로 우리는 그분의 권세를 *밀어내는* 것입니다. 하나님의 권세를 밀어내는 동시에 받는 것이 어떻게 가능하겠습니까? 하나님께 복종하지 않으면, 사탄의 세력을 대적하는 권세를 가질 수 없습니다. 하나님께 복종할 때, 우리는 하나님의 권세를 받고, 이 권세로 다른 사람들을 도울 수 있습니다.

그의 지휘 하에 있는 군사들에 대한 백부장의 권세가 그의 윗 권세에 복종함에서 비롯된 것과 같이, 죄와 마귀에 대한 우리의 영적인 권세는 우리가 그리스도께 복종할 때 얻게 됩니다.

“그런즉 너희는 하나님께 복종할지어다 마귀를 대적하라 그리하면 너희를 피하리라”(약4:7). 사탄을 대적하는 우리의 능력은 하나님께 복종하는 여부에 달려있고, 여기에는 타당한 이유가 있습니다: 모든 영적인 권세는 하나님으로부터 비롯되기 때문입니다. 우리는 사탄을 향해 아무런 권세가 없습니다. *하나님의* 권세를 풀어내기 위해서, 우리는 하나님의 권세에 복종해야 합니다. 유다는 천사장 미가엘이 마귀와 다투어 변론할 때, “주께서 너를 꾸짖으시기를 원하노라”고 하였다고 말합니다(약4:9). 전쟁하는 강한 천사들조차도 스스로는 마귀의 세력에 대한 권세를 가지고 있지 않습니다. 이들의 권세는 오직 하나님으로부터 말미암습니다. 이와 마찬가지로, 우리도 하나님의 권세 아래에 있음으로 권세를 얻게 됩니다.

가버나움의 백부장은 이 결정적인 역학을 잘 이해하고 있었습니다. "백부장이 대답하여 이르되 주여 내 집에 들어오심을 나는 감당하지 못하겠사오니 다만 말씀으로만 하옵소서 그러면 내 하인이 낫겠사옵나이다 나도 남의 수하에 있는 사람이요 내 아래에도 군사가 있으니 이더러 가라 하면 가고 저더러 오라 하면 오고 내 종더러 이것을 하라 하면 하나이다"(마8:8-9). 그의 지휘 하에 있는 군사들에 대한 백부장의 권세가 그의 윗 권세에 복종함에서 비롯된 것과 같이, 죄와 마귀에 대한 우리의 영적인 권세는 우리가 그리스도께 복종할 때 얻게 됩니다. 바울이 자신을 그리스도의 종이라고 소개하는 것이 놀랍지 않습니다(롬1:1). 그리고 바울은 그의 몸을 *그의* 종이 되게 한다고 말합니다(고전9:27; 역주: "몸을 쳐 복종하게 한다"-개역개정). 바울의 몸은 바울의 종이었고, 바울은 그리스도의 종이었습니다. 이것이 바로 권세 아래에 있는 것입니다. 예수님께서 우리가 두 주인을 섬길 수 없다고 분명히 말씀하셨습니다. 하나를 선택하거나 다른 하나를 선택해야만 합니다(마6:24). 우리가 그리스도께 항복하지 않으면, 우리는 죄의 노예가 됩니다(롬6:16-23). 이것은 분명합니다: 거룩과 성별로 하나님께 복종하지 않으면, 우리는 아무런 영적 권세를 갖지 못합니다.

훈련

그리스도께 단순하게 순종하는 것과 훈련은 영적으로 승리하는 삶을 위한 비결들 중에서 종종 간과되곤 합니다. 어떤 사람들은 기독교를 단순히 회개 기도를 하고 나면 되는 어떤 것으로 생각합니다. 이들은 *행위*

를 더러운 단어라고 생각하고, 결단과 노력을 요구하는 것은 무엇이든지 은혜를 거스른다고 생각합니다. 그러나 이것은 성경이 가르치는 바가 아닙니다.

"너희는 그 은혜에 의하여 믿음으로 말미암아 구원을 받았으니 이것은 너희에게서 난 것이 아니요 하나님의 선물이라 행위에서 난 것이 아니니 이는 누구든지 자랑하지 못하게 함이라"(엡2:8-9). 이 구절은 잘 알려지고 인용되는 구절입니다. 그러나 그 다음 구절을 인용하는 사람은 드뭅니다. "우리는 그가 만드신 바라 그리스도 예수 안에서 선한 일을 위하여 지으심을 받은 자니 이 일은 하나님이 전에 예비하사 우리로 그 가운데서 행하게 하려 하심이니라"(엡2:10). 다시 말해, 우리는 선한 일로 *말미암아* 구원을 받지 않았지만, 선한 일을 *위해* 구원받았습니다. 행위의 중요성을 부인할 수 없습니다. 구원에 관하여는 행위가 아무 소용이 없습니다. 그러나 우리가 구원을 받고 성령으로 채워지고 나면, 하나님은 우리가 좋은 열매를 맺을 것을 기대하십니다.

많은 그리스도인들이 이 혁명적인 생각을 놓쳤습니다. 당신은 옳은 일을 행할 능력이 있습니다! 꼭 죄를 지어야 하는 것이 아닙니다. 굳이 넘어질 이유가 없습니다. 당신은 훈련될 수 있습니다. 죄를 거절하고 의를 행할 수 있습니다. 사실, 하나님은 당신에게 바로 이것을 기대하십니다. 이것이 율법적이라고 생각하거나 어떤 면에서 은혜를 거스른다고 생각한다면, 바울이 디도에게 은혜에 대하여 말한 것을 기억하십시오. "모든 사람에게 구원을 주시는 하나님의 은혜가 나타나 우리를 양육하시되 경건하지 않은 것과 이 세상 정욕을 다 버리고 신중함과 의로움과 경건함으로 이 세상에 살고 복스러운 소망과 우리의 크신 하나님 구주 예수 그리스도의 영광이 나타나심을 기다리게 하셨으니"(딛2:11-13).

수잔나 웨슬리Susanna Wesley는 어린 존 웨슬리John Wesley에게 다음과 같은 지혜의 말을 가르쳤습니다: "합법적인 즐거움과 불법적인 쾌락을 판단하고, 순수한 행동과 악의 있는 행동을 판단하겠느냐? 이 규칙을 따르라. 너의 이성을 연약하게 하고, 너의 양심을 무디게 하며, 하나님을 향한 감각을 모호하게 만들고, 영적인 것을 향한 즐거움을 빼앗아 가는 것들; 다시 말해, 너의 *정신*에 대한 *육신*의 힘과 권세를 강화하는 것은 무엇이든지, 그 자체로는 얼마든지 죄가 아닐 수 있어도, *너에게는* 죄가 된다."[1]

이쯤에서 간단한 진단을 해보는 게 좋겠습니다. 당신의 이성을 연약하게 만드는 것이 무엇인가요? 당신의 양심을 무디게 만드는 것이 무엇인가요? 하나님에 대한 감각을 모호하게 만드는 것이 무엇인가요? 영적인 것을 향한 즐거움을 빼앗아가는 것은 무엇인가요? 비디오 게임일 수 있습니다. 외설물일 수 있습니다. 어쩌면 단지 시간을 낭비하거나 가족들에 대한 당신의 책임을 다하지 않는 것일 수 있습니다. 또는 교회에 신실하지 않은 것일 수 있습니다. 기도와 말씀 안에서 예수님과 시간을 보내는 것을 등한시하는 것일 수도 있습니다. 이렇게 말해버림으로, 제가 성경을 벗어나는 규칙을 만들어내고 있는 것이 아닙니다. 당신의 삶의 영역 가운데 타협이 있는 곳을 성령님께서 보여주시도록 열어 드리라는 것입니다. 그리고 하나님의 마음을 상하게 하는 것을 성령님께서 보여주신다면, **그만두십시오!** 마귀와 싸워, 마귀의 통치를 끌어내리기 원한다면, 당신의 집을 질서 안에 바로잡는 것에서부터 시작해야 합니다.

금식

많은 중요한 영적 훈련들은 그리스도인의 무기가 되어야 합니다. 이번 장의 뒷부분에서 영적인 훈련들에 대해 간단하게 설명할 것입니다.

그런데 먼저, 가장 강력한 영적 훈련 중 하나인 금식을 강조해서 자세히 설명하려고 합니다. 금식은 정해진 기간 동안 음식이나(혹은 음식과) 음료를 절제하기로 의도적으로 선택하는 것입니다. 오늘날 많은 사람들은 다른 것들을(초콜릿에서부터 비디오 게임까지) 절제하는 데에도 금식이라는 단어를 사용하곤 합니다. 음식이나 음료에만 한하여 금식을 적용하든지, 조금 더 넓게 필수적이지 않은 활동들을 포함해서 적용하든지, 금식은 자기 희생을 의미합니다. 금식할 때 우리는, 우리의 삶에 하나님을 위한 공간을 더 만들기 위해, 우리가 원하거나 필요로 하는 것들을 포기합니다. 이 렌즈로 보았을 때, 금식은 영적 전쟁에 완벽한 보완 요소가 됩니다. 금식할 때 우리는 자기를 부인합니다. 그것 자체로 마귀를 혼란스럽게 합니다. 마귀의 목적은 결국 우리를 속여, 우리의 욕구와 발전, 그리고 바로 우리 자신을 하나님보다 위에 둠으로, 우리가 마귀에게 순종하게 만드는 것입니다. 동산에서 그가 처음 유혹했던 것을 생각해보십시오. "너희가… 하나님과 같이 되어…"(창3:5) 우리가 하나님을 더욱 알고 섬기기 위해 우리의 기본적인 필요를 일시적으로 보류할 때, 나 자신을 가장 우선에 두게 하려는 사탄의 전략을 즉각 좌절시킵니다. 이것은 또한 사탄이 우리에게 다가오지 못할 것이라는 신호를 보냅니다.

금식과 기도는 놀랍도록 효과적인 영적 재정비 기술로, 병행됩니다. 마음이 굳어지기 시작하는 것을 감지하고, 교만이 스며들고, 혹은 영혼이 육으로 이끌리기 시작할 때, 금식과 기도가 다른 어떤 방법보다도 재빨리 제자리로 되돌아오게 해줄 것입니다. 자신을 부인하고, 당신의 연약함과 친밀해질 때, 마치 꿈에서 깨어난 듯, 당신이 얼마나 멀리 떠내려가고 있었는지 깨닫게 될 것입니다. 단 2-3일 정도의 금식을 하고 나면, 왜 더 빨리 금식을 시작하지 않았는지 의아할 것입니다. 이전에 생각했던 방식이 잘못되었고 이상했던 것을 발견하게 될 것입니다. 금식과 기도는 모든 그리스도인들이 쉽게 다가가야만 하는 영적 훈련입니다.

금식은 몇 가지 주요한 성경 이야기들 속에서 흥미로운 역할을 합니다. 모세가 하나님께 십계명을 받기 위해 시내산에 올라갔을 때에 사십일 동안 금식했습니다(출34:28). 다윗이 갓 태어난 아들을 하나님께서 살려주시기를 기도했을 때 금식했습니다(삼하12:16,21-22). 유다 백성을 진멸하라는 조서를 내린 왕에게 나아가기 전에 에스더는 금식했습니다(에4:16). 그리고 다니엘 선지자의 이야기는 특별히 매우 흥미롭고 유의미합니다.

다니엘은 꿈과 환상, 그리고 자연적인 문제들을 깨달아 아는 비범한 통찰력을 가진 선지자였습니다. 다니엘은 바벨론의 침략으로, 많은 다른 유다 자손들과 함께 유다로부터 바벨론의 포로로 붙잡혀 갔습니다. 포로였음에도 불구하고, 다니엘의 은사가 문을 열어, 왕의 조언자의 자리로 나아가게 되었습니다. 바벨론이 바사 제국에 정복당한 후에도, 다니엘은 큰 은총을 입어, 새로운 왕도 다니엘을 선택해 세웠습니다.

바사 왕 아래에서 다니엘의 재임 기간 중 삼년 정도에, 하나님께서 다니엘에게 환상을 주셨는데, 그 환상으로 그가 깊이 슬퍼했습니다. 다니엘은 그 메시지가 사실인 것을 알았고, 그것은 큰 전쟁에 관한 것이었습니다. 그러나 그는 그 의미를 정제할 수도, 불길함을 털어버릴 수도 없었습니다. 다니엘은 그 환상을 깨닫고자 하나님을 구했습니다(단10:1-12). 그가 기도하며, "세 이레가 차기까지 좋은 떡을 먹지 아니하며 고기와 포도주를 입에 대지 아니하며 또 기름을 바르지 아니"했다고 말합니다(단10:3).

바사 제국의 총리로서, 왕의 개인적인 조언자로서, 다니엘은 최고급 중의 최고급을 누렸습니다. 일을 하러 갈 때, 샌드위치를 만들어 가지고 갈 필요가 없었습니다. 이 업무의 특전 중 하나는 가장 특별한 음식들을 어디서나 먹을 수 있었다는 것입니다. 나라들의 부가 바사에 쏟아져 들어왔습니다. 그들은 눈에 보이는 세상을 장악했습니다. 왕궁은 부의 중심이었고, 다니엘은 왕궁의 핵심에 있는 사람이었습니다.

그러나 다니엘은 이 모든 것에도 불구하고 자신의 힘으로는 필요한 응답을 얻을 수 없음을 알았습니다. 그는 자기 자신에게 집중하지 않았습니다. 향기로운 최고급 로션으로 자신의 허영심을 애지중지하거나 화려한 음식에 대한 갈망을 만족시키지 않았습니다. 다니엘은 자신의 임무를 다하기 위해 필요한 일들만 수행했습니다. 그의 초점은 하나님께 집중되어 있었습니다. 그에게 가장 중요했던 것은 하나님의 말씀이 그의 상황 가운데 나타나는 것이었습니다. 21일간의 자기 부인 이후에 다니엘은 하늘로부터 놀라운 메시지를 받았습니다. 다니엘은 그 모든 일이 벌어졌을 때, 강 가에 서 있었습니다.

> 그 때에 내가 눈을 들어 바라본즉 한 사람이 세마포 옷을 입었고 허리에는 우바스 순금 띠를 띠었더라 또 그의 몸은 황옥 같고 그의 얼굴은 번갯빛 같고 그의 눈은 횃불 같고 그의 팔과 발은 빛난 놋과 같고 그의 말소리는 무리의 소리와 같더라…
> 내게 이르되 큰 은총을 받은 사람 다니엘아 내가 네게 이르는 말을 깨닫고 일어서라 내가 네게 보내심을 받았느니라 하더라 그가 내게 이 말을 한 후에 내가 떨며 일어서니 그가 내게 이르되 다니엘아 두려워하지 말라 네가 깨달으려 하여 네 하나님 앞에 스스로 겸비하게 하기로 결심하던 첫날부터 네 말이 응답 받았으므로 내가 네 말로 말미암아 왔느니라 그런데 바사 왕국의 군주가 이십일 일 동안 나를 막았으므로 내가 거기 바사 왕국의 왕들과 함께 머물러 있더니 가장 높은 군주 중 하나인 미가엘이 와서 나를 도와주므로 이제 내가 마

지막 날에 네 백성이 당할 일을 네게 깨닫게 하러 왔노라 이는 이 환상이 오랜 후의 일임이라 하더라

- 다니엘 10:5-6, 11-14

다니엘이 요청을 드린 그 순간에 하나님께서 사자를 보내셨습니다. 그런데 사자가 오는 길에 "바사 왕국의 군주"를 만났습니다. 바사 왕국의 군주는 왕좌 뒤에 있는 힘으로, 왕국 문화의 분위기를 정하고 인간 왕의 결정에 영향을 미치는 악한 영입니다. 하나님의 사자가 다니엘을 만나기 위해 목적지로 향하던 길을 이 군주가 막아섰습니다. 하나님께서 전쟁하는 천사, "가장 높은 군주 중 하나인 미가엘"을 보내셔서 바사의 군주와 싸우게 하시고, 사자가 편지를 전달하도록 보내셨습니다.

다니엘서 10장은 우리에게 놀라운 통찰력을 주는 유의미한 정보들로 가득합니다.

첫째로, 하나님의 친구들을 향한 하나님의 관심은 그 어떤 것보다 앞섭니다. 다니엘이 기도를 시작한 순간, 하나님께서 응답하셨습니다. 영적인 저항으로 인해 그 응답의 도달이 지연되었을지라도, 응답 자체는 즉시 일어났습니다. 하나님께서 우리를 향해 망설이지 않으십니다.

둘째로, 우리가 완전히 이해하지 못하는 요소들이 과정에 끼어들 때, 우리의 하나님 아버지께서 이미 우리에게 필요한 모든 것을 보고 계신다는 확신으로 쉴 수 있습니다. 금식은 하나님께서 우리를 위해 일하시도록 우리의 방식을 하나님께 강요하는 것이 아닙니다. 오히려 금식은 하나님께서 이미 일하신 것을 확신하며 인내할 때 나타나는 것입니다. 하나님을 향한 신뢰를 표현하는 것입니다. 금식은 하나님의 능력이 역사하고 있으며 돌파가 임박했음을 우리에게 상기시켜주고, 우리의 육신이 이 사실을 받아들이도록 돕습니다.

셋째로, 한 사람의 행동이 훨씬 더 큰 그림에서 영향을 미칠 수 있습니다. 다니엘의 선택은 왕국 전체(많은 나라들과 사람들이 바사 군주의 영 아래 있습니다)를 향한 영원한 하나님의 계획을 확고히 했습니다. 다시 말해, 이 경우에 다니엘의 금식은 하늘에서 벌어지는 대결과 땅에서 일어나는 돌파에 중요한 영향을 미친 영적 전쟁의 행동이었습니다. 우리의 생각과 행동의 광범위하고 우주적인 영향력은 지상층에서 볼 때 항상 명백하지는 않습니다. 일상은 보통 우리에게 완전한 관점을 제공하지 않습니다. 그럼에도 불구하고, 우리의 삶이 이 땅에서 아무리 모호하게 느껴질지라도, 우리가 하나님과 맺는 관계의 영향력은 막대합니다. 우리에게 주어진 전투의 중요성을 과소평가해서는 안 됩니다. 교회에는 2군 팀이 없습니다. 그리스도를 따르는 모든 이들은 메이저 리그에서 뜁니다.

넷째로, 금식의 유익은 영적인 해답을 구하는 것에 우리의 몸을 참여시키는 것에 있습니다. 우리의 몸을 참여시키는 것은 중요합니다. 우리는 영적인 존재일 뿐 아니라 물질적인 존재이기 때문입니다. 우리는 물질적인 차원에서, 즉 오감으로 인지하고 해석할 수 있는 존재의 영역에서 삶을 경험합니다. 그러나 우리의 몸은 하나님께서 우리 안에 직접 생기를 불어넣어주신 영으로 말미암아 활기를 얻습니다(창2:7). 우리의 몸과 영은 결국 지성과 감정, 의지로 구성된 혼에 의해 연결됩니다. 사도 바울은 사람이 이렇게 설계된 것을 분명히 하며, 이렇게 기도했습니다. “평강의 하나님이 친히 너희를 온전히 거룩하게 하시고 또 너희의 온 영과 혼과 몸이 우리 주 예수 그리스도께서 강림하실 때에 흠 없게 보전되기를 원하노라”(살전5:23).[2]

우리의 일부분은 흙이고, 일부분은 영입니다. 우리를 구성하는 각 요소들은 인간으로서의 경험에 독특한 기여를 합니다. 그러나 틀림없이 우리는 몸을 통해 세상과 상호 작용합니다. “너희 몸은 너희가 하나님께로부터 받은 바 너희 가운데 계신 성령의 전인 줄을 알지 못하느냐 너희는 너희 자신의 것이 아니라 값으로 산 것이 되었으니 그런즉 너희 몸으로 하나님께 영광을 돌리라"(고전6:19-20). 하나님께서 우리의 영혼만 구속하시거나 마음만을 새롭게 하라고 명령하신 것이 아닙니다. 하나님의 영이 거하시고 나타나실 몸으로 우리의 몸을 사 주셨습니다.

C.S. 루이스C.S. Lewis의 고전적인 소설 스크루테이프의 편지The Screwtape Letters에서 그는 영적 전쟁에 우리의 몸이 참여하는 것의 가치를 묘사합니다. 이 짧은 소설에서 루이스는 경험이 많은 마귀 스크루테이프가 그의 조카이면서 견습생인 웜우드에게 보내는 편지를 상상해서 썼습니다. 스크루테이프는 견습생에게 초신자의 영혼을 안심시키는 방법을 가르칩니다. 어떤 한 메모에서 스크루테이프는 웜우드에게 모순을 제시합니다.

> 적어도 몸의 자세가 그들의 기도에 아무런 영향을 주지 못한다고 설득할 수 있다. 그들은 걸핏하면 잊어버리지만, 너는 반드시 기억하고 있어야 할 것은, 그들은 몸이 하는 모든 일이 영혼에 영향을 주는 동물이라는 것이다.[3]

단기간 동안 몸을 굶기는 것이 영혼을 강하게 합니다. 나무의 가지를 쳐서 더 많은 열매를 맺게 하는 것과 같은 방법입니다. 우리 스스로를 굶길 때, 하나님께서 우리에게 만족을 주실 것입니다. 다니엘은 영적인 해답에(스스로 만들어낼 수 없는 해답에) 굶주렸습니다. 그래서 하나님의 응답이 오기까지 그의 몸을 배고픈 상태에 두었습니다. 그런데 하나님은 다니엘이 금식을 했기 때문에 답을 주신 것이 아니었습니다. 다니엘이 기도하기 시작한 그 순간에 응답하셨습니다. 다니엘의 금식은 하나님을 향한 그의 필요를 물리적으로 표현한 것이었습니다. 하나님과 친밀했던 다니엘은 자신의 힘으로는 만족할 수 없음을 알고 있었습니다. 다니엘의 금식이 가르쳐 준 교훈이 있습니다−그의 금식은 진리를 현실 세계로 가져왔습니다. 그와 같이 할 때, 우리는 현명한 것입니다.

금식은 복종의 지극히 전형적인 예입니다. 우리의 육이 혼(의지)에 극단적으로 복종하고, 혼은 하나님께 복종합니다.

이것에 대해 약간의 혼란이 있을 경우를 대비해서 명확하게 하고 싶은 것이 있습니다. 우리는 능력을 얻기 위해 금식하지 않습니다. 그건 자신들의 유익을 위해서 영을 조종하기 위한 시도로, 주술사들이 금식하는 방식입니다. 저는 이런 금식을 권하지 않습니다. 이런 금식이 옳다고 생각하지 않으며, 효과적이지도 않다고 믿습니다. 또한 예수님께서 어떤 종류의 귀신을 내쫓기 위해 금식이 필요하다고 명시하신 듯한 이야기가 복음서에 등장합니다. 이것을 10장에서 좀 더 깊게 다룰 것입니다. 그러나 지금 여기서는, 이렇게 해석하는 것이 정확한 것이 아니라는 말로 충분할 것 같습니다.

그렇다면 금식은 영적 전쟁과 어떻게 관련이 될까요? 이 책에서 우리는 영적 전쟁에 있어서 하나님의 마음과 뜻에 우리의 내면이 정렬되는 것의 중요성에 대해 긴 이야기를 나누었습니다. 야고보서 4:7에서 가르치는 원칙입니다. “그런즉 너희는 하나님께 복종할지어다 마귀를 대적하라 그리하면 너희를 피하리라.” 앞서 언급했듯이 하나님께(하나님의 권세 아래) 복종하는 것은 마귀의 영역에 대한 권세를 우리에게 부여합니다. 그래서 모든 영적 훈련들이 중요합니다. 금식은 복종의 지극히 전형적인 예입니다. 우리의 육이 혼(의지)에 극단적으로 복종하고, 혼은 하나님께 복종합니다. 이 지점에서 우리의 전 존재를 주님께 맞추는 것은 수월합니다. 육신이 연약해질 때, 우리가 영으로 더 큰 힘과 권세를 감지하기 시작하는 것은 참 역설적입니다.

다른 영적 훈련들

금식은 영적인 훈련 중 하나입니다. 이러한 행동들을 실행에 옮길 때, 우리는 삶에서 자신을 뒤에 두고 하나님을 앞에 모시게 됩니다. 성경은 이러한 훈련들을 많이 언급하고 있습니다. 훈련을 시작하기 위해, 삶의 양식으로 엮어 넣을 수 있는 열두 가지 일반적인 훈련들을 나열해 보겠습니다. 각각의 훈련은 자아의 특정한 측면을 목표로 합니다. 자신의 길에서 비켜서면, 하나님을 보는 것이 쉬워집니다. 하나님의 특정한 측면을 더 잘 조명하는 방법으로서 각각의 훈련을 이해할 수 있습니다. 우리가 한 영역에서 하나님의 성품을 배울 때, 그 영역에서 문제를 일으키는 유혹으로부터 자유로워지는 것을 보게 됩니다.

영적인 훈련은 두 종류로 깔끔하게 정리해볼 수 있습니다: 자기를 부인하는 훈련과 참여하여 행동하는 훈련입니다.[4] 두 그룹에 속하는 훈련 몇 가지를 나열해 보겠습니다.

자기를 부인하는 훈련

- **고독** - 하나님과 독대하기 위한 특별한 의도를 가지고 사람들에게서 떨어져 시간을 보냅니다. 이 훈련을 통해 주님으로부터 듣는 것을 가로막거나 초점을 흐리는 것들을 끊습니다. 자신을 부인해

다른 누구보다도 하나님과 함께 시간을 보냅니다.

- **침묵** - 자연적으로 고독과 동반됩니다. 우리의 환경과 마음이 고요할 때, 우리는 "잠잠하고 세미한 음성"을 더욱 명확하게 듣게 되고, 성령께서는 종종 이렇게 말씀하기로 선택하십니다(참고: 왕상19:11-13). 침묵의 훈련을 통해 우리는 하나님의 음성을 제외한 다른 소리들을 듣지 않기로 결정합니다.
- **금식** - 일정 기간 동안 의도적으로 음식이나 음료(혹은 음식과 음료)를 거절합니다. 분방(고전7:5), 다양한 미디어나 다른 오락과 같은 활동을 자제하는 것을 포함할 수도 있습니다. 우리가 금식할 때, (신체적, 혹은 정신적으로) 어떤 영양분을 절제하고, 하나님의 임재와 말씀으로 하나님께서 우리에게 공급해주시는 영양분을 받습니다.
- **희생** - 우리의 기본적인 필요를 채우고자 필요한 것을 자신을 위해 취하지 않고, 시간, 재능, 또는 소중한 것을 주는 훈련입니다. 재정이나 앞서 언급한 것들을 희생하는 것은 하나님께서 부족한 것을 채우신다는 신뢰를 필요로 합니다. 그리고 이러한 희생은 하나님께서 받으시기 위해 준비하시고 기다리시는 것으로, 우리에게는 도전이 됩니다.
- **비밀** - 우리의 영적인 삶이나 관대함에 대해 다른 사람에게 알리지 않습니다(참고: 마6:3). 이것은 고독과 연결됩니다(은밀히 기도하거나 익명으로 주는 등). 이 훈련을 통해, 오직 하나님만 들어오실 수 있는 우리 삶의 (의로운) 부분이 있어, 그 안에서 우리는 하나님과 더욱 친밀해집니다. 이 훈련 안에서, 하나님께서 우리에게 부여하시는 신용을 제외한, 활동으로 인해 얻는 다른 모든 신용에 대해 자기를 부인합니다.

- **복종** - 하나님의 뜻이 이루어지는 것을 위해, 특정한 의도를 가지고 자원하여 자신의 의지를 순종하여 드립니다. 복종함으로 하나님께서 원하시는 것을 제외한 다른 갈망을 만족시키는 것에 대해 자기를 부인합니다.

참여하는 훈련

- **성경 공부** - 특정한 본문의 내용을 이해하고, 저자의 의도를 배우고, 전체적인 주제를 밝히고, 말씀을 외우기 위해 성경 말씀을 읽습니다. 성경 말씀을 공부함으로, 우리는 하나님의 영감이 있는 말씀에 마음을 쏟고, 우리의 마음을 새롭게 하여 그리스도를 닮아갑니다.
- **예배** - (인자하심, 선하심, 아름다움 등) 하나님의 신성한 성품으로 인해 하나님께 감사와 경배를 드립니다. 예배는 노래, 예식, 혹은 고요함의 형식까지도 취할 수 있고, 홀로 드리는 예배와 회중이 함께 드리는 예배로 드릴 수 있습니다. 예배는 종종 항복의 표현으로 손을 들거나, 무릎을 꿇거나, 고개를 숙이고 바닥에 엎드리는 등의 몸의 표현을 수반하곤 합니다. 예배를 통해, 우리는 하나님의 임재에 연결됩니다.
- **기도** - 하나님과 대화합니다. 특별히 우리의 영적, 정신적, 신체적, 사회적, 재정적인 필요를 충족하기 위해 하나님께 의존하는 것을 인지하며 하나님과 대화합니다. 기도로 우리는 하나님의 인격과 하나님의 뜻, 능력에 참여합니다.
- **묵상** - 바울은 묵상을 '위의 것을 생각하는 것'이라고 설명했습니다. 가장 일반적인 방법이 성경 말씀을 되새기는 것일 겁니다—하

나님의 말씀을 깊이 생각하고 숙고하며, 하나님께서 그 말씀을 통해 우리에게 하시는 말씀에 귀를 기울이는 것입니다.

- **공동체** - 다른 믿는 자들과 교제하고, 함께 예배하고, 기도하고, 예언하고, 애찬을 나누기 위해 모입니다(행2:42; 고전11:17-14:40). 우리는 다른 믿는 자들과 가족처럼 연결이 되어 서로를 격려하고 서로에게 책임을 다할 필요가 있습니다. 성경은 우리에게 손 대접하기를 힘쓰고(롬12:13), 서로 복종하고(엡5:21), 죄를 서로 고백하라고 명합니다(약5:16; 요일1:9). 진정한 공동체를 이루는 것은 오늘날 교회의 영적인 삶에 가장 큰 필요 중 하나이고, 영적 전쟁에 가장 효과적인 무기 중 하나입니다(롬16:20; 엡4:7-16).
- **성찰** - 우리의 삶에서 성령께서 하신 일을 발견하고 감사하기 위해 자신의 내면을 감찰해봅니다. 놀랄 만큼 즉각적으로 적용이 되었던 말씀의 본문이나, 믿는 친구의 일화나, 우리의 믿음을 나누게끔 이끌었던 감동을 생각해 볼 수 있습니다. 어떤 경험이든 하나님께서 우리 안에 하고 계신 일과 관련이 있을 수 있습니다. 성찰을 통해, 하나님께서 우리에게 지속적으로 행하고 계신 개인적인 구속에 참여하게 됩니다.
- **섬김** - 우리의 시간, 재능, 재물을 다른 사람의 필요를 채우기 위해 줍니다. 가난한 자에게 먹을 것을 주고, 집이 없는 사람들을 도우며, 교회의 예배를 준비하고 정리하는 일을 섬기는 등, 자원해서 드리는 노력; 십일조를 드리는 것; 단순히 동료와 점심을 나누어 먹는 것까지도 포함합니다. 섬김을 통해, 우리는 하나님의 겸손하고 이타적인 성품에 참여하고, 세상과 소통하시는 하나님의 방식에 참여합니다.

몸을 단련하는 것과 마찬가지로, 영적인 훈련도 처음에는 지칠 수 있습니다. 서서히 시작해서 강도를 높이는 것이 좋습니다. 5분 동안 기도하는 것이 기도하지 않는 것보다 훨씬 좋습니다. 한 구절의 말씀을 읽는 것이 말씀을 전혀 읽지 않는 것보다 훨씬 좋습니다. 예배 시간에 20분 늦어 예배당의 맨 뒤에 앉아있는 것이 예배에 참석하지 않는 것보다 훨씬 좋습니다! 어떻게든 시작을 해야 합니다. 뉴욕 양키스의 전설적인 포수 요기 베라Yogi Berra가 말했습니다. "이론적으로는 이론과 실제에 차이가 없습니다만, 실제로는 차이가 있습니다."[5]

다시 말해, 가장 중요한 발걸음은 이러한 훈련들을 단순한 아이디어 상태에서 실제적인 행동으로 바꾸는 것입니다. 시작하십시오! 한두 끼니를 금식하거나 몇 구절의 말씀을 읽고 나서 그 열매를 한 번 경험하면, 더 원하고 있는 자신을 발견하게 될 것입니다. 하나님께서 당신의 작은 노력을 엄청난 은혜로 맞아 주실 것이고, 당신은 그 결과에 깜짝 놀라게 될 것입니다.[6]

토론을 위한 질문

1. 금식 때문에 하나님께서 기도에 응답하시는 것이 아니라면, 금식의 유익은 무엇일까요?
2. 스스로를 훈련하는 것이 항상 즐거운 것 같지는 않습니다. 어떻게 훈련을 지속할 수 있도록 독려할 수 있을까요?
3. 이 장에서 나열한 다양한 훈련들이 어떤 유혹으로부터 자유롭게 해줄까요? (예: 희생은 탐욕의 해독제이다.)
4. 영적 전쟁에서 우리의 육체는 어떤 역할을 할까요?

8장

애완 용 죽이기

구원의 완전한 목적은, 하나님께서 우리의 존재를 즐거워하시는 것과 같이, 우리도 인지할 수 있고 의식할 수 있는 하나님의 존재를 즐거워하게 되는 것이다. 우리가 의식할 수 있는 하나님의 임재를 즐거워할 때, 우리는 구원받은 목적을 이루어간다.

- A. W. 토저, '하나님의 임재를 경험하기' -

그리스도를 즐거워하는 것만이
우리를 하나님과 올바른 관계 안에 머물게 해준다.

- 에릭 길모어 -

잭 켄트Jack Kent는 용 같은 건 없어There's No Such Thing as a Dragon라는 어린이 동화책을 썼습니다. 빌리 빅시라는 소년에 대한 이야기입니다. 빌리는 어느 날 아침 깨어나 그의 방에서 용을 발견하고 깜짝 놀랐습니다. 아기 고양이만큼 작고 착한 용이었습니다. 아기 용은 친절했고, 빌리가 그의 머리를 쓰다듬을 수 있게 해줬습니다. 빌리는 작은 새 친구에 대해 누군가에게 몹시 말하고 싶었지만, 엄마에게 이야기했을 때, 엄마는 진지하게 말했습니다. "용 같은 건 없어!" 머지않아 용은 아래층에도 내려와 있었고, 심지어 부엌 탁자 위에도 앉아있곤 했습니다. 그런데 빌리의 엄마는 용을 무시했습니다. 엄마는 이미 용 같은 건 없다고 말했었습니다. 그렇다면 엄마는 이제 용에게 탁자에서 내려오라고 어떻게 말할 수 있을까요? 이야기는 용이 어떻게 성가시게 되었고, 어떻게 그토록 커져서 마침내 집 안을 가득 채우게 되었는지 계속 펼쳐집니다. 그런데 모두가 용을 무시했습니다. 빌리의 엄마는 계속해서 "용 같은 건 없어"라고 말했습니다. 마침내 용의 머리는 앞문 밖으로 튀어나왔고 꼬리는 뒷문 밖으로 빠져나왔습니다. 용은 너무 커졌고, 빵을 실은 트럭이 지나갈 때, 굶주린 용이 트럭을 쫓아 내려가는 바람에, 용은 빅시의 집을 달팽이 껍질처럼 등에 지고 다녔습니다.[1]

2018년 1월, 네셔널 지오그래픽National Geographic에 다음과 같은 제목의 사설이 실렸습니다. "8피트의 애완 뱀은 왜 그 주인을 죽였나." 그리고 계속해서 영국의 한 남자가 '타이니'라는 이름의 노란색 아프리카 비단뱀에게 살해를 당한 사건이 기록되어 있었습니다.[2] 이 치명적인 뱀은 한 때 작고 귀여웠습니다. 어린 아이도 쉽게 만질 수 있었습니다. 그런데 이 뱀이 자신을 키워주고 먹여준 사람을 마침내 죽일 때까지, 그 남자가 스스로 불러들인 비극을 아무도 알아채지 못했습니다.

사람들은 매일 자신의 괴물을 만듭니다. 대부분, 사람들을 파괴하는 이러한 것들은 작게 시작됩니다. 사람들이 이것을 심각하게 받아들일 때에는, 이미 엄청난 포식 동물로 자라나서 삶과 가족들을 마구 찢어 놓은 상태입니다. 그래서 솔로몬은 우리에게 경고했습니다. "포도원을 허는 작은 여우를 잡으라"(아2:15). 예수님도 죄의 작은 씨앗에 대해 우리에게 경고하시면서, 살인과 간음 같은 괴물이 분노와 정욕의 작은 애완동물에서 시작됨을 가르쳐 주셨습니다. 궁극적으로 우리를 파괴하는 이러한 것들은 우리 안에서부터 시작됩니다. 우리가 죄를 낳고 먹이고 키워서, 이 죄는 마침내 우리가 전투를 치르게 되는 용이 됩니다.

야고보 사도는 정확하게 이 과정이 어떻게 진행되는지 말해줍니다.

"사람이 시험을 받을 때에 내가 하나님께 시험을 받는다 하지 말지니 하나님은 악에게 시험을 받지도 아니하시고 친히 아무도 시험하지 아니하시느니라 오직 각 사람이 시험을 받는 것은 자기 욕심에 끌려 미혹됨이니 욕심이 잉태한즉 죄를 낳고 죄가 장성한즉 사망을 낳느니라"(약1:13-15).

욕심은 '죽이는 용'이 됩니다. 욕심을 가진 사람이 종종 (타이니의 주인처럼) 욕심을 애지중지하거나, (빅시의 엄마처럼) 욕심을 무시하고 부인하기 때문입니다. 이 세상에서 용을 상대해서 싸우는 전투는 사람의 마음과 생각에서 시작됩니다. 마음과 생각이 전투가 시작되는 곳이며, 또한 승리를 취해야만 하는 곳입니다. 우리는 세상을 바꾸는 일에 아주 열정적일 수 있는데, 우리의 마음이 먼저 변화되지 않으면, 우리는 그저 자신을 속이고 있는 것입니다.

마태복음 6장에서 우리는 주님이 가르쳐 주신 기도를 읽습니다. 여기서 예수님이 제자들에게 완벽한 기도의 본을 보이심으로써 기도를 가르쳐 주시는 것을 볼 수 있습니다. 저는 킹제임스 성경에서 10절을 번역한 것이 좋습니다. "나라가 임하옵시며 뜻이 하늘에서 이루어진 것 같이 땅에서도(in earth) 이루어지이다." 여기에서 "땅 위에on earth" 대신에 "땅 안에in earth"라고 적은 것을 주목해서 보십시오. 어쩌면 제가 원어의 의미보다 더 많은 의미를 부여하고 있는지 모르겠지만, 저는 제가 짚고자 하는 요점이 타당하다고 믿고 있습니다. 창세기 2:7에서 하나님께서 땅의 흙으로 사람을 지으셨다고 말씀합니다. 창세기 3:19에서 하나님께서 아담에게 말씀하시기를, 그가 흙으로 만들어졌으니 흙으로 돌아갈 것이라 하셨습니다. 우리는 땅입니다. 우리 모두는 하나님의 나라가 이 땅 *위에* 임하시기를 원합니다. 우리 모두는 하나님의 뜻이 이 땅 *위에* 이루어지기를 원합니다. 그런데 하나님의 나라가 이 땅 *안에* 임하시고, 하나님의 뜻이 이 땅 *안에* 이루어지기를 얼마나 고뇌하고 있습니까? 바로, 우리 안에 말입니다! 하나님께서 갈망하시는 땅은 우리입니다. 예수님께서 산과 들판을 위해 죽으신 것이 아니었습니다. 예수님은 인간을 구원하기 위해 죽으셨고, 인간의 질그릇을 그리스도의 영으로 채우셨습니다.

제가 어렸을 때에, 저는 침대 아래에 있는 괴물에 대해 걱정했습니다. 제가 성인이 되었을 때, 저는 괴물이 제 자신이라는 것을 깨달았습니다.

만약 그렇다면, 전쟁이 주로 사람의 마음 안에서 일어나는 것은 놀랍지 않습니다. 제가 어렸을 때, 저는 침대 아래에 있는 괴물에 대해 걱정했습니다. 제가 성인이 되었을 때, 저는 괴물이 제 자신이라는 것을 깨달았습니다. 세상에 문자 그대로의 용은 존재하지 않습니다. 그러나 사람들 안에 많은 괴물들이 살고 있습니다. 예레미야 17:9은 말씀합니다. “만물보다 거짓되고 심히 부패한 것은 마음이라 누가 능히 이를 알리요마는.” 이 세상의 모든 악은 사람들의 마음을 통해서 옵니다. 물론, 설명할 수 없는 자연 재해나 질병, 비극적인 일들이 일어납니다. 그러나 이러한 일들은 의도적이거나 악의가 있는 행동들이 아닙니다. 진정으로 악한 행동들은 인간을 통해서만 일어납니다. 알렉산드르 솔제니친Aleksandr Solzhenitsyn이 수용소군도The Gulag Archipelago에 이렇게 썼습니다. “선과 악을 나누는 경계선은 모든 인간의 마음을 가른다. 누가 자기 마음의 한 부분을 기꺼이 파괴하겠는가?”[3]

모든 사람이 삶의 어느 시점에는 용과 전쟁을 벌이는데, 어떤 사람들은 많은 전쟁을 치르게 됩니다. 때로는 악한 시대정신이 수백만의 목숨을 앗아가는 엄청난 악을 만들어내기도 합니다. 낙태, 인종차별, 성도착,

거짓 종교, 박해, 부패, 테러리즘은 우리의 세대가 싸우고 있는 용들입니다. 그러나 사실은, 우리가 맞닥뜨리는 대부분의 용이 우리의 바깥에 존재하는 형태는 아닙니다. 우리를 위협하는 대부분의 용들은 우리가 마음 속에 품고, 먹이고, 키운 것들입니다. 정욕, 교만, 탐욕, 모든 종류의 이기심, 미움, 책임을 회피함, 자기 훈련의 부족–이러한 것들이 보통 우리를 파괴합니다. 그리고 사실 이렇게 "작은" 내면의 용들이 앞서 언급한 거대한 외부의 적들이 됩니다. 낙태를 예로 들어–대량 학살의 용이 수억 명의 무고한 생명을 앗아갔습니다.[4] 본질적으로 이것은 편리의 제단에서 숭배하고자 한 결정이라고 결론지을 수 있습니다. 이것은 이 세대의 시대정신 중 하나로, 생명의 가치를 경시하고 쾌락을 극도로 사랑하는 것입니다.

아돌프 히틀러Adolf Hitler와 같은 진짜 괴물을 예로 들어보면, 그는 수백만 명의 무고한 사람들을 죽였고, 셀 수 없는 인생을 파괴했으며, 무분별한 잔혹 행위로 세상을 바꾸어 놓았습니다. 이 세상의 뇌리에서 떠나지 않는, 이보다 더 흉측하고 위협적인 용은 없었습니다. 그러나 한 때는 그도 순진한 어린 아이였습니다. 삶의 어디에선가 그의 마음 속에 한 생각이 자리잡았고 그를 변화시키기 시작했습니다. 어쩌면 마음이 상하는 어떤 일로 인해 쓴 마음을 심었을 것입니다. 어쩌면 누군가가 유창한 말로 미움을 토해내는 것을 들었을지도 모릅니다. 그것이 무엇이었든지, 그의 살인적인 분노는 그 근원이 있습니다. 그 씨앗에서 증오 가득한 용이 싹이 나고 자라나, 세상을 유린하고 수백만의 생명을 죽였습니다.

나치의 악몽을 만들어 낸 악이 누군가의 생각에서 시작된 것처럼, 그것을 격파한 용기 있는 행동들도 누군가의 생각에서 시작되었습니다. 작전 개시일이었던 1944년 6월 6일, 노르망디 해변에 들이닥친 젊은 남자들의 생각 속에 어떤 일이 벌어지고 있었을지 상상해 보십시오. 육해군을 태운 함대의 등불이 피에 젖은 모래 위를 비추었을 때, 그들은 앞을 보았고 대학살 외에는 아무것도 보이지 않았습니다. 수천의 형제들이 해변에서 이미 죽었거나 부상을 당해 있었습니다. 모든 생존 본능과 살고 싶은 열망을 뒤로 하고, 그들은 거대한 악에 대항해 싸우기 위해 위험 속에 몸을 던졌습니다. 제2차 세계 대전은 보통 하나의 큰 전쟁으로 보이지만, 실제로는 수백만의 생각에서 벌어진 수백만 개의 전쟁이었습니다. 악을 완전히 패배시키기로 결심한 수백만 명의 남자와 여자가 그들 자신 안에 있는 두려움과 비겁함의 용에 맞서 싸우는 것에서부터 시작해야 했습니다.

중요한 질문으로 돌아가봅시다. 당신의 애완 용을 어떻게 죽일까요? 그 용이 타이니처럼 사람을 먹는 살인적인 뱀으로 자라났든지, 빌리 빅시의 용이 시작했던 방식으로 여전히 고양이만한 크기이든지, 애완 용을 이기고 승리할 수 있는 지혜로운 조언이 몇 가지 있습니다.

어릴 때 잡아라

용을 죽이는 가장 쉬운 방법은 명백하게 그것이 여전히 알 속에 있을 때 박살내는 것입니다. 잉태 기간에 그것을 죽일 수만 있다면, 당신은 결코 괴물과 전쟁을 하게 되지 않을 것입니다—그리고 덤으로 스크램블 된 알을 즐기겠지요. 큰 것들은 작게 시작합니다. 큰 중독은 단순한 호기심에서 시작됩니다. 큰 죄들이 작은 씨앗으로부터 자라나는 것을 이미 이야기했습니다. 당신이 스스로에게 정직할 수만 있다면, 당신은 자주 무슨 일이 벌어지고 있는지 깨닫게 될 것입니다. 당신이 괴물을 애지중지하기 시작한 것을 깨달을 때, 빨리 그것을 죽이십시오!

저는 이발하는 것을 항상 싫어했습니다. 이발을 해야 할 때마다, 그저 빨리 끝내버립니다. 머리카락이 셔츠 안에 떨어져서 가려운 것이 싫고, 40분 동안 한담을 해야 하는 것도 좋아하지 않습니다. 이발을 할 때 그 어떤 것도 즐겁지 않았습니다. 그런데 여러 해 전에 제가 미용실에 가기 시작하면서 모든 것이 달라졌습니다. 이 미용실에서 저를 담당한 미용사가 아주 매력적이었습니다. 대화를 나누는 것이 즐거웠고 저에게 아주 관심이 있는 듯했습니다. 그녀가 제 머리를 해줄 때, 시간은 날아갔습니다. 저는 두 달 정도 그 미용실에서 이발을 했는데, 매번 그 젊은 미용사와 대화하는 것을 즐겼습니다.

너무 많은 참사들이, 만약에 누군가가 작은 유혹을 가차없이 다루었다면, 고통 없이 피할 수 있는 것들이었습니다.

하루는 아침에 일어나 이발 스케줄이 잡혀 있는 것을 보았습니다. 제 마음이 조금 설레는 것을 느꼈습니다. 저는 깜짝 놀랐습니다. 항상 이발하는 것을 싫어했는데, 그 순간에는 이발을 기대하고 있는 것이었습니다. 왜였을까요? 그 매력적인 젊은 미용사를 만날 생각에 신이 난 것이었습니다. 그 때 저는 이미 결혼을 한 상태였고 아이들도 두 명 혹은 세 명이 있었습니다. 다른 여자와 시간을 보내는 것을 기대하고 있다는 사실이 저에게 경보를 울렸습니다. 무슨 일이 일어나고 있는지 깨달았습니다. 무언가 자라나고 있었습니다. 아직은 순수한 상태였지만, 제가 그 길로 계속 내려간다면, 어떻게 될지 생각만으로도 몸서리가 났습니다.

저는 미용실에 전화를 걸어서 약속을 취소했고, 다시는 그 곳에 가지 않았습니다. 그 상황이 결코 어떤 심각한 상황으로 발전되지는 않았을 것입니다. 그것을 충분히 알고 있습니다. 그런데 모든 불륜이, 되짚어 보면, 아주 작고 순수한 설렘에서 시작된다는 것도 알고 있습니다. 너무 많은 참사들이, 만약에 누군가가 작은 유혹을 가차없이 다루었다면, 고통없이 피할 수 있는 것들이었습니다.

이것을 우스꽝스러운 과잉 반응이라고 생각하는 사람들이 있을 것이라고 저는 확신합니다. 그러나 예수님께서 유혹을 어떻게 다루라고 가르쳐 주셨는지 기억해 보십시오—손이 당신을 실족하게 하면, 그것을 잘라버리고, 눈이 당신을 실족하게 하면, 빼어 내버리라고 하셨습니다(마 5:29-30). 저는 제 자신에게 정직했습니다. 제가 천하무적이 아닌 것을 알고 있습니다. 제 삶에 작은 용의 알이 자라나기 시작할 가능성이 잠복해 있는 것을 알았고, 그것을 재빠르게 철저히 해결했습니다. 만약에 당신은 그러한 유혹에 넘어갈 리가 없다고 생각한다면, 저와 당신보다 더 위대한 남자들과 여자들이 죄로 인해 파괴되었다는 것을 기억하십시오. 고린도전서 10:12은 말씀합니다. "그런즉 선 줄로 생각하는 자는 넘어질까 조심하라." 유혹에 대한 자신의 면역력과 자기 스스로를 지나치게 높게 생각하는 사람들은 스스로를 함정에 빠뜨리고 있습니다. 그래서 바울이 말합니다. "마땅히 생각할 그 이상의 생각을 품지 말고 오직 하나님께서 각 사람에게 나누어 주신 믿음의 분량대로 지혜롭게 생각하라"(롬 12:3).

무자비하라; 가두어두지 말라

우리가 죄를 관용하고 죄에 타협하는 이유는 이것들을 파괴적인 적으로 보지 않기 때문입니다. 그런데 이것들은 파괴를 가져오는 적이 맞습니다. 저는 최근에 신문에서 도덕적인 스캔들에 빠진 한 목사님에 대한 이야기를 읽었습니다. 그는 교회의 리더십에서 사임하게 되었고, 그 과정에서 모든 것을 잃었습니다—가족, 사역, 직업, 그리고 신뢰를 잃었습니다. 사임하는 마지막 주일에 그는 성도들 앞에 목사로서 섰습니다. 그는 눈물을 흘리며 자신이 가장 사랑했던 사람들을 포함한 모두를 실망시킨 것이 얼마나 미안한지 적은 글을 읽었습니다. 제가 신문에 옮겨 놓은 그의 글을 읽으면서, 그의 삶을 파괴한 이 용이 어디서 태어났을까 생각했습니다.

이와 같은 것들은 하룻밤 사이에 자라나지 않습니다. 이러한 것들은 종종 수년 간 먹여오고 아껴온 결과물입니다. 죄가 자라나기 전에 그것이 괴물이 될 것을 볼 수 있었다면, 그리고 그 길은 자신의 삶을 파괴하는 길인 것을 볼 수 있었다면, 그가 어떻게 대응했을지 궁금했습니다. 처음 음란한 생각이나 순간적인 공상을 한 후에, 갑자기 자신의 실패에 대한 환상을 보고 눈물과 후회로 마음이 산산조각 나는 사과문을 읽는 것을 보았다면 어땠을까요? 그가 그랬다면, 작은 죄에 대해 맹렬해졌을 것이라 생각합니다. 그 죄에 대해 난폭하고 잔혹해졌을 것입니다.

이것이 바로 예수님께서 아주 극단적으로 말씀하신 이유입니다. "만일 네 손이나 네 발이 너를 범죄하게 하거든 찍어 내버리라 장애인이나 다리 저는 자로 영생에 들어가는 것이 두 손과 두 발을 가지고 영원한 불에 던져지는 것보다 나으니라 만일 네 눈이 너를 범죄하게 하거든 빼어 내버리라 한 눈으로 영생에 들어가는 것이 두 눈을 가지고 지옥 불에 던져지는 것보다 나으니라"(마18:8-9). 예수님은 죄에 대한 우리의 태도가 얼만큼 잔혹해야 하는지를 표현하고자 하셨습니다. 이것은 부차적인 문제가 아닙니다. 별로 중요하지 않은 문제가 아닙니다. 죄는 우리의 삶을 이 땅에서뿐만 아니라 영원히 파괴할 수 있습니다. 그뿐 아니라 우리 주변에 있는 사람들의 삶까지도 파괴할 수 있습니다. 우리가 죄에 대해 옳은 관점을 갖는다면, 죄를 용인하는 것에 대하여 굉장히 무자비해질 수 있습니다.

하나님은 죄를 미워하십니다. 그 시작과 끝을 모두 보고 계시기 때문입니다. 하나님은 죄가 우리의 삶과 세상에 가져오는 손상과 파괴를 보고 계십니다. 우리의 삶 속에 살고 있는 그 작은 용들을 하나님의 관점으로 볼 수만 있다면, 그것들을 있는 그대로 볼 수만 있다면(불을 내뿜는 괴물이 만들어지고 있는 것을 볼 수만 있다면), 우리는 하나님께서 그러하신 것처럼, 그것들에 대해 무자비해질 수 있습니다. 우리의 삶에서 죄를 애지중지하거나 타협을 허용하고 있다면, 무언가 아주 위험하게 잘못된 것입니다. 죄에 대하여 아주 심각해야 합니다.

존재를 인정하기

만약에 내 용이 이미 제어할 수 없게 되었다면 어떻게 해야 할까요? 만약에 그 용이 수년 동안 자라나서, 머리가 세 개 달리고 자기 자리를 차지한, 다 커버린 존재라면요? 빌리 빅시에게는 용이 있다는 것을 인정하는 것이 열쇠였습니다. 용의 존재를 인정할 때마다 용은 점점 더 작아졌습니다. 단순하게 생각해서, 이것은 우리에게 문제가 있다는 사실을 인정하는 원칙일 뿐입니다. 알코올 중독자를 치료하는 12단계의 프로그램과 세상의 심리학자들도 사람들에게 자신의 문제를 인정하고 도움을 받기 원하는지 묻습니다. 자신의 문제에 대해 정직해지지 않는다면, 해결책이 절대 없습니다.

이것은 성경적인 원칙입니다. 야고보서 5:16은, “그러므로 너희 죄를 서로 고백하며 병이 낫기를 위하여 서로 기도하라 의인의 간구는 역사하는 힘이 큼이니라”고 말씀합니다. 왜 서로 죄를 고백해야 할까요? 우리가 스스로 책임을 지며 살 때, 다른 사람들로부터 도움과 은혜를 받을 수 있기 때문입니다. 이러한 투명함이 없으면, 죄는 어둠 속에 머뭅니다. 어둠 속에서 작은 용은 큰 용으로 자라납니다. 그런데 이 괴물들을 빛 가운데 가지고 나아오면, 이놈들은 죽기 시작합니다. 요한일서 1:7에서 말씀합니다. "그가 빛 가운데 계신 것 같이 우리도 빛 가운데 행하면 우리가 서로 사귐이 있고 그 아들 예수의 피가 우리를 모든 죄에서 깨끗하게 하실 것이요."

비밀 병기를 사용하라

세상의 다양한 신화 속의 용들은 전형적으로 일반 무기들에는 영향을 받지 않는 특성을 가지고 있습니다. 종종 특수하거나 마술적인 무기들로 이 용들을 무찌를 수 있습니다. 감사하게도 그리스도인들에게는 하나님께서 가장 험악한 뱀까지도 죽일 수 있는 초자연적인 무기들을 주셨습니다. 9장에서는 우리 전쟁의 강력한 무기들에 대해 이야기할 것입니다. 그러나 여기서는 유혹에 대항하는 강력한 비밀 병기를 소개할 것인데, 대부분의 그리스도인들은 이것을 잘 모르고 있는 것 같습니다.

7장에서는, 훈련의 중요성에 대해 이야기했습니다. 피할 수 없는 실제는 이것입니다. 용들은, 특히 큰 놈들은 쉽게 혹은 흔쾌히 죽지 않는다는 것입니다. 유혹은 저항해야만 하고, 때로는 싸워야 합니다. 거룩함과 성별이 없으면, 그리스도인들은 이내 유혹의 코일에 감겨 질식해버리고 맙니다. 여기서 당신은 질문할 수 있습니다: 어떻게 우리가 하나님께 항복하는 높은 경지에 도달할 수 있을까? 단순히 열심히 노력하면 되는 문제인가? 바리새인들이 가졌던 것과 같은, 복잡한 율법의 규제를 발달시켜야 할까? 수녀원이나 수도원에 들어가야 하나? 과연 어떻게 우리는 실제로 거룩하고 하나님께 성별 될 수 있을까?

이러한 투명함이 없으면, 죄는 어둠 속에 머뭅니다. 어둠 속에서 작은 용은 큰 용으로 자라납니다. 그런데 이 괴물들을 빛 가운데 가지고 나아오면, 이놈들은 죽기 시작합니다.

수도원 생활양식은 많은 이들이 교회 안에서 목격한 학대에 대한 경멸로 3세기와 4세기에 나타났습니다. 매우 신실했던 어떤 수도사들이 극도로 오랜 시간 동안 육체를 부인하고 스스로를 성별했습니다. 어떤 수도사들은 유혹을 물리치기 위해 얼음으로 목욕을 했습니다. 어떤 사람들은 손가락을 촛불에 올려놓고 말 그대로 태우기까지 했습니다! 어떤 이들은 스스로 거세하기도 했고, 자학을 행하는 것은 일반이었습니다.

성 시미언Simeon Stylites은 36년 동안 육척 높이의 기둥 위에서 철을 박은 깃을 목에 두르고 살았습니다.[5] 그의 제자 중 한 명도 68년 동안 그와 비슷한 기둥 위에서 살았던 것으로 알려져 있습니다. 아시시의 성 프란체스코Francis of Assisi는 "청빈 귀부인"을 아내로 삼았습니다(역주: 가난을 자기 사랑의 대상으로 삼았다).[6] 그는 심지어 먹고 있는 음식을 즐기는 아주 단순한 쾌락조차 부정했습니다. "그는 조리한 음식은 좀처럼 먹지 않았고, 만약 조리한 음식을 먹게 된다면 재를 뿌리거나 향신료와 차가운 물에 적셔서 먹었다."[7] 또 다른 수도사 안토니Anthony는 사막에서 85년 동안 홀로 살았습니다.[8]

이들은 스스로를 하나님께 성별하고자 시도했던 사람들 중에서 극단에 치우쳤던 몇 가지 예시일 뿐입니다. 그런데 이것이 하나님께서 우리에게 기대하시는 것일까요? 다른 사람들로부터 자신을 고립시켜 높은 곳에서 살거나, 고통과 절망에 이르기까지 우리의 몸에 벌을 주는 것이 과연 성별이 요구하는 것일까요? 하나님께서 우리에게 온전히 그분의 소유가 되라고 하실 때에, 이러한 것들과는 전혀 다른 것을 생각하신다고 저는 믿습니다—훌륭하고 아름답고 충만한 어떤 것을 생각하신다고 믿습니다.

신명기 6:5에서 하나님께서 이스라엘 백성에게 명령하십니다. "너는 마음을 다하고 뜻을 다하고 힘을 다하여 네 하나님 여호와를 사랑하라 [너의 전 존재로 사랑하라]." 하나님께서 사랑을 강조하셨다는 것에 주목하십시오. 진짜 성별은 오직 사랑에서 비롯되는 것을 하나님은 알고 계시기 때문입니다. 이러한 사랑은 하나님 한 분만으로 초자연적인 만족을 하게 하여, 죄의 위조된 즐거움을 무색하게 만듭니다. 하나님은 자해나 율법에 매인 것의 결과로 성별이 되지 않는다는 것을 아십니다. 성별의 열쇠는 사랑입니다—그저 아무렇게나 하는 사랑이 아닌, 마음과 뜻과 힘을 완전히 소멸하는 아주 열정적인 사랑입니다.

마치 신부가 신랑을 간절히 원하고 신랑의 사랑을 위해 모든 다른 것으로부터 스스로를 삼가듯, 그리스도를 가장 사랑하는 사람들은 그리스도께 가장 헌신되어 있습니다. 이러한 극단적인 사랑을 떠나서 우리가 진실되게 구별되거나 성별 될 수 없다는 사실을 하나님은 잘 알고 계십니다. 예수님께서 가장 큰 계명이 무엇인지 질문을 받으셨을 때, 하나님의 명령을 되풀이하신 이유가 이것입니다. "네 마음을 다하고 목숨을 다하고 뜻을 다하고 힘을 다하여 주 너의 하나님을 사랑하라 하신 것이요."(막12:30).

오늘날에도 이 명령은 유대교의 핵심이며, 종교적인 유대인들은 매일 쉐마 예식의 일부로 이것을 인용합니다. 이렇게 시작됩니다. "이스라엘아 들으라. 우리 하나님 여호와는 오직 유일한 여호와시라. 영원 무궁히 하나님 나라의 영광의 이름을 송축하라. 네 마음을 다하고 목숨을 다하고 뜻을 다하고 힘을 다하여 주 너의 하나님을 사랑하라."[9]

그런데 여기에 문제가 있습니다. 하나님을 사랑하라는 명령에도 불구하고, 진실한 사랑은 요구해서 얻어낼 수 있는 것이 아닙니다. 반복적으로 고백해서 만들어 낼 수 있는 것도 아닙니다. 우리는 관계할 수 있고, 알 수 있는 누군가를 사랑합니다. 우리가 볼 수 있고, 느낄 수 있고, 아는 누군가를 사랑합니다. 어떻게 우리가 우주적이고, 하늘에 계시며, 보이지 않는 분을 진정으로 사랑할 수 있단 말입니까? 그분은 우리와 아주 다르시고, 우리가 이해할 수 없으며, 만질 수도 없는 분이십니다. 우리의 마음과 목숨과 뜻과 힘을 다하여 하나님을 사랑하라 하신 명령은 예수님이 오시기 전에는 사실상 이루기 불가능한 것이었습니다. 우리가 예수님을 보았을 때, 우리는 하나님을 사랑하게 되었습니다. 갑자기 우리는 하나님과 관계할 수 있게 되었습니다. 사랑이 가득한 예수님의 눈을 보았을 때, 병든 자를 긍휼히 여기시는 예수님을 보았을 때, 예수님의 자비와 용서의 말씀을 들었을 때, 채찍에 맞아 피범벅이 된 채 로마의 십자가에 달리신 예수님께서 나를 위해 죽으시며, "아버지, 저들의 죄를 용서하여 주옵소서"라고 기도하시는 것을 보았을 때, 우리는 이 십자가 사랑에 반응하여 온 마음과 목숨과 뜻과 힘을 다하여 하나님을 진정으로 사랑하기 시작합니다.

단순히 이것이 명령이기 때문에 하나님을 사랑하는 것은 아닙니다. "우리가 사랑함은 그가 먼저 우리를 사랑하셨음이라"(요일4:19). 19세기의 설교가 찰스 스펄전Charles Spurgeon이 말했습니다. "우리와 같은 자들이 감히 예수님을 사랑하게 된 것은 얼마나 경이로운 일인가! 우리가 그분을 향해 반역했을 때에 그 놀라운 사랑을 보이심으로 우리를 다시 그분께로 찾아 주신 것이 얼마나 놀라운가! 우리를 향한 하나님의 사랑의 씨앗이 우리 안에 심겨지지 않았다면, 우리는 하나님을 조금도 사랑하지 못했을 것이다."[10]

하나님은 우리의 사랑과 헌신을 요구하실 모든 권리를 가지고 계십니다. 왜냐하면 그분은 우리에게 진정한 만족을 주실 수 있는 유일한 분이심을 스스로 알고 계시기 때문입니다. 하나님께서 우리를 창조하실 때, 하나님 밖에서는 진정한 만족을 찾을 수 없게 하셨습니다. 진정한 만족과 기쁨은 오직 그리스도 안에서만 얻을 수 있습니다!

바실레아 슐링크Basilea Schlink가 이렇게 썼습니다:

> 예수님을 향한 우리의 사랑이 최우선순위에 있다면, 또한 둘 중에 하나를 선택해야 하는 상황에서 우리가 예수님을 선택한다면, 예수님만이 우리의 진정한 사랑, 우리의 첫사랑이 되신다. 예수님과 견줄 수 있는 것은 아무것도 없기에, 예수님께서 우리의 사랑에 대해 그러한 요구를 하실 수 있는 모든 권리를 가지신다. 예수님만큼 지극히 영광스럽고, 위대하면서도 매력적인 분은 없다. 그분의 사랑은 매우 강렬하지만, 매우 부드러우며 친밀하고, 매우 열정적이고 견고해서, 그 어떤 인간의 사랑도 그분의 사랑과는 결코 비교할 수 없다. 마치 내가 유일한 존재인 듯, 나를 그토록 신실하게 사랑하시는 분은 예수님뿐이다. 예수님만큼 우리에게 세심한 분은 없다. 예수님만큼 오로지 나를 위해 열려 있는 친구는 그 어디에도 없다. 예수님은 그분의 사랑으로 무엇을 주실 수 있는지 알고 계신다. 예수님은 우리에게 얼마나 깊은 행복을 주실 수 있는지 알고 계신다. 이것이 그분께서 우리에게 이렇게 말씀하실 수 있는 이유이다. "나에게 모든 것을 주렴. 너의 사랑 전부를 원한다. 내가 너의 첫사랑이 되어, 다른 모든 것을 뒤로 하고, 마치 이 땅의 신부가 그녀의 집과 고향, 원하는 모든 것을 떠나듯, 나에게 오렴." 예수님은 그 어떤 신랑보다 천 배나, 이렇게 말씀하실 수 있는 권리를 가지신다.[11]

17세기의 성직자 토마스 두리틀Thomas Doolittle의 말을 생각해봅시다: "그리스도가 우리의 사랑을 가지신다면, 그분은 우리의 전부를 소유하신 것이다. 그리스도께서 우리의 사랑을 가지시기 전에는, 결코 우리의 전부를 소유하실 수 없다. 그리스도께 진실하게 사랑이 드려질 때, 사랑은 그분께 아무것도 숨기지 않는다. 이 때에 그리스도가 우리의 시간을 소유하시고, 우리의 봉사를 소유하시며, 우리의 재능과 은사, 은혜 전부를 소유하실 것이다! 그리하면 그분이 원하실 때에 그분은 우리의 재산과 자유, 우리의 생명마저도 가져가실 수 있다."[12]

거룩해지려면

그리스도를 향한 사랑이 다른 모든 것을 향한 갈망을 뛰어넘는 경지에 이른 사람에게는, 하나님의 임재만이 그를 만족시키고, 하나님의 뜻이 그의 기쁨이 됩니다. 이 만족의 경지가 바로 진정한 성별이 태어나는 지점입니다. 사람의 갈망이 그리스도 안에서 충족된다면, 그는 더 이상 죄의 쓴 맛을 갈망하지 않게 됩니다. 그러나 이러한 신성한 만족이 없으면, 죄의 쾌락이 주는 임시적이고 매력적인 만족을 끝없이 찾아 헤매게 됩니다.

배가 고플 때 먹는 음식이 훨씬 더 맛있게 느껴지는 것을 경험해본 적이 있나요? 배가 부를 때는 고급스러운 뷔페 앞을 지나가면서도, 그것을 조금도 원하지 않을 수 있습니다. 잠언 27:7에서 이렇게 말씀합니다. "배부른 자는 꿀이라도 싫어하고 주린 자에게는 쓴 것이라도 다니라."

하나님께서 우리를 창조하실 때, 우리 안에 하나님만이 채우실 수 있는 공간을 만드셨다는 말을 들어본 적이 있을 것입니다. 아우구스티누스Augustine는 이것을 이렇게 설명했습니다. "주님은 우리를 주님 자신을 위해 만드셨고, 우리의 마음은 주님 안에서 안식하기 전에는 쉼을 얻지 못한다."[13] 그런데 그 배고픔이 하나님으로 만족을 얻지 못한다면, 쓰디 쓴 죄악조차 식욕을 당깁니다. 하나님 안에서 영혼이 만족을 얻지 못한 채, 세상의 사치로 차려진 뷔페를 피하고자 필사적으로 노력하여 거룩해지려 한다면, 그 사람은 굶주린 상태가 되고, 죄의 유혹은 더욱 커져서 그 영혼을 향해 점점 더 큰 힘을 갖게 될 것입니다. 사랑이 없으면, 차라리 68년 동안 기둥 꼭대기에서 유혹을 피하며 사는 게 나을 것입니다. 그러나 하나님으로 충만하게 되면, 죄는 그 힘을 잃어버립니다. 하나님의 임재로 인한 궁극적인 기쁨으로 만족하게 되면, 그보다 못한 다른 것으로 당신의 시간을 낭비하고 싶지 않을 것입니다.

하나님은 우리의 사랑과 헌신을 요구하실 모든 권리를 가지고 계십니다. 왜냐하면 그분은 우리에게 진정한 만족을 주실 수 있는 유일한 분이심을 스스로 알고 계시기 때문입니다.

거룩함은 처량한 훈련이 아닙니다. 궁극적인 기쁨을 발견한 후에 따라오는 자연적인 결과입니다! 시편의 기자는 말했습니다. "그들이 주의 집에 있는 살진 것으로 풍족할 것이라 주께서 주의 복락의 강물을 마시게 하시리이다"(시36:8). 하나님은 즐거움을 반대하지 않으십니다. 오히려 하나님은 우리가 결코 알지 못하는 즐거움으로 우리를 만족시켜 주기를 원하십니다. 시편 16:11은 말씀합니다. "주의 앞에는 충만한 기쁨이 있고 주의 오른쪽에는 영원한 즐거움이 있나이다." 온전한 만족을 찾은 사람은 다른 곳에서 만족을 찾고자 두리번거리지 않습니다. 그리고 더 이상 그의 마음의 보좌에 어떤 경쟁자도 앉지 못합니다. 그 어떤 것도 그리스도와는 비교할 수 없음을 알고 있기 때문입니다. 바로 이렇게 우리는 성별되고, 구별되며, 거룩해집니다. 스스로를 학대하고, 잘라내고, 고행을 해서 되는 게 아닙니다. 오직 그리스도 안에서 온전히 만족함으로 가능합니다!

비범한 기술을 갈고 닦으며 인생의 여러 날을 보낸 성공한 피아니스트의 예를 들어봅시다. 친구들이 즐기는 것들을 포기하기 위해 얼마나 오랜 시간 자기를 부인했을지 생각해봅시다. 어릴 때에는 친구들이 밖에서 축구를 하는 동안, 그는 피아노 앞에 앉아 있었습니다. 친구들이 비디오 게임을 즐기는 동안, 그는 따분한 음계를 연습하고 같은 곡을 반복해서 연습했습니다. 그는 왜 다른 친구들이 즐기는 것을 자원해서 절제했을까요? 축구와 비디오 게임을 절제하기 위해 분투해야 했을까요? 그렇지 않습니다! 그의 동기는 더 큰 갈망에서 비롯되어, 그의 에너지는 더 갈망하는 것을 얻기 위해 집중되었습니다. 재미로 하는 활동이나 텔레비전 앞에 앉아 있는 것보다 더 나은 즐거움을 열망했습니다. 어쩌면 관중의 박수와 따뜻한 관심을 원했을 수도 있고, 단순히 음악을 사랑하고 음악에서 찾을 수 있는 영혼의 자유를 원했을 수도 있습니다. 동기가 무엇이었든지, 한 가지는 확실합니다. 그는 더 나은 기쁨을 위해 그보다 못한 즐거움을 포기했습니다.

친밀함을 경작하기

우리가 기도로 하나님과의 친밀한 삶을 경작하고, 하나님의 임재를 누리며, 하나님의 음성을 듣는다면, 하나님은 언제나 우리의 삶에서 용의 알이 숨어있는 곳을 보여주실 것이라고 저는 믿습니다. 하나님과 친밀하고 하나님의 인도하심에 순종하는 사람이 용을 먹이고 기르는데, 하늘 아버지께서 그것을 보시고 아무 말씀도 하지 않으시는 것은 말이 되지 않습니다. 그런 일은 절대 일어나지 않습니다. 용을 기르는 그리스도인들은 다음의 두 가지 이유로 그렇게 됩니다.

1. 예수님과 시간을 보내지 않습니다. 주님과 절대로 친밀하지 않고, 주님의 말씀을 듣지 않습니다. 우리가 듣기 위해 시간을 드리기만 한다면, 하나님은 우리에게 많은 것을 말씀하실 것입니다.
2. 순종하지 않습니다. 하나님의 음성을 듣는 것과 순종하는 것은 별개입니다.

아마도 당신은 마귀를 이기는 비밀을 찾고자 기대하며, 이 책을 읽고 있는지도 모르겠습니다. 영적 전쟁에 있어서, 대부분의 그리스도인에게 훨씬 더 효과적인 것은 단순히 예수님을 더 사랑하는 법을 배우는 것입니다. 예수님의 발 아래 앉아 그분의 임재를 마시는 것입니다. 그분을 신뢰하는 법을 배우고 사랑으로 그분께 복종하는 것이 논리정연한 영적 전쟁 기도보다 훨씬 더 강력합니다. 다음 장에서 기도에 대해 조금 더 이야기할 것입니다. 그리고 기도를 통해 하나님과의 친밀함을 경작하는 방법을 이야기할 것입니다. 우리가 그리스도와 친밀한 것보다 사탄이 더욱 두려워하는 것은 아무것도 없습니다. 모든 영적인 훈련과 중보기도 가운데 가장 중요한 것을 잊지 마십시오. 단순히 그리스도와 함께 머무십시오. 예수님과 친밀해질 때 당신이 싸우고 있는 전쟁의 많은 부분이 저절로 그 중요성과 힘을 잃어버리게 될 것입니다.

토론을 위한 질문

1. 유혹에 맞서는 우리의 비밀 병기는 무엇인가요?
2. 하나님께서 우리가 하나님을 누리기 원하신다는 것을 어떻게 알 수 있나요?
3. 당신이 하나님 안에서 깊이 만족하고 있다면, 어떤 방법이 있는지 나누어봅시다.
4. 하나님을 누리지 않고, 하나님의 임재 안에서 시간을 보내지 않으며, 하나님 안에서 만족을 찾지 않는 사람이 있다면, 어떤 조언을 줄 수 있을까요?

9장

전쟁의 무기

우리는 전능하신 하나님의 대리인이다. 제한이 없는 능력이
우리의 손가락 끝에 있음을 뜻한다. 하나님 나라에서 일하는
위대한 사람은 없다는 것을 또한 의미한다. 어린아이와 같은
믿음을 가진 사람 안에서 일하시는 위대한 하나님이 계실 뿐이다.
- 라인하르트 본케, '부흥, 성령의 축제' -

성령님은 단지 방언을 말하게 하거나 우리를 바닥에 넘어뜨리기 위해
오시는 것이 아니다. 영 안에서 춤을 추고 울게 하기 위해
오시는 것이 아니다. 성령님은 하나님의 권능이 우리의 삶에 살아서
나타나는 분이시며, 우리를 기름부으셔서 선한 일을 하게 하시고,
악한 자의 세력 아래 있는 자들을 치유하게 하시며,
예수 그리스도의 복음을 전파하게 하신다. 이것이 성령님의 목적이다.
- 카를로스 아나콘디아, '들으라, 사탄아!' -

충분한 분량을 들여 내적인 관점에서의 영적 전쟁을 살펴보았습니다 ㅡ우리 내면에서 일어나는 영적 전쟁입니다. 의도적으로 이렇게 접근했습니다. 내면의 전쟁은 대부분의 사람들이 간과하는 부분이고, 또한 대부분의 사람들이 넘어지는 부분입니다. 내면에서 패배하면, 결코 외부의 세상에 대해 권세를 갖지 못합니다. 생각을 바르게 하고, 하나님께 복종

하고, 하나님의 전신 갑주를 입고 나면, 이제 하나님의 나라를 세상의 모든 영역에 가져올 시간입니다. 5장에서 이미 다룬 것과 같이, 이것이 바로 하나님께서 우리를 부르신 사명이고 목적입니다.

고린도후서 10:4에는 강력한 문구가 삽입되어 있습니다. “우리의 싸우는 무기들은 육신에 속한 것이 아니요 하나님을 통해 강력해 견고한 진들을 무너뜨린다”(KJV 직역) 이 무기들이 무엇인가요? 어쩌면 즉시 에베소서 6장의 하나님의 전신 갑주를 떠올릴 수도 있겠습니다. 그러나 전신 갑주의 목록에는 단 하나의 공격적인 무기만을 포함하고 있습니다—성령의 검, 곧 하나님의 말씀입니다. 나머지 갑옷들은 순전히 방어용입니다(즉, 이것들은 무기로 취급되지 않습니다). 그러나 고린도후서 10장에서 바울은 견고한 진을 무너뜨리는 강력한 영적 *무기들*(복수)이 우리에게 있다고 말합니다.

그러면 이 무기들은 무엇인가요? 이 책의 6장에서 다루었듯이, 하나님의 전신 갑주에 대한 바울의 가르침은 너무 엄격하게 적용하도록 의도된 것이 아님을 기억하는 것이 중요합니다. 바울의 은유는 이사야 59:15-18의 하나님의 갑옷과 흡사합니다. 악과 불의에 맞서는 전쟁을 위한 준비를 나타냅니다. 영적인 전신 갑주를 입는 것이 악에 대항해 전쟁에 임하고 있음을 나타냅니다. 그런데 명백하게, 믿는 자들은 에베소서 6장에 나열된 것보다 더 많은 강력한 무기들을 무기고에 가지고 있습니다.

복음을 전파하는 것이 영적 전쟁에서 창의 끝입니다.

언제나 군사적인 은유를 사용하고 있지는 않지만, 성경 전반에서 나열하는 많은 덕목과 은사도 전쟁을 위한 강력한 무기가 됩니다. 예를 들어, 갈라디아서 5장에서 열매는, 성령께서 우리의 삶에 맺으시는 덕목들에 대한 은유로 사용되었습니다. 영적 전쟁에서 "열매를 맺는 것"보다 마귀가 더 두려워하는 것은 거의 없습니다. 이러한 덕목들은 어두움을 대항하는 강력한 무기들입니다. 악한 사고방식에 반대되는 것은 사탄의 어두운 통치를 정면으로 위협한다는 것을 기억하십시오. 즉, 우리가 그리스도와 같은 사고방식과 삶의 방식을 높일 때마다, 전쟁을 치르고 있음을 의미합니다. 모든 성령의 열매가 강력한 무기(사랑, 희락, 화평, 오래 참음, 자비, 양선, 충성, 온유와 절제)임을 의미합니다. 한 개의 장에서 모든 것을 논하기에는 너무 많은 전쟁의 무기들이 있습니다. 그 중에서 하나님께서 우리에게 주신 놀랍도록 강력한 세 가지 무기에 대해 이야기하고 싶습니다. 이것들은 "하나님을 통해 강력해 견고한 진들을 무너뜨립니다"(역주: "어떤 견고한 진도 무너뜨리는 하나님의 능력이라"-개역개정). 저는 지금 우리 내면의 전쟁보다는, 세상에서의 영적 전쟁에 집중하고 있습니다. 그렇지만 이러한 무기들은 외부 세상에서 작동하는 것처럼 우리의 개인적이고 내적인 싸움에서도 잘 작동합니다.

창의 끝: 작지만 치명적인 것

어떤 사람에게는 혼란스러울 수도 있는 문제 중 하나는 이것입니다. 예수님께서 죽으심과 부활을 통해 죄와 사망과 지옥과 무덤을 이미 이기셨는데, 왜 우리는 여전히 싸우고 있을까요? 보통 전쟁에서 승리하면, 싸움은 끝이 납니다. 이 질문은 우리를 매우 신나는 깨달음으로 이끌어줍니다. 예수님께서 영적인 세계에서 승리하신 전쟁은 이제 이 땅에서 선포되고 집행되어야 합니다. 하나님의 아들과 딸로서, 이것은 우리의 일입니다. 앞서 인간의 삶의 의미와 예수께서 우리를 구원하신 분명한 목적에 대해서 나누었던 것을 기억할 것입니다. 하와가 아담을 위한 배우자, 혹은 돕는 배필로 창조된 것과 같이 우리는 하나님을 돕는 배필로 창조되었습니다. 우리는 육체와 영혼을 가진 존재로 창조되었기 때문에 한 손으로는 천국에 다른 손으로는 이 땅에 닿을 수 있습니다. 영적인 몸을 가지고 있는 천사와는 다르게(부활 후에 우리의 몸이 이와 비슷할 것입니다. 마태복음 22:30을 참고하십시오), 우리는 물리적인 입자인 흙으로 만들어진 몸을 가지고 있습니다. 그런데 그리스도를 죽은 자 가운데서 살리신 영이 하나님의 자녀들 안에 거하셔서, 하나님의 자녀들은 이 땅에서 그리스도의 성전을 이룹니다. 아담이 이 땅을 다스리는 권세를 받았던 것은 놀라운 일이 아닙니다. 우리는 전능하신 하나님의 이상적인 도구들입니다. 천사들(영적인 존재들)이 공중, 혹은 영계에 대한 권세를 받은 것과 같이, 인간(영적, 물질적인 존재들)은 이 땅, 혹은 물질 세계에 대한 권세를 받았습니다. 우리는 그리스도께서 십자가에서 이루신 승리를 우리의 책임 영역인 이 땅에 실현하는 임무를 받았습니다. 이것이 예수님께서 "온 천하에 다니며 만민에게 복음을 전파하라"(막16:15)고 말씀하신 이유입니다.

그리스도께서 우리에게 주시는 마지막 명령이 그분의 승리를 온 세상에 가져가는 것임을 주목하십시오. 그런데 예수님은 어떻게 이 일이 이루어질 수 있는지에 대해서도 구체적이십니다. 복음을 전파하는 것을 통해서 이루어집니다—이것이 영적 전쟁에서 창의 끝입니다. 많은 사람들에게 '복음을 전파하다preach'라는 단어는 종교적인 단어입니다. 정장이나 정교한 제의를 갖추어 입은 사람들이 주일 아침마다 종교적인 건물 안에서 하는 일로 생각합니다. 그러나 마가복음 16:15에서(그리고 복음서에서 서른 한 번이나 더 등장하는) 이 단어는 헬라어로 *kērysso*입니다. 이 단어의 뜻은 "헤럴드(메신저; 소식을 전하는 자)로서 선포하다; 공적인 소식을 큰 소리로 발표하다"입니다.[1] 이것은 예수님께서 누가복음 12:3에서 조용하고 개인적인 대화와 대조하시는, 큰 소리의 공적인 선포입니다: "너희가 골방에서 귀에 대고 말한 것이 지붕 위에서 전파되리라[*kērysso*̄]." 복음을 전파하는 것의 또 다른 단어는 *euangelizō*인데, "좋은 소식을 알리다"라는 의미입니다.[2] 이 단어는 공식적인 메신저가 전쟁에서의 승리, 적으로부터 자유, 혹은 왕위의 계승과 같은 중요한 소식을 알릴 때 사용되었습니다.[3] 고대에는, 한 나라가 전쟁에서 승리했을 때, 공식적인 헤럴드들이 도시들에 승리를 알렸습니다. 이것이 이 단어들이 보여주는 그림입니다—적으로부터의 자유나 승리를 공식적으로 기쁘게 전하는 것입니다.

노예 해방 기념일

잘 알려지지 않은 미국의 기념일 중에 미국 텍사스 주의 노예 해방 기념일Juneteenth이 있습니다. 1865년 6월 19일을 기념하는 것으로, 텍사스 주의 노예 제도 폐지를 선언한 것입니다. 물론 더 잘 알려진 것은 모든 노예의 해방을 확실하게 했던 미국의 남북 전쟁입니다. '노예 해방 선언Emancipation Proclamation'은 1862년 9월 22일에 서명되었고, 1863년 1월 1일에 발효되었습니다. 그러나 그 당시에는 소식이 느리게 전해졌습니다. 라디오, 텔레비전, 인터넷이 없었습니다. 많은 경우에 소식은 사람 편에 전달되었습니다.

공식적으로 이 소식을 가장 마지막으로 듣게 된 주가 텍사스였고, 이 곳에는 약 25만 명의 노예가 살고 있었습니다. 그들은 법적으로 자유로웠지만, 여전히 노예로 살고 있었습니다. '노예 해방 선언'이 발효되고 나서 이년 반이 더 지나서, 고든 그레인저 소장Major General Gordon

Granger이 이천 명에 가까운 군인들을 이끌고 갤버스턴Galveston에 도착했습니다. 그들은 텍사스를 점거하기 위해 연방 정부로부터 보냄을 받았습니다. 1865년 6월 19일, 그레인저 소장은 갤버스턴의 애쉬턴 빌라 발코니에 서서 '일반 명령 3호General Orders, No. 3'를 읽고, 모든 노예의 해방을 선언했습니다.[4]

이것이 복음을 선포하거나 전하는 것(*kērysso* 또는 *euangelizō*)을 의미하는 아름다운 그림입니다. 우리는 죄와 사탄의 노예가 된 모든 사람들에게 자유를 선포하기 위해 보냄을 받았습니다. 이것은 사실 예수님께서 공생애의 시간 동안 하신 일이었습니다. 예수님은 이사야의 말씀을 읽으셨고 그 말씀을 스스로에게 적용하셨습니다:

> 주의 성령이 내게 임하셨으니 이는 가난한 자에게 복음을 전하게(*euangelizō*) 하시려고 내게 기름을 부으시고 나를 보내사 포로 된 자에게 자유를, 눈 먼 자에게 다시 보게 함을 전파하며(*kērysso*) 눌린 자를 자유롭게 하고 주의 은혜의 해를 전파하게(*kērysso*) 하려 하심이라
>
> – 누가복음 4:18-19

저는 사람들에게 복음을 전파하고, 아주 가끔은 복음을 한 번도 들어보지 못한 지역들에서도 복음을 전할 특권을 누립니다. 예수님께서 십자가에서 죽으신 이래로 이천 년 동안, 이러한 지역들에서 군림하는 악한 영이 한 번도 대적되지 않았다고 생각하면 놀랍습니다. 처음부터 악한 영들이 도전 받지 않고 다스려왔습니다. 두려움과 어둠에 노예가 된 사람들은 그들을 위해 승리가 이루어졌다는 사실을 들어본 적이 없습니다. 그들이 자유롭게 될 수 있다는 사실을 한 번도 들어본 적이 없습니다. 그

장소에 도착하면, 저는 제가 단지 성경 말씀을 가르치거나 사람들을 개종시키기 위해 그 자리에 있는 것이 아님을 감지합니다. 예수님께서 십자가에서 이루신 승리를 선포하고, 사람과 마귀 모두를 포함하는 청중에게 사탄의 통치가 패배했음을 전하는 헤럴드로서 저는 그 자리에 있습니다. 전쟁은 이미 이겼습니다. 그들의 자유를 위한 값은 그리스도의 보혈로 이미 지불되었고, 예수님께서 주님이십니다!

이것이 영적 전쟁이 아니라면, 뭐라고 말할 수 있을지 모르겠습니다. 우리가 승리의 자리에서 싸운다고 말할 때, 저는 바로 이것을 의미합니다. 우리는 사탄의 패배를 온 세상에 전합니다. 복음이 선포될 때, 하늘의 능력이 그 선포 위에 임하셔서, 말씀을 확정하시고 포로 된 자들을 자유롭게 하십니다.

이 책의 1장에서, 성경 말씀이 천사와 귀신에 대해 어떻게 말씀하는지를, 그들의 역할 및 관할권과 함께 보여드렸습니다. 그러나 비록 많은 흥미로운 단서들이 우리에게 꽤나 응집력 있는 그림을 그려준다고 해도, 우리가 여전히 알지 못하고 이해하지 못하는 것이 많이 있다는 사실을 인정해야 합니다. 영적인 세계가 어떻게 작동하는지에 대한 모든 내용을 아는 것이 중요했다면, 하나님께서 우리에게 더 많이 알려주셨을 것입니다. 하나님을 신뢰하고 순종할 수 있도록 하나님께서 우리에게 충분한 정보를 주신 것을 저는 발견합니다. 이보다 지나치게 짐작하면 안됩니다. 성경의 많은 신비를 지닌 채, 의심 없이 말씀에 순종하며 살기로 자원하는 것이 믿음의 일부분입니다.

사도행전 1장에서, 예수님께서 죽은 자들 가운데서 부활하시고 40일이 넘는 기간 동안 제자들에게 보이신 후에, 제자들은 예수님께 그 때에 "이스라엘 나라를 회복하실 것인지"(행1:6) 여쭈어봅니다. 자신들이 이 땅에 사는 동안 물리적인 나라가 회복되는 것에 대해 묻고 있었습니다.

예수님께서 대답하셨습니다. "때와 시기는 아버지께서 자기의 권한에 두셨으니 너희가 알 바 아니요 오직 성령이 너희에게 임하시면 너희가 권능을 받고 예루살렘과 온 유대와 사마리아와 땅 끝까지 이르러 내 증인이 되리라"(행1:7-8). 다시 말해서, 예수님은 아버지의 권한에 두신 때와 시기는 그들에게 상관하지 말라고 말씀하시는 것입니다. 예수님은 그들이 알 필요가 없는 것은 말씀하지 않으셨습니다. 대신에 예수님은 그들의 책임에 집중하라고 가르쳐 주셨습니다-성령의 권능을 받아 땅 끝까지 복음을 가지고 가는 것입니다. 이와 같은 원칙이 영적 전쟁에도 적용된다고 생각합니다. 우리가 상관할 바가 아니기 때문에 모르는 것이 너무 많습니다. 우리의 할 바는 능력으로 복음을 선포하는 것입니다.

저는 영적인 세계에 집착하는 신자들을 알고 있습니다. 대화를 할 때마다 그들은, 그 지역을 덮는 정사에 어떤 일이 일어나고 있으며, 어떻게 그들이 기도 모임과 땅 밟기와 영적 도해 등을 통해 그 정사와 싸우고 있는지를 말해줍니다. 이러한 것들이 복음전도와 병행되지 않는다면, 결국 어리석은 미신으로 귀결된다고 저는 생각합니다. 정사가 실제가 아니라고 말하는 것이 아닙니다. 반대로, 성경은 정사가 존재하며, 우리가 그들을 상대해 싸워야 한다고 분명히 말씀합니다. 그러나 우리는 그들이 무엇을 하며 어떻게 작동되는지 꼭 이해할 필요가 없고, 저는 그것이 우리가 상관할 바가 아니기 때문이라고 생각합니다. 추측과 공상에 불과한, 결국 아무 것도 아닌 것으로 이끄는 것에 사로잡히기보다, 싸우라고 명령받은 전쟁을 싸웁시다-복음을 전파하고, 병든 자를 고치고, 죽은 자를 살리며, 귀신을 쫓아내는 것입니다(마10:8).

저는 사탄의 통치가 흔들리는 것을 충분히 알 정도로, 선포된 복음의 엄청난 효력을 본 적이 있습니다. 사람들이 (큰 집회에서뿐만 아니라 음식점과 주유소, 식료품 가게에서) 성령 하나님의 능력에 압도되어, 거듭나고, 자유를 얻고, 기적적으로 치유를 받는 것을 보았습니다. 우리는 복음이 역사하는 것을 알고 있습니다. 세상에 복음을 선포하지 않고 영적 전쟁을 한다면, 우리는 행동함으로(혹은 행동하지 않음으로) 그리스도께서 이미 이루신 것보다 더욱 강력한 무언가를 할 수 있다고 내비치는 것입니다. 저는 기도와 중보기도를 좋아하지만, 복음전도가 없이 그 효력은 제한될 것입니다. 반면에, 기도와 중보기도를 복음전도와 병행한다면, 도시와 지역을 변화시키는 강력한 폭발을 보게 될 것입니다.

권능

앞서 언급한 노예 해방 기념일 이야기에서 흥미로운 점 한 가지는 '일반 명령 3호'를 공표한 사람이 그냥 메신저가 아니었다는 것입니다. 장군이었습니다—군인입니다. 그리고 그는 이천 명에 가까운 병력을 동반했습니다. 노예를 소유한 사람들이 노예 해방을 달가워하지 않을 것을 연방 정부는 알고 있었기 때문입니다. 비록 이들이 전쟁에서 승리했고 '노예 해방 선언'이 이미 효력이 있었지만, 필요하다면 힘으로 밀어붙일 준비가 되어있어야 했습니다. 텍사스는 접전 주가 아니었지만, '노예 해방 선언'이 적용되었습니다. 그레인저 장군은 전투를 지역 수준으로 가져가서, 그곳의 노예들을 실제로 자유롭게 풀어주었습니다. 이곳이 바로 노예 해방이 법적인 실제에서 물리적인 실제로 옮겨진 장소입니다. 장군의 뒤를 따랐던 군대는, 필요하다면 무력으로 노예를 해방하기 위해 그 자리에 있었습니다.

우리가 세상으로 복음을 가지고 나아갈 때, 우리는 그레인저 장군과 같은 상황에 처하게 됩니다. 십자가 위에서 그리스도께서 승리하신 것을 선포할 뿐만 아니라, 지역 차원에서 그리스도의 승리를 이루기 위해 그 지역으로 갑니다. 예수님께서 천국을 침노하는 자는 힘으로 빼앗는다고 말씀하셨습니다(마11:12). 복음이 나아가는 방식을 그림으로 그려주신 것입니다. 말뿐 아니라 힘도 요구됩니다. 사도 바울이 말했습니다. "내 말과 내 전도함이 설득력 있는 지혜의 말로 하지 아니하고 다만 성령의 나타나심과 능력으로 하여"(고전2:4). 그리고 또 말합니다. "하나님의 나라는 말에 있지 아니하고 오직 능력에 있음이라"(고전4:20). 이 두 개의 구절에서 모두 '능력power'이라는 단어는 *dynamis*입니다. 이 단어의 의미는 "능력, 힘, 강함, 세력, 혹은 역량"입니다.[5] 이것은 특별히 기적을 일으키는 능력에 관련해서 사용됩니다.[6] 우리는 지금 초자연적인 결과와 기적을 가져오는, 복음 선포에 따르는 능력에 대해서 말하고 있습니다! 우리는 이 능력을 어디서 얻습니까?

사도행전 1:8로 돌아가봅시다; 예수님께서 말씀하셨습니다. "오직 성령이 너희에게 임하시면 너희가 권능[*dynamis*]을 받고 예루살렘과 온 유대와 사마리아와 땅 끝까지 이르러 내 증인이 되리라." 성령을 부어 주실 때 그들이 권능을 받고 복음을 전하게 될 것이라고 예수님께서 약속하셨습니다. 이 약속의 성취는 몇 일 뒤 오순절 날에 일어났습니다. 우리는 이 성령의 부어 주심을 사도행전 2장에서 읽어봅니다. 사도행전 전체에 걸쳐 초대교회의 성도들이 이 소중한 선물을 받고, 또 받는 것을 읽어봅니다.

성령 침례가 무엇이고 어떤 의미가 있는지에 대해 많은 논의가 있습니다. 사람들은 성령 침례가 언제 일어나는지, 구원받은 다음에 일어나는지, 성령 침례를 받은 증거가 나타나는지, 그러면 그 증거는 어떤 것들인지에 대해 논쟁합니다. 저는 이 주제에 대해 다른 곳에서 깊이 있게 다루었지만, 이번 장의 목적을 위해, 제가 중요하다고 믿는 것을 여기에 적습니다. 예수님은 성령의 부어 주심이 권능(*dynamis*)을 동반한다고 말씀하셨습니다. 많은 그리스도인들이 이 능력을 모든 믿는 자들이 가지고 있는 것으로 여깁니다. 그들에게 이 능력은 실제적이고 경험할 수 있는 것이기보다 이론상의 능력에 가깝습니다. 아주 모호한 방식 외에는 삶에 영향을 미치지 않습니다. 그렇게 생각하는 분들을 위해, 두 가지를 짚고 싶습니다.

첫째로, 사도행전에서 성령의 충만을 받은 사람들 중에 성령을 깨닫지 못한 예는 없습니다. 성령 침례를 나타내는 표적이나 은사가 무엇인지에 대해 논하고 싶을 수도 있겠지만, 모든 경우에 그들이 성령 하나님을 경험한 것을 의식할 수 있었다는 점은 부인할 수 없습니다.

둘째로, 능력의 증거가 언제나 이러한 성령 체험에 동반되었습니다. 방언으로 말하고, 예언을 하고, 담대함을 얻는 등 어떤 증거가 있었습니다. 모든 경우에 능력은 분명히 나타났습니다.

성령 침례가 무엇인지 길고 세부적인 가르침으로 들어가지 않고, 단순히 모든 그리스도인들이 삶에서 권능을 받는 경험이 필요하다는 것을 말하고 싶습니다. 이것은 단지 이론적이고 신학적인 진리가 아니라 반드시 의식할 수 있는 것이어야 합니다. 이 권능은 하나님을 섬기기 위해 반드시 필요합니다. 타협할 수 없는, 우리의 전쟁을 위한 강력한 무기입니다. 또한 하나님의 자녀로서 우리가 받는 유업이기도 합니다.

효과적인 기도

영적 전쟁에 관한 이 책에서 제가 기도에 대해 나누기까지 오랜 시간을 끈 것에 대해 궁금하실 수 있습니다. 그리고 이 주제에 대해 아주 적은 공간을 할애하는 것에 놀라실 수도 있습니다. 영적 전쟁에 관한 대부분의 가르침은 주로 기도에 관한 것이고, 저는 기도의 중요성을 절대로 경시하고 싶지 않습니다. 저는 기도―특별히 중보기도―에 관해 한 권의 책을 썼고, 이 주제에 대해 더 깊게 보기 원하시는 분들을 위해 말씀을 드립니다.[7] 반면에, 우리는 이 책의 초반부부터 효과적인 기도를 위한 기초를 세워왔습니다. 인간을 악한 사고방식에 동의하게 만드는 사탄의 전략에 대해 이야기했습니다. 이런 사고방식의 결과로 유혹과 죄와 사망을 낳는 악한 욕구가 생깁니다. 이러한 사고방식의 영향력 아래 기도한다면, 그 기도는 효과적이지 않습니다. 요한 사도가 말합니다. "그를 향하여 우리가 가진 바 담대함이 이것이니 그의 뜻대로 무엇을 구하면 들으심이라"(요일5:14). 하나님의 뜻에 동의하는 것이 하나님께서 들으시는 기도에 담대함을 가져다주는 것을 주목하십시오. 다윗은 말합니다. "내가 나의 마음에 죄악을 품었더라면 주께서 듣지 아니하시리라"(시66:18). 보이십니까? 마음에 죄악을 품으면, 주께서 듣지 않으십니다.

당신은 가장 열정적인 기도의 전사일 수 있지만(하나님께 소리치며, 선포하고 명령하며, 묶고 풀고, 꾸짖고, 명명하고, 요구하고, 올바르게 밝혀내는), 마음이 사탄의 계획에 맞추어져 있다면, 당신의 호흡을 낭비하고 있는 것입니다. 하나님께서 당신을 무시하고 계시며, 사탄은 당신을 보며 웃고 있습니다. 사탄과 동의하고 있다면, 사탄에게 명령할 수 없습니다. 반면에, 당신의 마음이 하나님께 맞추어져 있고 하나님의 뜻에 항복한 상태라면, 한 방울의 뜨거운 눈물이 마귀의 척추를 부러뜨리는 기도가 될 수 있습니다.

이것이 야고보 사도가 우리에게 "의인의 간구는 역사하는 힘이 큼이니라"(약5:16)고 말한 이유입니다. *의*인의 기도를 언급하고 있는 것을 주목하십시오. '*의로운*'의 성경적인 정의를 살펴보겠습니다: "생각하고 느끼고 행동하는 방식이 하나님의 뜻을 온전히 따르고, 그러므로 그 마음이나 삶에 아무런 교정이 필요하지 않은 사람에게 사용."[8] 야고보 사도가 이것을 의미한 것인지 궁금하다면, 이 절의 앞부분에서 우리가 서로 죄를 고백하고 병이 낫기를 위하여 기도해야 한다고 말한 것을 생각해보십시오. 이 절 전체를 읽어보십시오. "너희 죄를 서로 고백하며 병이 낫기를 위하여 서로 기도하라 의인의 간구는 역사하는 힘이 큼이니라." 효과적인 기도에 앞서 마음을 올바른 곳에 맞추는 동의가 있어야 합니다.

성경에서 가장 유명한 영적 전쟁 기도 중 하나인 다니엘의 기도에서 우리는 이것을 분명하게 봅니다. 다니엘 10장에서 다니엘은 계시를 얻기 위해 금식하며 기도했습니다. 그가 힛데겔이라 하는 큰 강가에 서 있었는데, 아름답고 강력한 하나님의 사자가 그의 기도에 대한 응답을 가지고 왔습니다. 다니엘은 이 시점까지 21일 동안 금식과 기도를 해왔고, 하나님의 사자는 즉시 하나님의 응답을 가지고 보내심을 받았다고 말했습니다. 그러나 오는 길에, 사자는 방해를 받았고, 바사 왕국의 강력하고 악한 군주에게 붙잡혀 있었습니다. 가장 높은 군주 중 하나인 미가엘이 와서 그를 구해주고 악한 영의 저항을 대항해 전투를 했습니다.

이 천사가 다니엘의 기도를 설명한 방식에 집중하기 바랍니다. 그는 말했습니다. "네가 깨달으려 하여 네 하나님 앞에 스스로 겸비하게 하기로 결심하던 첫날부터 네 말이 응답 받았으므로 내게 네 말로 말미암아 왔느니라"(단10:12). 천사가 다니엘이 기도했던 말이나 그가 얼마나 큰 소리로 기도했는지에 대해 언급하지 않습니다. 다니엘의 마음과 생각이 하나님 앞에 어떤 자세였는지를 언급합니다. 그의 생각은 하나님으로부터 명철을 얻기 위해 고정되었고, 그의 마음은 겸손했습니다. 다니엘은 그 당시에 강력한 나라의 권력을 가진 사람이었습니다. 그 왕국을 덮는 악귀적인 영향력은 대단했습니다. 그러나 다니엘은 (만연해 있는 악한 시대정신의 통제를 받는, 이교도 이방 나라의 한 가운데서) 마음과 생각을 하나님께 맞출 수 있었습니다. 이것이 그의 말을 하나님께서 들으시고 응답을 보내주신 이유입니다.

당신의 마음이 하나님께 맞추어져 있고 하나님의 뜻에 항복한 상태라면, 한 방울의 뜨거운 눈물이 마귀의 척추를 부러뜨리는 기도가 될 수 있습니다.

성경은 예수님조차도 효과적으로 기도하시기 위해 하나님께 맞추어지는 것이 필요했다고 말씀합니다. 우리는 물론 예수님은 항상 하나님께 맞추어져 있었다는 것을 알고 있습니다. 예수님은 절대로 유혹에 넘어가지 않으셨고(히4:15), 적에게 어떤 여지도 주지 않으셨습니다(요14:20). 예수님은 오직 하나님께서 기뻐하시는 일만 행하셨습니다(요8:29). 그러나 여전히 히브리서의 저자는 이 진리를 반드시 예수님의 기도의 삶에 분명하게 적용해야 한다고 느꼈습니다: "그는 육체에 계실 때에 자기를 죽음에서 능히 구원하실 이에게 심한 통곡과 눈물로 간구와 소원을 올렸고 *그의 경건하심(역주: 경건한 복종reverent submission-NIV 직역)으로 말미암아 들으심을 얻었느니라*"(히5:7)

저자는 예수님이 하나님의 아들이셨기 때문에 들으심을 얻었다고 말하고 있지 않습니다. 그리고 예수님의 통곡이 열정적이었기 때문에 들으심을 얻었다고 말하고 있지 않습니다. 예수님의 통곡은 열정적이었고, 선했습니다. 그러나 그것이 예수님께서 *들으심*을 얻은 이유는 아닙니다. 저자는 예수님께서 들으심을 얻은 이유를 분명하게 말해줍니다: 예수님은 아버지께 완전히 지속적으로 순종하셨습니다. 예수님은 절대로 악한 자의 화살이 사고방식이 되도록 내버려두지 않으셨고, 아버지의 목적으로부터 결코 방향을 바꾸지 않으셨습니다. 예수님은 착한 아들과 같이 단순히 복종하셨습니다.

복종은 교만과 자신감을 무력화하고, 하나님의 권세를 풀어놓습니다. 이것이 바로 예수님의 기도가 그토록 효과적이었던 이유입니다. 예수님은 소리를 지르며 "전투 기도"를 하신 것이 아니었습니다. 예수님은 복종의 삶을 사셨고, 복종의 삶으로부터 나오는 기도를 올려드렸습니다. 그 결과로 모든 기도가 응답되었고, 모든 기도에 아무도 꺾을 수 없는 승리가 있었습니다.

야고보 사도를 다시 인용합니다: "그런즉 너희는 하나님께 복종할지어다 마귀를 대적하라 그리하면 너희를 피하리라"(약4:7). 하나님께 복종하는 것이 가장 먼저 있어야 합니다. 오직 그럴 때에만, 우리의 영적 전쟁에 능력이 있습니다. 마귀와 동의하고 있으면서 마귀를 대적할 수 없습니다. 그러나 우리가 하나님께 복종하게 되면, 그리스도의 생각을 갖게 되고 하나님의 뜻을 따라 기도할 수 있게 됩니다. 이 지점에 이르면, 기도는 상당히 단순한 활동이 됩니다—다른 종류의 의사소통만큼 직관적이고 자연스럽습니다.

직관적인 기도

저는 다섯 아이들의 아버지로서, 사람이 의사소통을 하는 존재로 태어났다고 말할 수 있습니다. 우리는 소리를 지르며 태어납니다. 단어와 문장을 떼고 나서, 마침내 지극히 중요한 두서없는 독백도 졸업합니다. 네 살짜리 딸이 아빠와 열 번 이상 함께 본 가장 좋아하는 영화에 대해 깊은 감동을 나누는 경험을 해보셨나요? 어린 아이가 작은 의사 전달자로 성숙해가는 것을 보는 것은 놀랍고, 이것은 부모의 진정한 기쁨 중 하나입니다. 우리는 그들에게서 우리 자신을 듣고, 그들에게서 우리 자신을 봅니다.

그 과정에서 우리는 (바라건대) 말하는 것뿐만 아니라 듣는 법을 배우고, 비언어적 신호들(얼굴 표정, 손의 움직임, 몸의 자세, 그리고 동공이 확장되는 미묘한 변화와 숨을 쉬는 패턴)도 배웁니다. 인간의 언어의 가능성은 끝이 없습니다. 언어학자들과 심리학자들은 인간의 언어가 "재생력이 있어, 한정된 수의 부분으로부터 무한한 수의 아이디어를 소통할 수 있다"고 말합니다. 언어는 또한 "순환하며, 제한 없이 언어 위에 언어를 세울 수 있습니다."[9] 우리는 이 능력을 타고납니다—우리의 DNA 안에 들어있습니다.[10] 우리는 심리적으로나 생물학적으로 언어를 가장 일반적인 형태로부터 가장 미묘한 형태까지 받아들이고, 이해하고, 전달할 준비가 되어 있습니다. 그리고 숨이 막힐 정도의 속도와 비상한 재주로 이것을 해냅니다. 요컨대, 언어는 인간을 구성하는 결정적인 요소입니다.

저는 이 능력이 우리 안에 있는 하나님의 형상을 나타내는 하나의 양상이라고 믿고 있습니다. 그렇다면, 우리는 의사소통을 하는 존재로 태어났고, 우리에게 기도보다 더 자연스러운 것은 없습니다. 기도는 단순히 하나님과의 의사소통이기 때문입니다. 기도에 대한 복잡하고 오랜 시간이 걸리는 가르침은 종종 의도한 결과에 역효과를 가져온다고 생각합니다. 이런 가르침들은 기도를 조명해서 사람들에게 영감을 주어 기도하게 하고자 합니다. 그런데 때로는 오히려 주제를 너무 어렵게 만들어서 많은 사람들의 기세를 꺾습니다. 예수님께서 하신 말씀을 기억해보십시오. 이방인들이 기도할 때, 그들은 "말을 많이 하여야 들으실 줄 생각"했습니다(마6:7). 그러나 예수님은 이것이 하나님께서 사람들의 기도를 들으시는 이유가 아니라고 분명하게 말씀하셨습니다. 우리가 여러 세미나를 다녔고 마음보다 내용이 많은 길고 복잡한 기도를 드릴 수 있기에 하나님께서 우리의 기도를 들으시는 것이 아닙니다. 예수님께서 이렇게 기도하는 자들을 본받지 *말라고* 말씀하셨습니다(마6:8).

그러고 나서 기도를 가르쳐 주십니다. 이 기도를 우리는 '주기도문'(마6:9-13)이라고 부릅니다. 이 기도에 '주기도문(역주: 주님의 기도The Lord's Prayer)'이라는 이름을 붙이는 것이 맞을지 잘 모르겠습니다. 이 기도는 죄를 고백하는 기도를 포함하고 있기 때문에 예수님 자신을 위해서 올려드린 기도는 아닙니다. 반면에, 예수님께서 제자들에게 이렇게 기도하라고 가르쳐 주셨기 때문에, 이것은 우리를 위한 기도의 완벽한 본입니다. 그리고 영적 전쟁에서 이 기도는 적어도 두 가지 이유로 중요합니다. 첫째로, 예수님은 이 기도를 산상수훈의 중반부에 가르치셨습니다. 이 설교가 예수님 특유의 사고방식과 삶의 방식을 반영하여 영적 전쟁의 기초가 됨을 앞에서 논해 보았습니다. 예수님이 기도 자체가 아닌 하나님의 통치 안에서 사는 *삶*에 대해 가르치시고, *그러고 나서* 그에 맞춰 기도하는 법을 가르치신 것을 주목하십시오. 다시 말해, 하나님께 복종하는 삶(제자의 삶)의 맥락 안에서 기도하는 법을 가르쳐 주신 것입니다. 둘째로, 이 기도는 복종하는 제자들의 기본적인 관심사를 반영합니다: 하나님의 영광과 나라와 뜻을 구하고, 그 다음에 공급과 용서, 승리에 대한 우리의 필요를 구하는 것입니다. 예수님의 기도 양식을 따르십시오. 기도를 복잡하게 만들지 말고 그저 기도를 하십시오—하나님께 복종한 마음으로 자연스럽게 기도하십시오.

이 중요한 진리의 빛 안에서, 기도에 대해 몇 가지 도움이 되는 단어들을 알려드리겠습니다. 주제를 복잡하게 만들기 위한 것이 아니고, 단순화하기 위한 것입니다.

하나님과의 친밀함

무엇보다도, 기도를 하나님과 나누는 깊은 교제로 생각할 수 있습니다. 기도는 말 이상입니다. 제 친구 에릭 길모어Eric Gilmour는, 그의 책 연합Union에서, 기도의 진짜 속성에 대해 훌륭한 구절들을 적고 있습니다.

> 기도는 영혼이 하나님께 완전히 고정되는 것이다. … 아주 단순하게, 하나님께 우리의 마음을 집중하는 자세이다. 귀용 부인은 말했다. "기도는 마음을 하나님께 드리는 것이다." 이것 또한 단순화하면, 우리의 애착을 하나님께 드리는 것이다. …
>
> 아주 많은 사람들이 하나님과의 깊은 교제가 큰 기쁨이 될 수 있다는 것을 알지 못한다. 우리에게 기도가 큰 기쁨이 될 수 있을 뿐 아니라, 모든 기쁨의 근원이 되어야 한다. 얀 반 뤼스브룩Jan van Ruusbroec은 "하나님께서 우리에게 기쁨을 주시고, 우리가 하나님을 기쁘시게 할 때, 그 안에 사랑의 실천과 영원한 생명이 있다"고 적었다.[11]

8장에서, 저는 거룩한 삶과 성별의 비밀 병기를 알려드렸습니다—주 안에서 기뻐하십시오. 위에 묘사된 하나님과의 깊은 교제가 하나님을 즐거워하기 위한 큰 열쇠 중 하나입니다. 이런 종류의 교제는 사실상 수고롭지 않아야 합니다. 이것은 당신의 기도가 얼마나 활기차고, 얼만큼 또렷하게 생각을 표현하며, 얼마나 훈련되었는지에 관한 것이 아닙니다—단순히 하나님 한 분 외에는 다른 목적이 없이 하나님과 함께 있는 것에 관한 것입니다. 때로는 언어를 사용할 것입니다. 그리고 또 어떤 때는 단순히 당신의 마음을 그분께 고정할 것입니다. 애쓰지 않고 하나님을 누리는 것이 기도 생활의 토대가 되어야 합니다.

여기서 설명한 것을 대부분의 사람들은 강력하게 여기지 않을 것 같습니다. 영적 전쟁을 할 때, 사람들은 무기로서의 기도를 생각하곤 합니다—위험하게 들리고 보이는 기도 말입니다. 그러나 제가 주목했듯이, 자연계에서 강력해 보인다고 해서 영적으로 권세를 갖는 것은 아닙니다. 마찬가지로, 자연계에서 조용하고 온화해 보인다고 해서 적을 위협하지 못하는 것이 아닙니다. 제가 한 가지 단언할 수 있는 것은, 하나님과 친밀한 사람만큼 사탄의 나라에 위험한 사람은 없습니다. 그러나 그 반대도 사실입니다. 아무리 소리를 높여 기도한다고 해도, 친밀함의 결여를 보완할 수 없습니다. 친밀한 기도의 토대 위에 다른 종류의 기도가 자연스럽게 나타나게 될 것입니다.

전투 기도

영적 전쟁 기도는 몇 가지 기본 형식을 포함할 수 있습니다. 우리는 단순히 치유, 공급, 혹은 보호 등의 필요를 위해 하나님께 청원을 올려드릴 수 있습니다. 주어진 상황에 필요한 것을 강력하게 주장하기 위해, 믿음으로 명하고 선포하는 기도를 할 수 있습니다. 또는 사랑하는 사람의 구원을 위해 부르짖음으로, 중보기도를 할 수 있습니다. 어떠한 *형식*의 기도이든지 상관없이, 영적 전쟁에 있어서 두 가지의 기본 *속성*은 필수적입니다. 끈기와 성령님의 인도하심입니다.

끈기

예수님께서 직접 효과적인 기도의 강력한 열쇠 몇 개를 우리에게 주셨습니다. 예수님께서 말씀하셨습니다. "구하라 그리하면 너희에게 주실 것이요 찾으라 그리하면 찾아낼 것이요 문을 두드리라 그리하면 너희에게 열릴 것이니"(마7:7). 예수님께서 동사로 된 명령(구하라, 찾으라, 두

드리라)을 현재 시제로 주십니다. 단기적이거나 한 번 하고 마는 기도의 행동을 뜻하신 것이 아닙니다. 이것은 지속적인 행동을 의미합니다. 그래서 AMP성경은 마태복음 7:7-8을 이렇게 적습니다. "구하고 계속해서 구하라, 그리하면 너희에게 주실 것이요. 찾고 계속해서 찾으라, 그리하면 찾아낼 것이요. 문을 두드리고 계속 두드리라, 그리하면 너희에게 열릴 것이니. 계속해서 구하는 자마다 받을 것이요. 끈질기게 찾는 자는 찾아낼 것이요. 끝까지 두드리는 자에게는 열릴 것이니라"(AMP 직역).

그러나 본문은 여기서 끝나지 않습니다. 이러한 끈질김을 아버지에게 음식을 구하는 어린아이의 맥락 안에 넣어 계속해서 설명하십니다.

> 너희 중에 누가 아들이 떡을 달라 하는데 [떡 대신에] 돌을 주며, 생선을 달라 하는데 [생선 대신에] 뱀을 줄 사람이 있겠느냐? 너희가 악한 자라도(본성적으로 죄인일지라도) 좋고 유익한 선물을 너희 자녀에게 줄 줄 알거든, 하물며 하늘에 계신 너희 아버지께서(본성적으로 완벽하신 아버지께서) 끈질기게 구하는 자녀에게 좋고 유익한 것으로 주시지 않겠느냐
>
> \- 마태복음 7:9-11, AMP 직역

아빠로서 저는, 예수님께서 여기에서 설명하신 끈질김을 쉽게 이해할 수 있습니다. 다른 책에서, 저는 끈질김에 대해 이렇게 썼습니다.

> 어느 날 갑자기 나에게 일어난 일이다. 아이들은, 그래야만 하기 때문에, 끈질기다. 아이들은 의존할 수밖에 없는 피조물이다. 어릴수록, 필요가 더 많을수록, 살아남기 위해서 끈질김의 기술을 단련해야만 한다. 나의 아들은 나를 자신의 공급원으로 보기 때문에 그

칠 줄 모르고 구한다. 내가 물을 주지 않으면, 이 아이는 목이 마를 것이다. 내가 음식을 주지 않으면, 내 아들은 굶주릴 것이다. 나는 내 아들의 피난처이고, 입을 것과 보호와 오락의 공급원이다. 말하자면, 모든 것의 공급원이다. 내 아들은 살아남기 위해서 그래야 하기 때문에 끈질기고, 그렇게 할 수 있는 모든 권리를 가지고 있다.

내 아들이 나에게 올 때 주저하거나 불안해하지 않는다. 이 아이는 정당한 뻔뻔함으로 구한다. 내가 즉각 그의 요구를 채워주지 않을 때에도, 아이는 전혀 용기가 꺾이거나 흥미를 잃지 않는다. 그저 단순히 다시 요청한다. 이 아이의 구함은 믿을 수 없을 만큼 단순하고 신뢰에 차 있다. 나는 이것이 아주 훌륭한 믿음의 예라고 생각한다.

그러나 나이가 들수록, 우리가 필요한 것을 단순하게 구할 때, 사람들은 우리에게 주려 하지 않는다. 우리는 빵을 차지해야만 하고, 성공을 위해 사다리를 올라야만 한다. 살아남기 위해서, 우리는 의존성을 버려야 하고, 자급자족하는 법을 배워야 한다. 독립적이 되면, 어떤 것도 요구하기 싫어진다. 강요하거나 뻔뻔스럽고 싶지 않다. 어떤 것을 구해야만 한다면, 우리는 수줍게 구하거나, 두 번 구하는 것을 꺼리게 된다.

그래서 많은 사람들이 하나님께 다가갈 때 품위를 지키고, 장성한 어른의 적절한 태도를 가지고 간다. 이들은 논리적이고 합리적인, 조심스럽지만 유창한 요청을 드린다. 즉시 답을 얻지 못하면, 하나님의 뜻이 아닐 거라고 추정해버리고 그대로 두거나, 마음이 상하고, 좌절하고, 용기가 꺾인다.

그러나 상은 자신감으로 하늘을 꽉 붙잡는 담대함을 가진 사람에게 간다. 오만한 추정에 대해 말하는 것이 아니다. 어린아이와 같은 확신을 말하고 있다. 당신의 믿을 수 없을 만큼 놀라운 지성과 자랑스러운 근거와 스스로 미혹된 독립성을 문 밖에 두고 들어오라. 순전하고 전적인 의존을 아버지께 두고, 합의를 이루라. 당신이 하나님께 나아갈 수 있는 유일한 근거는 '자녀의 신분'임을 이해하라. 하나님의 아들과 딸로서, 아버지께 구하는 것은 당신의 당연한 권리이며, 응답하시는 것은 하나님의 신성한 기쁨이다. 그러므로, 담대하게, 자신감과 끈기를 가지고 하나님께 구하라.

어린아이가 아버지에게 빵을 달라고 하는 것처럼 계속 구하라. 누가복음 18장의 불의한 재판장 앞에 나오는 과부와 같이 끝까지 문을 두드리라. 극히 값진 진주를 찾는 것처럼 끈질기게 찾아라(마13:45-46). 혈루병에 걸린 여인처럼 저항을 통과해서 밀고 들어가라(막5:25-34). 바람의 방향을 거슬러 앞으로 나아가는 사람처럼 말씀을 전적으로 의지하라. 티본 스테이크를 물은 맹수와 같이 하나님의 약속을 꽉 물어라. 당신의 것을 적극적으로 요구하라. 하나님의 응답이 홍수와 같이 쏟아져 나와 당신의 사막이 장미꽃과 같이 피어날 때까지 밤낮으로 하나님께 쉼을 드리지 말라. 응답이 즉각 오지 않는다면, 용기가 꺾이거나 좌절하지 말라. 기대하고 신뢰하며 산을 향해 눈을 들고 구하고 또 구하라. 계속해서 구하라. 끈질기게 찾으라. 끝까지 문을 두드리라. 응답을 받을 때까지 끈질기게 계속하라ㅡ예수님의 이름으로, 당신은 받게 될 것이다![12]

성령님의 인도하심

드디어, 성령님으로 돌아옵니다. 그리고 영적 전쟁에 있어서 성령님을 향한 우리의 전적인 필요로 돌아옵니다. 그리스도인의 삶에 성령님이 얼마나 중요한지가 우리에게 아주 확실하기를 소망합니다. 복음의 말씀을 전하기 위해, 권능을 위해, 그리고 이제 기도를 위해, 우리는 성령님이 필요합니다. 영적 전쟁의 모든 요소는 성령님을 의존합니다. 성령님은 우리의 생존을 위해 반드시 필요해서, 심지어 예수님께서, 예수님이 육신으로 이 땅에서 우리와 함께 계신 것보다 성령님이 우리와 함께 하시는 것이 더 낫다고 말씀하셨습니다. 이것은 놀라운 말씀입니다—예수님께서 직접 이 말씀을 하지 않으셨다면 저는 이것을 믿을 수 없을 정도로 놀랍습니다.

> "내가 떠나가는 것이 너희에게 유익이라 내가 떠나가지 아니하면 보혜사가 너희에게로 오시지 아니할 것이요 가면 내가 그를 너희에게로 보내리니… 내가 아직도 너희에게 이를 것이 많으나 지금은 너희가 감당하지 못하리라 그러나 진리의 성령이 오시면 그가 너희를 모든 진리 가운데로 인도하시리니 그가 스스로 말하지 않고 오직 들은 것을 말하며 장래 일을 너희에게 알리시리라 그가 내 영광을 나타내리니 내 것을 가지고 너희에게 알리시겠음이라 무릇 아버지께 있는 것은 다 내 것이라 그러므로 내가 말하기를 그가 내 것을 가지고 너희에게 알리시리라 하였노라"
>
> - 요한복음 16:7, 12-15

성령 하나님은 영적 전쟁의 한복판에서 우리에게 예수님(살아있는 말씀)과 성경 말씀(쓰여진 말씀)을 생각나게 해주시는 분입니다. 예수님께서 우리에게 말씀하셨습니다. "보혜사 곧 아버지께서 내 이름으로 보내실 성령 그가 너희에게 모든 것을 가르치고 내가 너희에게 말한 모든 것을 생각나게 하리라"(요14:26). 우리가 마음과 생각에 말씀을 신실하게 공급한다면, 적절한 순간에 성령님께서 신실하게 말씀을 생각나게 하실 것입니다. 성령님은 우리의 신실함에 기름을 부으시고 일하셔서 우리의 마음속에 말씀을 새기십니다. 우리가 마음속에 더 많이 저장할수록, 성령님께서 더 많이 일하십니다. 그리고 우리가 기도할 때, 성령께서 우리의 마음을 보물상자처럼 여셔서 때에 맞는 말씀을 꺼내 주십니다.

이것이 영적 전쟁에서 가장 효과적인 기도 방법 중 하나입니다. 우리가 성령 안에서 예배하고 기도할 때, 어떤 말씀이 생각날 것입니다. 그러고 나면, 그 말씀으로 어떻게 기도해야 할지 성령님께서 깨닫게 하실 것입니다. 누군가를 위해 말씀을 한 줄 한 줄 읽고 기도하면서, 매우 수고를 들여야 할 수도 있습니다. 혹은 단순히 시편을 큰 소리로 읽어 선포하도록 인도하심을 받을 수도 있습니다. 또는 성령께서 우리를 복음서의 이야기로 인도하셔서 적의 특정한 공격에 대한 통찰력을 주실 수도 있습니다. 그러면 우리는 기도하면서 그 이야기를 깊이 묵상하고, 성령께서 말씀하시는 것을 분별합니다.

이러한 기도는 시간이 걸립니다. 말씀의 기초 위에 자라나는 통찰력을 따라 계속 기도할 때, 여러 날이 지나고 여러 주가 지나면서, 상황이 점점 돌파되어 마침내 승리가 오는 것을 보게 됩니다. 하나님의 말씀은 성령님의 시금석입니다. 성령 하나님께서 우리 안에서 보물을 찾으시도록 내어드리고, 성령님과 말씀이 우리의 마음과 기도 안에서 함께 일하시도록 내어드릴 때, 많은 공격과 견고한 진을 넉넉히 이기게 될 것입니다.

더 나아가서, 때로는 성령님께서 친히 우리를 통해 하나님의 뜻대로 기도하실 것입니다. 바울 사도는 말합니다. "이와 같이 성령도 우리의 연약함을 도우시나니 우리는 마땅히 기도할 바를 알지 못하나 오직 성령이 말할 수 없는 탄식으로 우리를 위하여 친히 간구하시느니라 마음을 살피시는 이가 성령의 생각을 아시나니 이는 성령이 하나님의 뜻대로 성도를 위하여 간구하심이니라"(롬8:26-27). 때로는 성경 말씀의 구절이나 기도할 수 있는 말이 없을 때도 있습니다. 대신에, 성령님께서 어떤 상황에 대해 우리의 감정에 무겁게 일하십니다.

이러한 때에는 말보다 감정이 압도하는데, 여전히 기도는 계속됩니다. 우리의 마음에 임하신 성령님의 무거운, 감정적인 임재에 우리를 온전히 드리고, 내면의 중심으로부터 터져 나오는 소리를 내는 것밖에 할 수 있는 것이 없습니다. "주의 폭포 소리에 깊은 바다가 서로 부르며 주의 모든 파도와 물결이 나를 휩쓸었나이다"(시42:7). 성령께서 우리의 생각을 완전히 우회하시고, 우리의 가장 깊은 감정을 여실 때입니다. 우리는 무거운 짐을 느끼지만, 말로는 표현할 수 없습니다. 이렇게 깊고, 감정적이며, 표현할 수 없을 정도로 성령님과 연합되면, 우리는 기도로 엄청난 능력—마침내 피조물도 변화시키는 능력(롬8:22-27)—을 나타내게 됩니다. 이것은 단기적인 돌파가 반드시 온다는 것을 의미합니다.

성령 하나님은 믿는 자들이 항상 유리한 위치에서 사탄과 싸워 반드시 이기게 하십니다. 성령님은 우리에게 말씀을 주시며, 때로는 기도를 주십니다. 성령님은 전신 갑주와 칼과 방패(우리의 방법을 넘어서는 능력)를 모두 주시고, 우리의 가장 큰 필요와 갈망을 직접 하나님께 아뢸 수 있게 해주십니다. 성령님과 함께라면 가장 끔찍한 용도 동산의 작은 뱀과 같아 보입니다.

토론을 위한 질문

1. 기도는 하나님께 요청하는 것입니다. 왜 (이기적이지 않게) 하나님께 구하는 것이 옳은가요?
2. 어떤 기도는 왜 응답되지 않는다고 생각하나요?

3. 성령 안에서 기도하는 것은 어떤 것인가요? 이러한 능력 있는 기도를 경험했던 예가 있습니까?
4. 그리스도의 제자임이 극적으로 나타나는 경험을 더욱 하기 위해, 우리 함께 기도합시다.

우리 아버지, 성령 하나님께서 우리를 새롭게 만나 주시기를 구합니다. 오셔서 다시 한 번 우리를 채워주세요. 예수님의 이름으로 기도합니다. 아멘.

10장

귀신을 몰아내기

예수님께서 귀신을 내쫓으셨을 때, 예수님은 구약 시대의 선례들을
능가하셨다. 모세의 시간으로부터, 하나님의 선지자들은
예수님의 사역을 암시하는 많은 기적들을 행했다. 아픈 자들을
치유했고, 죽은 사람들을 살렸으며, 군중에게 기적적인 공급을
주었고, 자연계의 힘을 움직이는 하나님의 능력을 나타냈다.
그러나 그들 중 누구도 귀신을 내어쫓은 기록이 없다. 이것은
예수님을 위해 남겨진 기적이었다. 예수님의 시대를 살았던
사람들에게 하나님의 나라가 임했음을 나타내는 독특한 증거였다.
- 데릭 프린스, '저희가 내 이름으로 귀신을 쫓아내며' -

귀신들은 영적인 적들이고, 영적 전쟁에서 저들을 직접 상대하는 것이
모든 그리스도인의 책임이다.
- 프랭크 해몬드, '안방 속의 돼지 떼들' -

2003년 여름이었습니다. 저는 플로리다 중부에 있는 하나님의 성회 Assembly Of God에 속한 한 교회에서 예배를 섬기는 스물두 살의 목사였습니다. 담임 목사님이 저에게 저녁 일곱시에 교회에 와서 축사(역주: 귀신을 내쫓음) 사역을 도와달라고 요청하셨습니다. 당시 우리 교회는 축사 사역을 하고 있지 않았는데, 갑자기 필요가 생긴 것이었습니다. 겁에 질

린 젊은 여성이 정오 즈음에 교회 사무실 주변에 와서, 목사님을 찾았습니다. 그녀는 남자친구가 귀신에 사로잡혀 있다고 말했습니다. 그녀의 할머니가 그녀에게 오순절 교회를 찾아 도움을 구하라고 조언했고, 그녀는 우리 교회를 전화번호부에서 찾았습니다. 목사님이 그녀에게 그 날 저녁에 다시 찾아오기를 권했고, 그녀가 동의했습니다. 동시에 목사님은 몇몇의 성도님들(장로님들과 저)에게 임시적인 축사 팀이 되어주기를 요청하셨습니다. 이 팀에서 이전에 축사 사역의 경험이 있었던 사람은 제가 유일했을 것입니다. 1990년대에 한 때, 저는 카를로스 아나콘디아 목사님의 축사 팀과 함께 일했었고, 고등학교와 대학교 시절에 축사 사역의 경험이 있었습니다. 그러나 우리가 맞닥뜨리게 된 것은 저와 우리 팀의 그 누구도 이전에 경험해보지 못한 정도의 상황이었습니다.

그날 저녁, 여자친구와 함께 그 남자가 도착했을 때, 우리 모두는 그를 보자마자 깜짝 놀랐습니다. 그의 이름은 C. J.였습니다. 그는 명백하게 괴롭힘을 당하고 있었습니다. 그는 휘청거리며 문으로 들어섰고, 여자친구인 니키의 도움을 받아 들어왔습니다. 그는 몸을 구부리고 있었고, 마치 무거운 짐을 지고 있는 듯, 느리고 무거운 걸음으로 걸어 들어왔습니다. 얼굴은 수척했고, 눈은 어두웠습니다. 그가 도착했을 때, 그 자리에 모여 있었던 작은 무리는 예배당 앞쪽에서 기도를 하고 있었습니다. 그는 예배당의 뒤쪽에 앉았고, 앞으로 나오려고 하지 않았습니다. 혹은 나올 수가 없었습니다.

니키는 우리에게 C. J.의 문제 몇 가지를 간단히 이야기했습니다. 그녀는 겁에 질려 있었고, 그는 확실히 귀신에 들린 상태였습니다. 그는 의식이 있었고 주위에 있는 사람들에게 대답할 수 있었지만, 거리를 두고 있었고, 의사소통이 어려웠습니다. 나중에 저는 놀라운 배경을 알게 되었습니다. 솔직하게 말하면, 그 때 당시에 상황이 얼마나 심각한지 알았더라면, 열심을 덜 냈을 수도 있었습니다.

C. J.는, 그의 표현에 의하면, 증오와 두려움이 가득한 "미친 집안"에서 자라났습니다. 그의 가족은 마약을 취급하는 것으로 알려졌었습니다. 그는 다섯 살 혹은 여섯 살 때 마리화나를 피우기 시작했고, 일곱 살이 되었을 때 정기적으로 마리화나를 피웠고, 십대 초반이 되었을 때는 완전히 마약에 중독되어 있었습니다. 그가 이용하던 마약의 긴 목록은 거론할 가치도 없습니다. 기본적으로 모든 것이 불법이었고, 암페타민과 환각제, 코카인과 같은 강력한 길거리 마약들을 포함했습니다.

C. J.가 열다섯 살이 되었을 때, 결정적인 사건이 일어났습니다. 그가 키우던 개들이 짖는 것을 참다 못한 그의 어머니가 그에게 강제로 개들을 총으로 죽여 마당에 묻게 했습니다. 그 개들은 그에게 아주 좋은 친구들이었습니다. 그 경험은 그를 격분하고, 증오가 가득하며, 분노가 가득한 젊은 남자로 만들었습니다. 귀신들이 그를 통제하기 시작했던 때가 그 시점이었을 것이라고 그는 믿고 있습니다. 폭력적인 정신병적 사건들을 일으키기 시작했고, 가끔은 치명적인 무기들을 사용하기도 했습니다. 체포되어서 검사를 받고 정신 건강 치료를 받거나, 정신병원에 맡겨지기도 했습니다. 마침내 집에서 도망쳐서 부랑자가 되어, 나무 안이나 다리 밑에서 잠을 잤고, 언제나 여기 저기로 옮겨 다녔습니다. 그는 쉴 수 없었다고 말했습니다. 어딘가에서 편안함을 느끼기 시작하면 언제나, 내면의 불안함이 그를 다시 방황하도록 이끌곤 했습니다.

그는 스무 번 이상 체포되었고, 종종 정신과 보호시설에 보내졌습니다. 그는 조현병으로 진단을 받았고, 이후에는 이인성 장애 진단을 받았습니다. 열두 가지 종류의 정신과 약을 사용했고, 한 번에 토라진, 자이프렉사, 페노바비탈을 포함한 여덟 가지의 약을 사용했습니다. 니키는 그가 매일 세 번씩 한 줌의 처방받은 약을 투약했다고 말했습니다!

동시에 그는 불법으로 마약을 밀매하면서 사용하고 있었습니다. 나이가 들수록, 범죄의 삶은 점점 더 심각해졌습니다. 상황은 나쁜 상태에서 더 나쁜 상태로 진행되었습니다. 여러 개의 "인격"이 이따금씩 그를 지배하기 시작했습니다. 그의 집에서 눈으로 볼 수 있는 귀신을 마주하기도 했습니다. 그는 두려움에 심각하게 시달렸고, 때로는 가구들로 침실을 막아두기도 했습니다.

스스로를 프랭키라고 불렀던 한 인격은 마치 책임자 같았습니다. 종종 C. J.의 생각을 통제하고 끔찍한 장면들을 보는 정신병적 사건으로 그를 데리고 갔습니다. 프랭키는 C. J.가 지옥이라고 믿는 끔찍한 장소로 그를 데려갔습니다. 이 장소에 대한 그의 묘사는 너무 끔찍해서 글로 적을 수 없을 정도입니다. 프랭키는 C. J.에게, 그 곳에서 고통 당하고 있는 자들과 같은 고통을 겪지 않을 것이라고 단언했습니다. 대신에 죽은 후에 그는 지옥에서 특별한 지위를 얻게 될 것이라고 했습니다.

당신이 궁금해할 수도 있겠지만, 이런 경험들은 약물로 인한 반응이 아닙니다. 이러한 일들은 그가 약물에 취해 있지 않았을 때 일어났습니다. 이 시기에 또한 대발작으로 진단받은 증상이 시작되어 하루에 여덟 번까지 일어났고, 이를 멈추기 위해 다일랜틴이라고 하는 약물을 다량으로 처방받았습니다.

C. J.는 극심한 자살 충동에 시달렸고, 스무 번 넘게 자살을 시도했습니다. 그러나 모든 시도에 실패했고, 어떤 때는 기이한 방법으로 실패했습니다. 예를 들면, 그가 다락방의 서까래에 목을 달았는데, 기둥이 부러졌습니다. 위험한 조합으로 약물을 과다 복용했는데, 성공하지 못했습니다. 그는 또 자해하고, 자신을 칼로 베고, 불에 태우기도 했습니다.

자신의 생명과 안전을 소중히 여기지 못하게 되자, 그의 범죄 행위는 점점 더 심각해졌습니다. 조직적인 범죄에 가담하다 체포되어 주 교도소에 보내져 4년 이상을 지냈습니다. 그는 인종주의자였기 때문에, 교도소 인에서와 교도소를 나온 후에도, 아리안 형제단Aryan Brotherhood과 백인 우월주의자들과 어울려 다녔습니다. 교도소에서 나온 이후에, 그는 폭도들과 연결되었고, 강제집행자로 일하면서 빚을 갚지 못한 사람들을 야구 방망이로 때리고 불구로 만들었습니다. 그는 양심의 가책과 공감능력을 상실했고, 자신이 괴물이라는 사실을 완전히 인정하게 되었습니다. 심지어 그러한 일을 즐기기까지 했습니다.

C. J.의 여자친구였던 니키도 비기독교 가정에서 성장했습니다. 아버지는 무신론자였고 교회를 싫어했기 때문에, 그녀는 교회에 가지 못했습니다. 그러나 그녀의 할머니는 그리스도인이었고 하나님의 성회 교회에 출석하고 계셨습니다. 할머니가 제3세계 국가로 간 선교 여행에서 치유와 축사를 보았던 이야기를 그녀에게 해주시곤 했습니다. 할머니는 니키가 생각해낼 수 있는 유일한 분이었습니다.

니키는 할머니에게 전화를 걸어, 남자친구가 귀신 들린 것 같다고 말했습니다. 할머니는 그녀에게 왜 그런 결론을 내렸는지 물어보셨습니다. 할머니가 C. J.에게 어떤 일이 벌어지고 있는지 들으시고는, (1) 그로부터 도망치라고 하셨고, (2) 예수님의 보혈로 그녀 자신을 덮는 기도를 하라고 조언하셨습니다!

물론, 니키는 예수님의 보혈을 덮는 것의 의미를 알지 못했습니다. 그러나 두려울 때마다, "예수님의 보혈로 제 자신을 덮습니다"라고 말했습니다. 비록 그녀가 아직 구원받지 못한 상태였지만, C. J.가 끔찍한 귀신의 어둠에 빠질 때면, 할머니가 말씀하신 대로 예수님의 이름을 부르곤 했습니다.

귀신들은 C. J.를 통해서 등골이 오싹한 말들을 니키에게 말하곤 했습니다. 때때로 니키가 할머니와 몰래 대화하고 나면, 귀신들은 그것을 알아채고 그녀에게 물었습니다. "누가 기도하고 있어?" 그리고 어떤 때는 귀신들이 인간에 대한 그들의 감정을 드러내곤 했습니다. 니키의 표현에 의하면 "깊고 어두운 시"를 귀신들은 말하곤 했습니다. 인간을 향한 지극한 증오와 경멸에 대해 니키에게 말하곤 했습니다. 그들은 인간을 훨씬 열등한 피조물로 여겼고, "원숭이"라고 묘사했습니다. 니키는 해결 방법을 찾았고, C. J.가 도움을 얻을 수 있는 교회로 그를 데려가기로 용기를 냈습니다.

제가 C. J.를 처음 만났던 날 그가 교회 안으로 휘청거리며 들어왔을 때, 그는 곧 죽을 것만 같아 보였습니다. 몇 주 동안 귀신들은 어떻게든 휴식을 취하지 못하도록 심각하게 그를 괴롭혀온 상태였습니다. 그는 심각한 정신병자가 되었고, 주위의 모든 사람들이 그를 두려워했습니다. 그는 국유림에 들어가 돌아다니면서, 자신을 유치원생으로 생각하며 가이드 상담사에게 말을 걸었고, 원자력발전소에 가서 치즈버거를 주문하려고 했습니다.

여동생이 그에게 방에 들어가 잠을 청하도록 권했습니다. C. J.가 방 안으로 들어갔을 때, 그들은 방문을 자물쇠로 걸어 잠그고, 그가 달아나지 못하게 했습니다. C. J.는 그 자물쇠가 사실은 불필요했다고 말했습니다. 문이 잠겨 있지 않았다고 해도, 그는 자신이 어디에 있는지 몰랐고, 달아날 수 있는 문은 어디에도 보이지 않았습니다. 그는 두 주 동안 그 방에서 나오지 않았습니다.

여동생은 이전에 그가 수용되었던 정신병원에 그를 다시 보낼 계획이었습니다. 그러나 병원에서는 그를 장기 시설로 보내야 한다고 말했습니다. 그를 무기한으로 보내고 싶지 않았던 니키는 그를 자신의 집으로 데리고 가겠다고 요청했습니다.

니키의 할머니는 축사를 해줄 수 있는 교회로 그를 데려가도록 조언했고, 그녀는 전화번호부를 뒤져가며 스무 개가 넘는 교회에 전화를 걸어 축사 사역을 하는지 물었습니다. 그리고 마침내 이 작은 교회를 찾게 되었습니다.

제가 C. J.를 만났을 때, 저는 그가 20일이 넘도록 잠을 자지 못하고 먹지도 못한 것을 알아채지 못했습니다. 귀신들이 당시에 그를 죽이거나 자살하게 하려고 했다고 그는 믿고 있습니다. 교회의 문 앞에 도착했을 때, 그것이 그에게 마지막 소망이었습니다.

많은 격려 후에야 C. J.는 천천히 예배당 앞으로 걸어 나왔습니다. 저는 가장 나이가 어렸기 때문에 뒤쪽에 남아있었고, 연세가 더 많고 성숙한 분들이 즉시 마귀를 꾸짖고, 그리스도의 보혈을 덮고, 귀신들에게 나오라고 명령하는 것을 뒤에서 함께 중보기도 했습니다. C. J.는 이러한 명령들에 격렬하게 반응했습니다. 그의 몸은 흔들렸고, 넘어졌으며, 욕설을 내뱉었고, 귀신을 쫓고 있는 사람들을 조롱하려 했습니다. 이렇게 긴 시간이 흘렀습니다. 이따금씩 귀신들은 떠나는 시늉을 했고, 모든 사람들이 한숨을 놓을 즈음에, 다시 조롱하며 웃어댔습니다.

한 시간이 넘게 이러한 시도가 실패하자, 우리 팀은 완전히 지쳐버렸습니다. 저는 여전히 뒤에서 중보기도를 하고 있었습니다. 진전이 없었고, 이 악한 영들에게 놀림과 조롱을 당하고, 조소와 저주를 받았습니다. 축사 사역을 인도한 분이 이제 충분하다고 말하며, 할 수 있는 모든 것을 다 했다고 말했습니다. 우리는 C. J.를 위해 기도해주고 나중에 다시 오도록 초청한 뒤, 더 경험이 많은 실력 있는 축사 사역자를 영입하려고 했습니다.

바로 그 때, 저는 C. J.가 그 상태로 집으로 돌아가면 귀신들이 절대로 그가 하루를 더 살도록 내버려두지 않을 것을 깨달았고, 끝내기 전에 제가 뭔가를 시도해도 좋을지 여쭈었습니다. 긴 이야기를 생략하고, 15분만에 C. J.는 구원을 받았고, 성령을 받았으며, 모든 귀신들과 불법적인 마약중독과 분노와 정신병에서 완전히 건져졌습니다.

우선, 이것이 어제 일어난 일이 아니라는 점을 이해하는 것이 중요하다고 생각합니다. 이 이야기는 이 책이 쓰여지는 이 시점까지 거의 16년이 검증된 간증입니다—이것이 제가 지금 이 이야기를 하고 있는 이유들 중 하나입니다. 제가 C. J.에게 이 이야기를 공개적으로 나누어도 되는지 물어보기까지 오랜 시간이 흘렀습니다. 저는 그의 구원과 축사의 지속되는 열매를 보고 싶었습니다.

그는 귀신들과, 모든 정신병과, 모든 불법적인 마약과 처방된 약물로부터 즉각적으로 건져지는 경험을 했습니다. 그러나 모든 것으로부터 건져진 것은 아니었습니다. 여전히 니코틴 중독과 싸워야 했고, 여전히 여자친구와 결혼하지 않은 채 함께 살고 있었습니다.

수년 간 저는 그의 진전을 지켜보았습니다. 그는 담배를 끊었습니다. 그리고 교회에 참석했습니다. 저는 니키와 C. J.의 결혼을 주례했습니다. 그리고 10년이 넘도록 그의 일관됨을 보았습니다. 마침내 그는 한 교회의 목사가 되었습니다.

지금도 여전히 그는 자유롭습니다. 그는 다시는 마약을 복용하지 않았습니다. 그리고 다시는 정신병을 위한 약물을 사용하지 않았습니다. 더 이상 발작을 일으키지 않았고, 정신병적 증상을 나타내지 않았습니다. 체포되거나 정신병원에 수용되는 일도 없었습니다. 그는 니키와 결혼한 상태이며, 경건한 크리스천 남편이자 아버지로 살고 있습니다. 그리고 오늘날까지 계속해서 교회를 섬기고 있습니다. 다시 말하지만, 세월의 시험을 견디어 낸 이 이야기는 신뢰할 수 있습니다. 그리고 이것이 바로 우리가 추구하는 것—열매가 남는 것—입니다.

그렇게 많은 시도를 실패하고 그토록 심각한 상태였는데, 어떻게 그런 극적인 결과를 빨리 얻을 수 있었는지, 궁금하실 것입니다. 이 장에 걸쳐서, 제가 사용한 단순한 과정을 설명할 것입니다.

제1세계 국가의 귀신들

귀신 들림을 믿는 많은 사람들이 이것을 먼 나라 제3세계 국가들이나 이교도를 믿는 땅에서 일어나는 일이라고 생각합니다. 제가 단언하건데, 유럽과 미국에도 아프리카와 아시아만큼 많은 귀신이 있습니다. 우리는 이 귀신들을 다른 이름으로 부르거나 이상한 질환으로 진단하고 싶어합니다. 약을 사용하거나, 보호 시설로 보내버리거나, 귀신들이 존재하지 않는 척해버립니다. 그런데 귀신들은 전 세계에서 잘 살고 있습니다.

몇 년 전에 저는 독일의 한 경기장에서 말씀을 전하도록 초청받았습니다. 저는 복음적인 메시지를 설교한 뒤, 회심할 사람들을 강단으로 초청했는데, 대부분 젊은 사람들 수백 명이 초청에 응답했습니다. 그리스도를 영접하도록 그들과 함께 기도하기 시작했을 때, 무언가 심상치 않은 일이 그곳에 일어났습니다. 강단 주변 전체에서 귀신들이 정체를 드러내기 시작했습니다. 경기장에서 일하던 분들은 이 젊은이들이 발작을 일으킨다고 염려해 긴급 의료원들을 불렀고, 의료원들은 이 젊은이들을 들것에 실어 밖으로 날랐습니다. 그날 밤 제가 그 자리를 떠나 호텔로 돌아가는 길에, 잔디 구장에서 사람들에게 공을 들이고 있는 의료팀을 지나오게 되었습니다. 그들이 제가 가까이 가도록 허락하지 않을 것을 알았기 때문에, 목사님들에게 도움을 요청하라고 조언했습니다. 저는 의료원들에게 그 젊은이들이 겪고 있는 일은 의학이 치료할 수 있는 영역을 넘어간다고 말했습니다.

저는 이와 비슷한 이야기를 더 많이(제3세계 국가들뿐 아니라 다른 유럽 국가들과 북아메리카, 남아메리카, 제1세계 아시아 국가들에서 귀신 들림의 수백 건을) 말할 수 있습니다. 다시 말하지만, 귀신 들림의 문제는 교회가 일반적으로 잘 의식하지 못하거나 불충분하게 다루고 있는, 실재하는 문제입니다. 대부분의 그리스도인은 예수님께서 복음을 전하고 병든 자를 치유하라고 말씀하신 것만큼이나 분명하게, 귀신을 내쫓으라고 말씀하셨다는 것을 잊어버렸습니다. 이 영역에 있어서 왜 이렇게 등한시하고 있을까요? 저는 이것이 주로 두려움 때문이라고 생각하곤 합니다. 우리는 이해하지 못하는 것과 준비되어 있지 않은 것을 두려워합니다.

이 책에서 이미 우리는 귀신에 대해서(이들이 어떤 일을 하고 어떤 존재들인지) 중요한 신학적인 기초를 다졌습니다. 우리는 또한, 우주적인 규모의 영적 전쟁과 우리 자신 내부에서 일어나는 영적 전쟁의 대단히 중요한 요소들에 대해서 이야기했습니다. 이 책이 거의 마무리되는 지점에 있으므로, 저는 귀신을 내쫓는 중요한 원칙 몇 가지를 간단하게 설명할 것입니다. 이 원칙들은 성경 말씀과 제 경험에서 가져온 것들입니다. 철저하게 따라야 하는 매뉴얼이 아닙니다—저는 이런 것을 쓸만한 여유도, 전문 지식도 없습니다. 당신이 귀신 들림을 맞닥뜨렸을 때에 더욱 잘 준비되어 있도록 성경적이고 실제적인 지혜를 드릴 수 있기를 소망합니다.

용어

이 장에서 저는 귀신이 살고 있는 사람, 혹은 귀신에게 엄청난 영향을 받고 있는 사람을, '귀신에 사로잡힌demon possessed'보다 '귀신 들린demonized'이라고 말할 것입니다. 대부분의 성경 번역은 전자의 용어를 사용하고 있고, 그래서 대부분의 사람들도 전자를 사용합니다. 그런데 기술적으로 신약 성경은 결코 사람이 귀신에게 "사로잡혔다"고 말하지 않습니다. 헬라어로 '소유하다possess' 혹은 '차지함possession'은 귀신과 관련해서 이런 맥락에서 사용되지 않습니다. 오히려, 신약 성경의 저자들은 사람이 "귀신 들린"(*daimŏnizŏmai*), 귀신을 "가진"(*ĕchō*), 혹은 귀신과 "함께 있는"(*ĕn*)이라고 말합니다(참고: 마4:24; 11:18; 막1:23). 다시 말해서, 성경은 결코 귀신이 사람을 소유한다(사로잡는다)고 말하지 않습니다.

귀신들은 사실상 아무것도 소유하지 못하기 때문에, 그들에게 소유권—특별히 사람에 대한 소유권—의 존엄성을 부여하고 싶지 않습니다. 비록 어떤 사람이 귀신에게 자신을 너무 내주어서 귀신의 통제를 완전히 받고 있다고 해도, 그 사람은 귀신의 소유가 아닙니다. 결국에 귀신들은 그 사람에 대한 통제권을 잃고 빈 손으로 영원한 심판 가운데 들어가게 될 것입니다. 그들은 아무것도 차지하지 못합니다. 도둑이고 강도일 뿐, 하나님의 피조물 안에서 결코 그 어떤 것도 차지할 수 없습니다. 마찬가지로, 사람이 하나님을 거절한다 해도, 심판 날에 귀신들 앞에 서지 않습니다. 그 사람은 하나님 앞에 서게 됩니다. 이것은 *하나님*께서 그 사람에 대한 소유권을 갖고 계심을 의미합니다. 사람이 이 땅에서 하나님을 미워할지라도, 하나님께서 그 사람을 소유하시고 사로잡으시는 유일한 분이십니다. 그러므로, 이 시대에 어떤 사람 안에 귀신이 거주하고 있을 때, 저는 신약 성경의 용어를 고수할 것입니다. 제가 독단적으로 '귀신에 사로잡힘demon possession'이라는 용어의 사용을 반대하겠다고 말하는 것은 아닙니다. 저는 대부분의 사람들과 번역들이 이 용어를 사용할 때 무엇을 의미하는지 이해하고 있습니다. 저도 경우에 따라서는, 대화하고 있는 상대방이 이 용어를 더 잘 이해한다면, 이 용어를 사용할 것입니다. 반면에, 영어 단어 *possess*가 본문의 의미를 넘어서서, 귀신들에게 마땅한 것 이상의 권리를 부여함을 지적하는 것은 중요합니다.

준비하라

이 책의 전반에 걸쳐서 온 마음과 뜻을 다해 의도적으로 하나님께 복종하는 것의 중요성을 거듭 강조하고 있습니다. 또한 개인의 거룩함과 성별의 필요성도 주목해서 다루었습니다. 이제 이 문제는 아주 심각해집니다. 축사 사역을 할 때, 당신은 귀신을 정면으로 마주하게 될 것입니다. 우리는 스게와의 일곱 아들 이야기를 통해 축사가 장난치는 시간은 아니라는 것을 알고 있습니다(행19:13-16). 만일 당신이 축사 사역을 하게 될 것을 알고 있다면, 당신을 위해서 기도해줄 수 있는 중보기도자들을 모집하는 것이 좋을 것입니다. 그리고 당신 자신도 기도로 주님을 간절히 찾아야만 합니다. 이 책의 7장에서 나누었던 금식과 기도 같은 영적인 훈련을 해야만 합니다. 당신의 영, 혼, 육이 하나님께 더욱 복종할수록, 축사 사역에서 당신은 더 큰 권세를 갖게 될 것입니다(약4:7). 항상 준비되어 있는 것이 가장 좋습니다.

동역자와 함께 일하라

가능하다면, 축사 사역을 할 때에는 함께 일할 것을 제안합니다. 제자들도 둘씩 짝지어 보냄을 받았습니다(막6:7). 오늘날에도 이와 같은 본을 따르는 좋은 이유들이 많이 있습니다.

- “두 사람이 한 사람보다 낫다”는 성경의 원칙이 있습니다(전4:9).
- 우리는 서로의 삶에 임하는 은사와 은혜로부터 유익을 얻습니다(빌1:7).

- 우리는 서로를 격려하고 서로에게 힘을 북돋아줍니다(살전 5:11).
- 우리가 함께 일할 때 기하급수적인 영향을 미칠 수 있습니다(레26:8; 신32:30).
- 두 사람이 함께 일할 때, 더욱 책임을 질 수 있게 되며, 참소가 있을 경우에 증인을 얻을 수 있습니다(고후13:1).

질서를 따르고, 권위를 존중하라

당신이 동역자와 함께, 혹은 한 팀으로 일하고 있다면, 항상 한 사람이 이끌고 다른 사람(들)은 이끄는 사람 뒤에서 함께 중보기도 할 것을 제안합니다. 여러 사람이 동시에 귀신을 향해 나오라고 외치는 것은 좋은 방법이 아닙니다. 마귀는 혼란을 좋아하고 혼란 속에서 아주 유능합니다. 쉼이 없고 무질서할수록, 귀신들은 더욱 편안해집니다. 축사 사역에서 영적인 권위는 매우 중요한 요소이므로, 반드시 가장 먼저 우리 안에서 존중과 질서와 권위를 나타내야 합니다.

영혼 구원이 먼저다

이 주제에 대해 뒤에서 다시 다룰 것입니다. 그런데 기본적인 진리로서, 누군가가 저에게 와서 축사를 부탁한다면, 저는 그분을 그리스도께로 먼저 인도할 것입니다. 사람이 하나님의 자녀가 될 때, 귀신들이 그 사람에게 주장하는 모든 법적인 요구가 철회됩니다. 이것은 교회에 출석하고 있는 사람들에게도 마찬가지입니다. 복음전도자로서, 저는 교회에 출석하는 모든 사람이 전부 거듭난 것은 아니라고 단언할 수 있습니다.

귀신 들린 자의 주권을 존중하라

그리스도인은 예수님의 이름을 통해 큰 권세를 가집니다. 그런데 우리가 갖지 못하는 한 가지 권세는 다른 사람 대신에 결정을 내리는 권세입니다. 어떤 사람이 자유롭게 되기를 원치 않는다면, 그 사람이 더 나아지게 하기 위해 우리가 할 수 있는 일은 거의 없습니다. 하나님도 개인의 결정에 있어서 그의 주권을 존중하십니다.

C. J.의 예에서, 저는 한 시간 정도 소란을 피우던 귀신에게 먼저 조용히 하라고 명령했습니다. 제가 C. J.와 대화하기 원하며, 귀신과 대화하기 원치 않는다고 말했습니다. 바로 그 순간, 모든 것이 잠잠해지고 C. J.는 제정신으로 돌아왔습니다. 저는 C. J.에게 자유롭게 되기 원하는지 물었습니다. C. J.에게 자유는 그의 모든 삶의 방식을 떠나는 것을 의미했음을 기억하십시오. 사실, 그는 당시에도 여전히 폭도들을 위해 일하고 있었습니다. 그가 결정을 내리기까지 어느 정도의 시간이 걸렸던 것으로 기억합니다. 그의 내면에서 전쟁이 있는 듯해 보였습니다.

C. J.는 몸에 영향을 미치던 귀신들뿐 아니라, 자신의 의지와, 사고방식, 영혼의 욕구들을 대항해 싸우고 있었습니다. 이것은 오직 그 자신만이 할 수 있는 것이었습니다. 저는 그가 허락하기를 기다려야만 했습니다. 그가 자유롭게 되기를 원한다고 제게 말했을 때, 저는 그에게 한 가지 방법밖에 없다고 말해주었습니다−그는 회개해야 했고, 예수님께 신뢰를 두어야 했습니다. 저는 간략하게 복음을 전했고, 저와 함께 기도하고 그의 삶을 그리스도께 항복하기 원하는지 물었습니다. 그가 동의했습니다. 이 모든 일은 그가 바닥에 누워있는 상태에서 일어났습니다.

저는 그를 간단한 기도로 인도하려고 했습니다. 그러나 그가 예수님의 이름으로 말하려고 할 때마다, 귀신들이 그를 다시 제압하기 시작했습니다. 그럴 때마다 저는 귀신들을 향해 권세를 행사했고, 그들은 조용해졌습니다. 그 후에 저는 C. J.의 허락을 계속 얻어서, 다시 기도하기 시작했습니다. 제가 가진 '믿는 자의 권세'는 '주권을 가진 개인의 권세'와 함께 일할 필요가 있었습니다. C. J.가 예수님께 항복하기로 결단했을 때, 자유가 그의 삶에 임했습니다.

메마른 곳에 사는 악한 영들

예수님께서 말씀하신 이 비유는 귀신 들림과 축사에 대해 중요한 가르침을 줍니다.

> 더러운 귀신이 사람에게서 나갔을 때에 물 없는 곳으로 다니며 쉬기를 구하되 쉴 곳을 얻지 못하고 이에 이르되 내가 나온 내 집으로 돌아가리라 하고 와 보니 그 집이 비고 청소되고 수리되었거늘 이에 가서 저보다 더 악한 귀신 일곱을 데리고 들어가서 거하니 그 사람의 나중 형편이 전보다 더욱 심하게 되느니라 이 악한 세대가 또한 이렇게 되리라
>
> \- 마태복음 12:43-45

이 본문에서 몇 가지 중요한 교훈을 생각해봅시다.

귀신들은 돌아올 수 있습니다.

어떤 분들은 C. J.의 경우에 제가 왜 예수님처럼(한 마디로) 귀신을 쫓아내지 않았는지 궁금해하실 수도 있습니다. 이것은 좋은 질문이며 적절한 질문입니다. 저는 삼위일체 하나님 중의 한 분이 아니므로, 자주 제

자신이 예수님의 본에 미치지 못하는 것을 봅니다. 만일 당신이 귀신을 마주하게 된다면, 예수님의 방법을 먼저 따르십시오. 제 이야기는 당신에게 궁극적인 본을 보여주기 위한 것이 아닙니다. 이것은 저의 경험 중 하나이고, 좋은 결과가 있었던 것입니다.

비록 한 마디의 말로 귀신을 쫓아낼 수 있다고 해도, 그 귀신이 다른 귀신들을 데리고 같은 사람에게로 돌아와 사실상 문제를 더 심각하게 만들어버릴 수 있습니다. 예수님께서 제자들을 명하셔서 복음을 전하게 하시고, 병든 자를 치유하게 하시고, 문둥병자를 치유하게 하시고, 죽은 자를 살리게 하시고, 귀신을 내쫓게 하셨습니다. 이러한 능력의 나타남은 놀랍습니다. 그러나 잊지 마십시오: 예수님께서 또한 제자들에게 "모든 민족을 제자로 삼으라"고 말씀하셨습니다(마28:19).

귀신을 내쫓는 것은 쉬운 부분이라고 말하고 싶습니다. 사람들이 자유롭게 되면, 우리는 기꺼이 그들과 동행해야 합니다. 저는 C. J.가 구원을 받은 초기에 그가 예수님의 제자가 되도록 도왔습니다. 이미 동거하고 있었던 여자친구이자 아이들의 엄마였던 니키와 결혼하도록 격려했고, 결혼식을 주례했습니다. 저는 지금도 C. J.와 연락을 하고 지냅니다. 사실, 이 장을 쓰려고 준비하면서 이야기의 세부 내용을 모두 확인하기 위해 C. J.와 니키를 만났습니다. 우리는 여전히 친구이며, 그는 저에게 자주 전화를 합니다. 우여곡절이 있었지만, 그는 여전히 주님을 섬기고 있으며 지금은 목사가 되어 있습니다. 축사는 즉각 일어났습니다. 그러나 그는 여전히 그리스도인의 삶을 살아내야 했습니다. 이것은 시간이 걸립니다. 사실, 이것은 일생이 걸립니다.

어떤 사람은 축사 이후에 상태가 더 안 좋아질 수 있습니다.

예수님께서 놀라운 말씀을 하셨습니다. "그 사람의 나중 형편이 전보다 더욱 심하게 된다!" 이 말씀은 위에서 제가 짚은 요점에 직접적으로 관련됩니다. 우리는 체중을 줄이기 위해 식이요법을 해서 50파운드를 빼고 난 뒤, 절제하지 못해 80파운드가 늘어난 사람들을 알고 있습니다! 축사는 반드시 필요하지만, 축사만으로는 충분하지 않습니다. 축사를 시작으로, 귀신들이 다시는 돌아오지 못하도록 영구적인 변화가 있어야 합니다. 사람의 삶에서 변화가 없으면, 처음에 귀신을 들어오게 했던 그것이 다시 귀신들을 불러들일 수 있습니다. 어떤 행동이나 잘못된 신념이 한 사람의 삶에 귀신이 들어오도록 권리를 부여합니다. 우리가 곧 이야기해보겠지만, 용서하지 않는 것과 쓴 마음이 그 중 하나입니다. 종종 귀신 들린 사람이 주술에 가담해 온 것을 발견하기도 합니다. 때로는 약물남용이 귀신들의 입구가 됩니다. 이런 문들이 닫히지 않으면, 귀신들은 (친구들과 함께) 다시 돌아옵니다. 귀신 들린 사람은 이전보다 형편이 더욱 심각해집니다. 그래서 바로 다음 원칙이 아주 중요합니다.

집을 채워야 합니다.

예수님께서 "귀신들이 돌아와 그 집이 비어 있는 것을 발견하면 그 집을 다시 차지한다"고 말씀하셨습니다. 축사 사역에서 "집"을 채우는 것이 아주 중요합니다. 우리는 지금 영적인 원리에 대해 나누고 있다는 것을 기억하십시오. 이전에 그 집을 차지하고 있던 귀신들은 악한 영들입니다. 귀신들이 돌아올 수 없도록 그 집이 채워져야 한다면, 분명한 해결책이 한 가지 있습니다. 축사된 사람은 성령님으로 채워져야 합니다.

제가 C. J.를 만난 그 날, 예수님을 영접하도록 함께 기도한 이유가 이것입니다. 성령님께서 오셔서 그 안에 거하시기만 한다면 그의 축사는 온전하고 영구적이 될 것이라는 사실을 알았습니다. 성경은 우리가 거듭날 때 성령을 받는다고 말씀합니다. 축사를 받고 나서 거듭나지 않은 사람은 위험한 상황에 놓입니다. 이런 사람은 앞문을 활짝 열어놓은 빈 집입니다. 이미 언급했듯이, 이 사람의 문제는 더욱 심각해질 뿐입니다.

축사는 반드시 필요하지만, 축사만으로는 충분하지 않습니다. 축사를 시작으로, 귀신들이 다시는 돌아오지 못하도록 영구적인 변화가 있어야 합니다.

저는 그 날 또한 C. J.가 성령의 침례를 받도록 함께 기도했습니다. 제가 그에게 손을 올려놓자, 성령의 능력이 그에게 임했고, 그는 즉시 극적으로 채워졌으며 방언을 말하기 시작했습니다. 저는 이것이 축사의 가장 중요한 측면 중 하나라고 믿습니다. 사람들이 성령의 침례를 받는 것을 확실하게 할 필요가 있습니다.

아프리카에서 복음 전도 집회 기간 동안 매주, 저는 하루 밤을 들여서 귀신의 저주와 묶임을 특별히 다루곤 합니다. 그 밤은 대규모의 축사가 일어나는 밤입니다. 그리고 다음 날 밤은 성령의 침례에만 집중합니다. 수천 명이 그리스도를 영접한 후에 저는 엄청난 군중을 위해 기도하고, 성령으로 그들에게 침례해주시기를 하나님께 구합니다. 제가 항상 놀라는 것은, 이날 밤에 그 어느 날보다도 더 많은 귀신이 쫓겨나갑니다. 축사에 집중하는 밤보다도 이날 밤(성령의 침례에 집중한 밤)에 더 많은 귀신이 쫓겨나갑니다. 성령의 부어짐을 악한 영들은 절대적으로 두려워하는 것 같습니다. 성령님이 오셔서 거하실 때, 악한 영들은 떠나야만 합니다.

귀신의 영향을 인지하기

귀신 들린 사람을 대할 때 항상 명백한 것은 아닙니다. 단순히 뭔가 이상해 보이거나 심지어 섬뜩한 느낌이 들더라도, 귀신의 영향이 있다고 추정하는 것은 보통 실수입니다. 제3세계의 여러 국가들에서는 사람들이 가장 기본적인 의료 혜택조차 받지 못하고 있습니다. 게다가, 극도로 나쁜 상태의 환자를 치료하는 기관들도 존재하지 않습니다. 따라서 서양에서 공공연히 볼 수 있는 그 어떤 상태보다도 훨씬 더 심각한 환자들을 마주치곤 합니다. 한 선교 여행에서, 그 팀의 젊은 여성 한 명이 심각하게 기형인 사람을 마주쳤습니다. 상태가 매우 비참해서 그녀는 귀신의 영향이 있다고 확신했고, 축사가 필요한 것인지 알기 원했습니다. 이 경우에는 그러한 장애가 귀신으로 인한 것이라고 생각할 만한 이유가 전혀 없었습니다. 그녀는 한 번도 본 적이 없는 심각한 기형을 보고 본능적으로 단순하게 행동했습니다. 반면에, 우리는 육체의 질환과 질병이 때로는 귀신으로 인한 것임을 알고 있습니다(참고: 마9:32; 눅13:11). 어떻게 알아볼 수 있을까요? 여기에 몇 가지 방법이 있습니다. 이것만을 가지고 한 장에 걸쳐 각각의 요점을 상세하게 설명할 수도 있지만, 간략하고 명료하게 설명하겠습니다.

- 명백하게 나타나는 어떤 것이 있지 않으면 절대로 귀신 들렸다고 추정하지 마십시오.
- 귀신 들렸다고 생각할 수 있는 좋은 이유가 있을지라도, 모든 사람은 존엄성과 존중으로 대해야 합니다. 불필요하게 사람들을 당황하게 하거나 위협하지 마십시오. 모든 것을 사랑으로 행하면, 절대로 그릇되게 행하지 않을 것입니다.
- 이미 언급했듯이, 언제나 사람들을 그리스도께로 인도하는 것에 초점을 맞추십시오. 만일 귀신들이 누군가의 삶에 관여하고 있다면, 곧 분명하게 드러날 것입니다. 그러면 그 때 그 문

제를 다룰 수 있습니다.

- 귀신의 활동으로 보이는, 숨길 수 없는 단서들에 주목하십시오. 예를 들어, 사람들이 자해를 하거나 자살을 생각한다면, 그것은 종종(그러나 항상 그런 것은 아닙니다) 귀신의 활동을 나타냅니다. 성경에서 귀신들이 종종 사람들을 괴롭혀 불이나 물안에 몸을 던지게 하는 등, 자해하게 하는 것을 봅니다(참고: 마 17:15; 막9:22). 성경 말씀에 의하면, 이러한 귀신들은 그 사람을 죽이기 위해서 그렇게 했습니다.

자해와 자살의 경향들

마가복음 5장에 등장하는 군대 귀신에 들린 사람의 이야기는 흥미롭습니다. 성경은 이 사람에 대하여 두 가지 중요한 세부 사항을 알려줍니다. 첫째로, 처음 다섯 개 절에서 그가 무덤 사이에서 살았다는 것을 세 번 언급합니다. 성경에서 자주 반복할 때, 저는 그것에 주의를 기울입니다. 이 귀신들은 죽음에 집착하여, 귀신 들린 사람이 살아있었는데도, 무덤 가까이에 있고 싶어할 정도였습니다. 두 번째로, 그는 돌로 자기 몸을 해치고 있었습니다. 저는 여러 나라를 돌아다니면서 이러한 경우를 많이 보게 됩니다. 특히 젊은 사람들 중에 많이 있습니다. 그들을 종종 '커터cutters'라고 부릅니다. 충동적으로 자신을 칼이나 면도날로 베는 사람들입니다. 때때로 손목을 긋기도 하고, 온 몸이 베어낸 흔적으로 가득하기도 합니다. 저에게 이것은 귀신의 괴롭힘이 있음을 알려주는 징후 중 하나입니다. 자신의 몸을 상하게 하는 사람들은 자살을 생각하기도 합니다. 이것은 확실히 귀신의 활동을 보여준다고 저는 생각합니다. 이들은 축사가 필요합니다. 귀신들은 죽음과 자해를 좋아합니다. 이러한 징후들을 볼 때, 귀신 들림을 다루어야 할 수도 있음을 인지하셔야 합니다.

흥미롭게도, 이 이야기의 마지막에 귀신들은 예수님께 자기들을 돼지 떼 안으로 보내주시기를 구합니다–그리고 예수님께서 허락하십니다. 어떤 일이 일어나는지 보십시오. 돼지들은 즉시 비탈로 내려가서 바다에 빠져 죽습니다. 귀신들은 고통과 죽음을 좋아합니다. 언뜻 보기에 이것은 그들에게 병적인 만족을 주는 것 같습니다. "도둑이 오는 것은 도둑질하고 죽이고 멸망시키려는 것뿐이요"(요10:10). 예수님께서 이렇게 말씀하신 것이 놀랍지 않습니다.

여담으로, 제가 최근에 본 가장 놀라운 기적 중 하나는 커터들이 완전히 치유를 받는 기적이었습니다. 어떤 집회에서는 그들이 축사될 뿐 아니라, 몸의 상처가 완전히 사라지는 것을 보았습니다! 저는 한 예배에서 이러한 일이 즉시 여러 번 일어나는 것을 보았습니다. 그 방 전체에서 사람들이 모든 상처가 기적적으로 사라진 것을 보고 몹시 놀라 소리를 지르기 시작했는데, 얼마나 놀라운지요! 적의 악의와 수법은 바뀌지 않았습니다. 그런데 우리의 예수님도 어제나, 오늘이나, 내일도 항상 동일하십니다. 예수님은 여전히 포로된 자들에게 자유를 주십니다.

숨길 수 없는 징후들

누가 귀신 들렸고 누가 아닌지 항상 분명하지는 않지만, 몇 가지 징후들은 즉시 알아볼 수 있게 해줍니다.[1]

- 정신적 블록(역주: 감정적 요인에 의한 생각이나 기억의 차단)
- 폭력적 반응
- 신성 모독과 저주

- 일관성이 없는 말
- 숨이 차는 느낌
- 증오가 가득한 표정, 무표정, 초점이 맞지 않는 눈
- 신체의 일부에서 억압이 나타남
- 구토
- 괴성을 제어하지 못함

귀신의 영향력을 알아보는 데 있어서 분별력이 언제나 가장 중요한 도구입니다.

귀신의 입구를 감지하라

귀신 들린 것 같은 사람들에게 사역을 할 때, 당신의 눈과, 귀와, 영적인 분별력을 민감하게 사용해서, 무엇이 악한 영들에게 그 사람 안으로 들어갈 권리를 내주었는지 분별하는 것이 지혜롭습니다. 귀신들은 초대받지 않은 곳에 붙지 않습니다. 초청이 항상 의도적이거나 의식할 수 있는 것은 아니지만, 언제나 공식의 일부입니다. 당신이 무엇을 다루고 있는지 안다면, 도움이 될 것입니다.

과거에 주술, 마술, 우상숭배에 가담한 것이 근원이 될 수 있습니다. 프리메이슨이나 심령술의 점괘판, 순진한 게임 같아 보이는 교령회에서 했던 서약과 맹세 같은 것들도 악한 영에게 문을 열 수 있습니다. 저는 종종 절제하지 못하는 분노나 증오가 귀신의 활동을 초청할 수 있다고 들었습니다. 폭력은(특별히 살인은) 귀신의 입구가 될 수 있습니다.

낙태를 하는 의사가 그의 진료소 앞에서 찍은 비디오가 있습니다; 그는 수술복을 입고 명백하게 귀신을 드러내 보이는 것 같습니다. 그는 휘

파람을 불며 자신이 어둠의 마음을 가지고 있고 아기들을 죽이는 것을 좋아한다고 선언합니다. 그토록 많은 피를 흘리게 하는 사람이 귀신 들린 것은 놀라운 일이 아닙니다.

집단 학살이나 대량 살인에 가담한 사람들이 종종 생명을 죽이는 것에 집착하거나 심지어 중독이 되기도 한다고 알려져 있습니다. 때로는 전쟁에서 용사들이 살인 욕구에 휩싸입니다. 이러한 현상을 위한 단어—*피에 굶주림*—마저 있습니다. 사전은 *피에 굶주림*을 "종종 전쟁이 한창 벌어질 때 일어나서, 억제할 수 없는 학살과 고문으로 이어지는 유혈, 대학살을 향한 욕구"라고 정의합니다.[2] 저는 이것이 이해가 됩니다. 이미 우리가 이야기했듯이, 귀신들은 죽음과 파괴를 좋아합니다. 유혈과 폭력이 귀신들을 끌어당기는 것은 당연합니다.

그리고 어떠한 약물들이 의도치 않게 귀신들에게 문을 열게 하는 것도 가능합니다. 예를 들어, 어떤 환각 유발제가 수천 년 동안 종교적인 의식에 사용되어왔습니다. 오늘날 많은 사람들이 여전히 주술사나 무당의 안내를 받아 환각 여행을 갑니다. 저는 이 약물을 사용하는 사람들이 천사, 귀신, 외계인, 그리고 심지어는 요정으로 묘사되는 존재들과 기이한 만남이나 소통을 한 경험을 들어본 적이 있습니다. 더욱 수상한 점은, 어떤 약물을 복용하면 이러한 경험들이 항상 단지 주관적이지만은 않은 것 같습니다(보통 환각은 주관적입니다). 사용자들은 종종 같은 경험을 알려줍니다. 이러한 현상이 너무 자주 일어나서 과학자들은 이런 경험들을 연구 중에 있습니다.[3]

우리는 또한 뉴에이지 운동이 주류가 된 시대에 살고 있습니다. 그 결과로 점점 더 많은 사람들이(심지어 그리스도인들도) 부주의하게 위험한 귀신의 영향력에 자신을 열어주고 있습니다. 예를 들어, 어떤 그리스도인들은 "영혼의 안내자spirit guides"에게 접근합니다. 이들은 실제로 악한 영들인 것을 알지도 못한 채 말입니다. 아리조나의 침례교단 목사인, 로저 베리어Roger Barrier가 다음과 같은 이야기를 했습니다:

하루는, 공익기업체에서 일하는 한 남자가 우리 집에서 일을 마치고 난 뒤 말했습니다. "당신은 로저 베리어이시지요? 저는 당신의 라디오 프로그램을 매일 듣고 있습니다. 제 아내와 저는 크리스천이에요. 제 아내는 문제가 좀 있습니다; 사실, 저는 그녀 안에서 어떤 일이 벌어지고 있는지 궁금할 때가 있어요. 당신은 귀신이 있다고 믿으십니까?"

"네," 저는 대답했습니다. "우리 부엌에 앉아서 대화하는 게 어때요?"

"몇 개월 전에," 그가 말하기 시작했습니다. "우리는 심령론자 교회에 갔는데, 우리의 삶을 지도해줄 영혼의 안내자를 받아들이는 기도를 하라고 권고를 받았습니다. 저는 아무 기도도 하지 않았는데, 제 아내는 했습니다. 그 때부터 제 아내는 이전 같지 않아요. 가끔은 마치 그 안에 다른 인격이 있는 것 같아요. 그녀의 목소리도 바뀌고, 얼굴은 일그러지고, 하나님의 것들을 몹시 싫어해요. 우리의 결혼은 무너지고 있습니다. 제 아내는 기독교 교회에 돌아가려고 하지 않아요. 이 모든 게 어제 밤에 정점에 올랐습니다! 우리가 논쟁을 하던 중에, 그녀는 복도로 걸어가고 있었는데, 천천히 돌아서면서, 조롱하며 말했어요. '당신이 누군지 몰라?' 그녀의 목소리가 점점 커지다가 같은 말을 반복하면서 소리를 질렀어요. '당신이 누군지 몰라? 당신이 누군지 몰라?'"

그는 떨고 있었습니다. "제 생각에, 그녀는 귀신 들린 것 같아요. 성경에서 말씀하는 것처럼요. 우리를 도와주실 수 있나요?"[4]

당신이 누군가가 귀신 들린 것을 알고 정확히 어떤 종류의 영을 대하고 있는지 이해할 때, 당신은 그 귀신들에 대하여 아주 정확하게 권세를 행사할 수 있습니다. 이것이 항상 필수적인 것은 아니며, 저는 이러한 의견에 대해 독단적이 되거나 성경 밖의 교리를 만들어내고 싶지 않습니다. 그러나 축사 사역단체에서 일하고 계신 많은 분들과 저는 이러한 이해가 때로는 도움이 된다는 것을 발견했습니다.

그리스도인도 귀신 들릴 수 있나요?

이쯤에서 당신은 그리스도인들도 귀신 들릴 수 있는지 궁금할 것입니다. 이 주제는 아주 중요하지만 다루기 어려운 문제입니다. 이것을 언급함으로써 저는 지금 위험한 지대를 지나가고 있음을 깨닫습니다. 하지만 매우 자주 이 질문을 받고 있기에, 제 정직한 의견을 알려드리기 원합니다. 당신은 저와 동의하지 않을 수 있고, 동의하지 않는 것이 옳을 수도 있습니다. 이 글에서 제 관점을 알려드립니다.

저는 그리스도인이 귀신 들릴 수 있다고 믿지 않습니다. 한 사람이 구원을 받으면, 성령께서 그 사람 안에 거하시기 위해 임하십니다. 따라서 저는 믿는 사람의 "집"에 성령께서 거주하시는데, 귀신이 동거할 수 있다고 보지 않습니다(참고: 고후6:14). 반면에, 저는 모든 면에서 외적으로는 사실상 그리스도인인 사람들을 보아왔습니다. 그런데 그들은 명백하게 귀신 들림을 나타내며 축사를 받았습니다. 이런 것을 한두 번 목격한 것이 아니고, 많이 목격했습니다. 수백 번이라고 말할 수 있습니다. 저는 어떻게 이것이 가능한지 완전히 이해하지 못하지만, 제가 본 것을 부인할 수는 없습니다. 가장 강력한 축사 사역자 중 한 분인 카를로스 아나콘디아 목사님이 말씀하시기를, 그분의 크루세이드에서 축사 사역을 받는 사람들의 30-40%가 교회에 소속된 사람들이라고 합니다.[5] 아마도 이 주제에 대한 저의 입장이 시간이 흐르면서 달라질 수 있을 것 같습니다. 그러나 저는 이 딜레마를 다음과 같이 정리했습니다.

첫째로, 영적인 세계에 대해 우리가 이해하지 못하는 것이 아주 많습니다. 고려해야 할 변수가 많고, 모든 영적인 세계는 보이지 않으며 불가사의합니다. 예를 들어, 저는 겉으로만 보아서 누가 진짜 거듭났고, 누가 거듭나지 않았는지를 항상 말할 수 있지 않습니다. 그러나 진정으로 거듭난 그리스도인조차도 때로는 그 몸이 물리적으로 적에게 공격을 받는다고 믿습니다. 또한 적은 그리스도인들의 생각에 영향을 주려고 애쓴다는 것을 알고 있습니다. 우리는 이미 이것에 대해 충분히 이야기했습니다. 믿는 사람들이 악한 사고방식을 끌어안고 살면서(혹은 주님의 통치 아래 있지 않은 삶의 영역을 가지고 있으면서) 동시에 귀신에 대한 권세를 가질 수 없습니다. 그리스도인이 이러한 상태에 있을 때, 귀신이 어느 정도 그 사람에게 영향을 미칠 수 있지 않을까요?

예수님께서 베드로를 통해 말하는 사탄을 꾸짖으셨습니다. 베드로는 예수님의 말씀을 따르고 지키는 제자 중 한 명이었습니다(마16:23; 요17:6). 사도 바울은 믿는 자들에게, 분을 품어서 마귀에게 틈을 주는 것에 대해 경고했습니다(엡4:26-27). 그리고 나서 그들에게 하나님의 전신 갑주를 입고 악한 자들의 모든 권세를 능히 대적한 후에 견고히 서라고 가르쳤습니다(엡6:10-17). 야고보 사도도 믿는 자들에게 마귀를 대적하라고 촉구했습니다(약4:7). 마귀가 믿는 자들의 생각과 육체에 공격을 가할 수 있다면, 그리고 성경 말씀이 우리에게 "마귀를 대적하고 견고히 서라"고 경고하는 것이 필요하다면, 믿는 자들이 그렇게 하지 못할 때 어떤 일이 일어날까요? 아무 일도 일어나지 않을까요? 그저 모노폴리나 캔디랜드 같은 보드게임에서 진 것 마냥 완전히 자유롭고 행복한 삶을 지속할 수 있을까요?

저는 그런 경우를 생각할 수 없습니다. 위의 말씀들에 근거하여, 그리스도인들이 마귀를 대적하는 것에 실패할 때, 반드시 결과가 있을 것입니다. 결국, 죄로부터 구원받은 그리스도인들은 여전히 죄를 지을 수 있습니다. 비록 우리 안에 계신 성령님께서 거룩하시지만, 경건하지 않은 행동에 가담하는 것은 여전히 가능합니다—비록 우리가 성령께서 거하시는 성전이지만 말입니다. 실제로, 우리는 성경 말씀에서 불경건한 행동으로 지적을 받아야 했던 그리스도인들을 알고 있습니다(고전5:1). 성도들이 죄를 지을 수 있다면, 적어도 일시적으로 악한 영의 영향력 아래 들어갈 수도 있는 것 같습니다.

어떤 사람들은 '사로잡힌possessed' 것과 단순히 '억압을 받거나oppressed' 괴롭힘을 당하는 것의 차이를 가르칩니다. 이러한 구분은 도움이 될 수 있지만, 제가 이미 언급했듯이, 귀신들은 어떤 방식으로도, 그 누구를 사로잡지 못합니다—그들이 완전히 통제하고 있는 사람일지라도 말입니다. 더 나아가서, 다양한 단계의 귀신의 영향력을 정돈된 범주 안에 넣을 수 있는 사람을 본 적이 없습니다. 누군가 귀신 들린 것이 드러난다면, 그것은 분명히 아주 심한 경우이지만, 귀신 들린 모든 사람들이 드러나지는 않습니다. 우리는 이 모든 것이 어떻게 작동하는지 잘 알지 못합니다.

그리스도인이 특정한 방식으로 악한 영들의 영향을 받는 것은 가능합니다—우리는 이것을 압니다. 반면에, 저는 성령께서 내주하시는 진정한 그리스도인이 본성적으로 그리고 위치적으로 자유롭게 된 하나님의 자녀라고 믿습니다. 우리는 *하나님의* 집으로서 하나님께 속하며, 귀신의 힘에 사로잡힐 수 없습니다. 악한 영의 영향이 있다해도, 악한 영의 통제가 있을 수 없습니다. 만약 악한 영들이 그리스도인들에게 어느 정도 영향을 줄 수 *있다면*, 어느 정도 영향을 미쳐서는 *안 됩니다*! 하나님의 자녀이자 하나님의 성전으로서, 귀신들의 일시적인 영향력 아래 들어가는 그리스도인조차도 그들보다 더 높은 위치에 있습니다. 그런데 그리스도인은 더 높은 위치에서 무언가를 해야 합니다! 그러므로 저는 귀신들이 그리스도인에게 어떻게 영향을 줄 수 있는지 완전히 이해하지 못한다고 인정하지만, 어느 정도 일어날 수 있는 일인 것 같습니다. 우리는 하나님께 복종하고, *마귀를 대적해서*, 귀신의 공격에서 벗어나야 합니다.

이것이 제가 채택한 실제적인 접근법입니다. 어떤 사람이 귀신 들림을 드러내는 것을 본다면, 제가 아는 것이라고는 귀신이 쫓겨나야 한다는 것뿐입니다. 그게 전부입니다. 그 사람을 명백하게 귀신 들린 사람으로 보고 있으면서, 그에게 "성경 말씀에 의하면 그리스도인은 귀신 들릴 수 없기 때문에 그것은 불가능하다"고 설명하려 들지 않을 것입니다. 귀신의 영향력이 있는 곳마다, 당신이 그것을 어떻게 분류하든지, 그것에 대해 권세를 가지고 쫓아내고 떨쳐 버리십시오.

반면에, 저는 우리가 이유도 없이 귀신을 잡으러 가야 한다고 생각하지 않습니다. 그리고 저는 사람이 갖고 있는 모든 문제가 귀신과 관련이 있다고 추정하지 않습니다. 또한 저는 그리스도인이 어느 정도로든 악한 영의 속박 아래 들어간다고 믿지 않습니다. 예수님의 보혈을 통해 우리는 완전한 자유 안에 살아갈 권리를 갖습니다. 절대로 그보다 못한 수준에 머물러서는 안 되겠습니다.

믿음, 두려움, 그리고 불신

복음서에는 예수님께서 귀신을 내쫓으신 놀랍고도 잘 알려진 이야기가 하나 있습니다. 이 이야기는 우리에게 축사 사역에 대한 몇 가지 중요한 교훈을 줍니다.

> 그들이 무리에게 이르매, 한 사람이 예수께 와서 꿇어 엎드려 이르되 주여 내 아들을 불쌍히 여기소서 그가 간질로 심히 고생하여 자주 불에도 넘어지며 물에도 넘어지는지라 내가 주의 제자들에게 데리고 왔으나 능히 고치지 못하더이다 예수께서 대답하여 이르시되 "믿음이 없고 패역한 세대여 내가 얼마나 너희와 함께 있으며 얼마나 너희에게 참으리요 그를 이리로 데려오라" 하시니라 이에 예수께서 꾸짖으시니 귀신이 나가고 아이가 그 때부터 나으니라 이 때에 제자들이 조용히 예수께 나아와 이르되 우리는 어찌하여 쫓아내지 못하였나이까 이르시되 "너희 믿음이 작은 까닭이니라 진실로 너희에게 이르노니 만일 너희에게 믿음이 겨자씨 한 알 만큼만 있어도 이 산을 명하여 여기서 저기로 옮겨지라 하면 옮겨질 것이요 또 너희가 못할 것이 없으리라 기도와 금식 외에 다른 것으로는 이런 종류가 나갈 수 없느니라
>
> \- 마태복음 17:14-21

제자들이 예수님께 왜 자신들은 귀신을 쫓아내지 못했는지 여쭈었을 때, 예수님께서 단순한 대답을 주셨습니다. "너희들의 불신 때문이다"(NKJV 직역). 예수님은 계속해서, 겨자씨 한 알 만큼의 믿음으로 산을 옮길 수 있다는 말씀을 강조하여 덧붙이셨습니다. 이 말씀은 우리에게 아주 중요한 것을 알려줍니다: 귀신들을 대할 때 믿음은 없어서는 안 될 요소라는 점입니다.

이 책 전반에 걸쳐 반복한 주제에 비추어 볼 때, 불신이 왜 그렇게 독성이 있는지 이해하는 것은 어렵지 않을 것입니다. 믿음과 대조적으로,

불신은 이 시대의 정신에 동의합니다. 불신은 그리스도의 사고방식이 아닌, 마귀의 사고방식을 받아들인 것입니다. 마귀와 동의하는 사람은 누구나 귀신을 내쫓기 어려울 것입니다. 믿음은 하나님의 말씀에 동의하는 것입니다. 믿음은 오감각의 지시를 받지 않습니다. 하나님의 경제 안에서 믿음은 실상이며 증거입니다(히11:1).

하나님의 능력이 믿음을 통해 역사되는 반면, 사탄은 두려움을 즐깁니다. 축사 사역에서 두려움은 없어야 합니다. 귀신들은 마치 상어가 피 냄새를 맡는 것처럼 두려움의 냄새를 맡고, 두려움은 귀신들을 더욱 대담하게 만듭니다. 예수 이름의 권능을 담대히 신뢰하고, 귀신을 대해야 합니다. 예수님께서 당신에게 권세를 주셔서 "뱀과 전갈을 밟게 하시고 원수의 모든 능력을 제어하게 하시며 우리를 해칠 자가 결코 없다"(눅10:19)는 것을 알아야 합니다. 어떤 귀신도 당신에게 들러붙을 수 없습니다. 어떤 저주도 당신에게 이를 수 없습니다(잠26:2). 그들에게서 두려워할 것이 전혀 없습니다. 당신은 예수님의 보혈 안에서 보호를 받습니다. 당신은 하나님의 자녀입니다. 예수님께서 이미 "통치자들과 권세들을 무력화하여 드러내어 구경거리로 삼으시고 십자가로 그들을 이기셨습니다"(골2:15). 예수 그리스도의 승리의 이름으로 당신은 귀신을 내쫓습니다. 당신 안에 성령님께서 거하십니다. 성령님은 예수께서 이 땅에서 귀신을 내쫓으셨던 하나님의 손가락입니다(눅11:20). 축사 사역을 할 때는 하나님을 향한 확실한 신뢰와 당신이 사역하는 그 사람을 향한 깊은 사랑으로 스스로를 무장하십시오. 온전한 사랑이 두려움을 내쫓습니다(요일4:18). 두려움의 영은 악하지만, 하나님은 우리에게 완벽한 해결책을 주셨습니다. 능력과 사랑과 절제하는 마음입니다(딤후1:7).

기도와 금식 외에 이런 종류가 나갈 수 없느니라

우리가 방금 마태복음 17:14-21에 대해 나누었기 때문에, 저는 이 기회를 잡아 축사에 관한 일반적인 질문에 대해 다루려고 합니다. 예수님께서 "그러나 기도와 금식 외에 다른 것으로는 이런 종류가 나갈 수 없느니라"고 말씀을 마치셨을 때, 무엇을 의미하신 것일까요? 저는 이미 불신이 아주 중요한 문제임을 분명하게 설명했습니다. 예수님에 의하면, 불신이 제자들로 하여금 소년에게서 마귀를 내쫓지 못하도록 가로막은 문제였습니다. 그러나 21절에서, 예수님께서 아주 다른 말씀을 하고 계신 것만 같습니다. 예수님은 어떤 귀신들은 기도와 금식이 없이는 떠나지 않을 것이라고 말씀하십니다. 많은 분들이 이 구절에 대하여 저에게 질문을 하셨고, 저도 이 본문에서 이 구절이 상당히 어렵다는 것에 동의합니다.

또 어떤 분들은 조금 더 당황스러운 것을 발견하실 것입니다: 마태복음 17:21에서, 기도와 금식에 대한 문장을 포함하는 절은, 성경 책에서 완전히 빠져있을 수 있습니다. 여기에는 타당한 이유가 있습니다: 이 본문을 포함하고 있는 초기의 헬라어 사본은 이 구절을 빼놓았습니다.

현재 우리가 읽는 신약 성경이 되기까지의 과정에 대해 아주 조금 설명하겠습니다. '본문 비평textual criticism'은 원본에 쓰여진 것이 무엇인지 확정하기 위해 고대의 사본들을 연구하는 과학입니다. 사실상 그 어떤 책도 성경의 저자가 직접 쓴 원본을 가지고 있지 않기 때문에, 이 연구 방법은 성경에 필요합니다. 대신에 우리는 2세기부터 중세 시대의 기간에 걸쳐 있는 복사본들을(그리고 복사본의 복사본들을) 가지고 있습니다. 이 복사본들을 사본이라고 부릅니다.[6] 물론, 인쇄기가 발명되기 전, 수천 년 동안 성경의 사본들은 서기관에 의해 손으로 복사되어야 했습니다.[7] 비록 이 서기관들은 그들이 하는 일에 고도의 기술을 가지고 있었고 잘 훈련되어 있었지만, 그들도 역시 사람이었고 오류가 있었습니다. 그러나 우리는 다행입니다. 신약 성경의 전체 혹은 일부가 적힌 헬라어 사본을 무려 5,600개 이상 갖고 있습니다. 사실 신약 성경에 포함된 책들의 사본이 고대의 다른 어떤 문서들의 사본보다 더 많습니다–지금까지는요![8] 신약 성경은 인간의 역사에서 가장 잘 보존되어 있는 고대 문서들의 묶음입니다. 더 나아가서, 사본들 간의 대다수의 차이는(이문textual variants이라고 부름) 하찮은 정도입니다. 대부분의 차이는 단순한 철자 실수이거나, 단어의 선택이 다르거나, 서로 다른 대명사를 사용한 것들(예: '그들은' 대신에 '그는')입니다. 아주 적은 비율의 이문만 본문의 내용에 영향을 주는데, 실제 기독교 교리에는 아무런 영향을 주지 않습니다.[9] 대부분의 이문이 극도로 미세한 정도이고 우리는 수천 개의 사본을 가지고 있기 때문에, 학자들은 원본의 신약 성경이 말씀하는 것을 알고 있다고 일반적으로 확신합니다. 본문 비평의 과학은 중요하고 믿을 수 있습니다. 이것이 최고의 사본을 제공하여 우리가 현재 읽고 있는 성경이 번역되었습니다.

그럼에도 불구하고, 어떤 경우는 학자들이 원래의 문구가 무엇인지 덜 확신합니다. 그러나 제가 말씀드렸듯이, 어떠한 경우에도 이런 차이가 실제 기독교의 가르침이나 신앙에 아무 영향을 주지 않습니다. 하지만 이러한 경우들에는 원래의 문구를 찾기 위해 조금 더 철저한 검토가 요구됩니다. 이런 경우 중 하나가 마태복음 17:21입니다. 현재 신약 성경 학자들 간에 합의된 것은 어느 시점에 서기관들이 마태복음 17:21에 기도와 금식에 관한 서술을 포함시켰다는 것입니다.[10] 학자들이 이렇게 믿는 데에는 세 가지 근본적인 이유가 있습니다.

1. 이 구절은 가장 오래되고 가장 좋은 사본에서 찾은 구절이 아닙니다.[11] 명백하게, 시기적으로 원본에 더 가까운 사본들이 지속적으로 이 구절을 빼놓고 있는데, 더 최근의 사본들은 포함하고 있다면, 어느 시점에 추가되었을 것입니다.
2. *lectio brevior*(역주: 라틴어로, "더 짧은 문구가 원본에 더 가깝다"라고 하는 본문 비평의 원칙), 혹은 '더 짧은 문구shorter reading'라고 부르는 본문 비평의 원칙은 더 짧게 쓰여진 문구가 보통 더 정확한 것이라고 주장합니다. 서기관들이 내용을 생략하기보다 추가했을 가능성이 훨씬 더 높습니다.[12] 브루스 메츠거Bruce Metzger는 마태복음 17:21에 대한 다음의 진술에서 이 원칙을 넌지시 언급합니다: "만약에 마태복음에 원래 이 문구가 있었다 해도 이 문구가 매우 다양한 증인들에 의해 생략되었어야 하는 만족할 만한 이유가 없기 때문에, 그리고 서기관들이 또 다른 복음서에서 가져온 내용을 자주 삽입했기 때문에, 대부분의 [이 절을 포함하고 있는] 사본들은 마가복음 9:29과 동일한 이야기로 완전히 이해된 것 같다."[13] 그리고 이것은 세 번째 이유로 우리를 안내합니다.
3. 마가복음 9:29에서 같은 이야기를 적고 있는 본문에서, 예수님께서 이렇게 말씀하신 것으로 기록됩니다: "기도와 금식 외에 다른 것으로는 이런 종류가 나갈 수 없느니라." 메츠거와 많은 다른 학자들은 마가복음의 본문이 마태복음 17:21의 본문으로 동화된 것 같다고 주장합니다.[14]

이쯤에서 당신은 그렇다면 왜 우리가 마가복음 9:29의 기도와 금식에 대한 언급을 그냥 받아들이지 않는지 궁금할 수도 있습니다. 그러나

이 절에도 비슷한 문제가 있습니다. 이 구절에 "금식"이라는 단어가 가장 앞서고 가장 좋은 어떤 사본들에는 역시 적혀 있지 않습니다.[15] 마가복음 9장의 구절(역주: "기도와 금식"을 포함하는 구절)이 원문임을 지지하는 본문이 조금 더 많지만, 여전히 이를 반대하는 좋은 논증들도 존재합니다. 이것이 현대의 몇 가지 성경들이 "금식"이라는 단어를 빼놓은(혹은 괄호 안에 넣거나 각주에 붙여놓은) 이유입니다.

이 모든 것이 저에게 의미하는 바는 다음과 같습니다. 예수님께서 금식을 특정한 귀신을 내쫓기 위한 선행 조건으로 만드셨는지 아닌지는 확실하지 않습니다. 저는 개인적으로, 제가 본 증거들에 근거하여, 특정한 귀신을 내쫓기 위해 금식을 조건으로 삼는 이 구절을 마태복음과 마가복음의 원본이 포함하고 있을 것이라고 믿지 않습니다. 반면에 우리가 논의했듯이, 금식은 매우 중요한 영적 훈련입니다—그리고 매우 성경적입니다. 전반적으로 금식은 예수님의 가르침과 사도들 및 초대교회 가르침의 선상에 있습니다. 사실, 마가복음 9:29에 "금식"이라는 단어를 추가한 것에 대한 가장 좋은 설명은 초대교회가 금식을 기도와 함께 하는 것으로 매우 강조했다는(그리고 추측했다는) 것입니다. 따라서 아마도 뜻하지 않게 추가가 되었거나,[16] 서기관들이 명백하다고 여겼던 것을 분명하게 가르치기 위해서 추가했을 것입니다.[17] 2세기 혹은 3세기에 테르툴리아누스Tertullian는 예수님도 "마찬가지로 금식은 더 악한 귀신들과 싸우기 위한 무기가 되어야 한다고 가르치셨다"고 말했습니다.[18] 초대교회의 많은 사람들이 예수님께서 이 말씀을 금식에 관한 것으로 말씀하셨다고 믿었던 것이 분명합니다.

저는 결코 영적 전쟁과 축사 사역에서 금식의 중요성을 경시하지 않을 것입니다. 사실 축사 사역에 관여하는 사람들에게, 할 수 있다면 금식을 하라고 격려합니다. 그러나 금식이 마귀를 대적하는 일종의 비밀 무기로 보이거나 그리스도인들이 영적인 능력을 얻는 방법으로 보여서는 안 된다고 생각합니다. 우리의 권능은 성령님의 부어 주심과 믿음으로부터 옵니다. 단순하게 합시다.

저의 스승이신 라인하르트 본케가 금식에 대한 책을 쓴 어떤 분의 텔레비전 프로그램에 초대를 받으셨습니다. 금식은 그분의 사역에서 강조하는 것 중에 큰 부분이었습니다. 그는 놀라운 기적들과 수백만의 구원을 목격해온 라인하르트 본케에게 금식에 대해 어떻게 가르치시는지 물었습니다. 그는 복음전도자 본케가 그의 금식에 대한 강조점에 힘을 실어줄 것이라 생각했다고 저는 확신합니다. 그러나 그 대신에 복음전도자 본케는 아무도 예상하지 못했던 말을 하셨습니다. "제가 솔직하게 말해야겠습니다. 저는 다른 벽에서 전원 스위치를 발견했습니다."

분명히 말하자면, 저는 복음전도자 본케가 금식을 하시는 것을 알고 있고, 그는 금식의 가치를 이해하고 계십니다. 그러나 그의 요점은 중요합니다. 믿음이 그가 말한 전원 스위치입니다.[19] 그리고 이것이 위의 구절들에서 예수님의 요점이었습니다. 역설적이게도, 금식은 사실 우리 자신에 대한 권세를 얻는데 더 효과적입니다. 우리 자신을 하나님의 권세 아래 바르게 가져가는 것이 우리 자신의 삶과 마귀에 대해서 권세를 갖는 결과를 낳기 때문에, 이것은 사실 축사 사역에서 굉장히 가치가 있습니다—단지 많은 사람들이 추측하는 이유 때문이 아닙니다.

금식과 기도는 우리 자신을 영적으로 바르게 하도록 도와줍니다. 불신을 제거하고 우리의 마음을 하나님의 말씀에 맞추는 것이 여기에 포함됩니다. 이것이 예수님께서 말씀하신 것입니다. 제가 저의 책 Live Before You Die에 이렇게 적었습니다. "언뜻 보기에는 귀신이 이 대화의 초점인 것 같지만, 더 잘 들여다보면 이 이야기에서 진짜 강적은 귀신이 아니고 불신인 것을 깨닫게 될 것이다. 제자들은 소년 안에 있는 귀신에게 관심을 가졌지만, 예수님은 제자들 안의 불신에 관심을 가지셨다. 제자들의 질문은 귀신을 내쫓는 것에 관한 것이었지만, 예수님의 대답은 의심을 내쫓는 것에 관한 것이었다. 예수님은 일단 불신이 내쫓기고 나면 귀신을 쫓는 것은 식은 죽 먹기인 것을 아셨다."[20]

저주의 대물림

저는 어떤 악한 영들이 가족의 대를 이어 사람들을 괴롭히는 경향이 있는 것을 또한 발견했습니다. 종종 저주의 대물림generational curse이라고 불립니다. 저는 이 용어를 좋아하지 않습니다. 우리가 저주 그 자체를 다루고 있는 것인지 저에게는 분명하지 않기 때문입니다. 또한 이 용어는 매우 애매모호합니다. 열 명의 사람들에게 *저주*가 무엇을 의미하는지 묻는다면, 열 가지 다른 정의를 얻게 될 것입니다. 제가 확실하게 말할 수 있는 것은 영적인, 그리고 다른 종류의 문제들도 여러 세대를 걸쳐 나타나는 것 같습니다.

제자들은 소년 안에 있는 귀신에게 관심을 가졌지만,
예수님은 제자들 안의 불신에 관심을 가지셨다.
제자들의 질문은 귀신을 내쫓는 것에 관한 것이었지만,
예수님의 대답은 의심을 내쫓는 것에 관한 것이었다.

이 영역이 바로 상당히 섬세한 접근이 필요하다고 생각하는 또 다른 영역입니다. 저주의 대물림을 둘러싼 터무니없는 생각들도 많이 있고, 어떤 사람들은 분명히 너무 지나칩니다. 이 개념은 확실히 오류에 문을 열 수 있고, 때로는 미신적인 신념이 되기도 합니다. 게다가 가끔은 사람들이 왜 자신의 문제로 씨름하는지에 대해 변명하는 목발과 같이 사용되기도 합니다. 저는 이런 것을 전혀 좋아하지 않습니다. 예수님의 보혈이 우리를 새 피조물로 변화시키시고, 우리가 필요로 하는 모든 것은 십자가에서 얻을 수 있습니다.

그럼에도 불구하고, 어떤 사람들의 삶에 존재하는 문제들은 그들의 가족력 안에 반복되는 것으로 보는 것이 아주 정상적입니다. 예를 들어, 종종 알코올 중독이 있는 사람들은 성장할 때 알코올 중독의 아버지나 어머니와 함께 살았습니다. 이것은 눈에 보이게 나타나는 사실입니다.[21] 음란물의 문제가 있는 사람들은 종종 음란물이 문제가 된 가정 환경에서 자랐습니다. 분노나 격분의 문제가 있는 사람들은 종종 그들의 아버지들도 같은 문제를 가진 것을 볼 수 있습니다. 이것이 단순한 우연일 수 있을까요? 단지 생물학적인 요인에 기인한 것일까요? 축사 사역에 참여했던 많은 사람들이 믿는 것은, 자연적인 설명이 무엇이든지 간에, 여기에는 영적인 요소도 존재한다는 것입니다. 그런데 여기에 어떤 성경적인 뒷받침이 있을까요?

생각해 볼 몇 가지 성경 구절이 있습니다. 예수님께서 날 때부터 맹인된 사람을 보셨을 때, 제자들이 예수님께 흥미로운 질문을 합니다: "랍비여 이 사람이 맹인으로 난 것이 누구의 죄로 인함이니이까 자기니이까 그의 부모니이까"(요9:2). 이 질문은 제자들이 육체의 질병이 부모의 죄로 인해 전해져 내려올 수 있다고 믿고 있었던 것을 분명히 보여줍니다. 어떤 사람에게는 이 말씀이 *저주의 대물림*의 정의에 적합할 것입니다.

하나님께서 모세에게 "하나님을 사랑하고 하나님의 계명을 지키는 자에게는 천대까지"(출20:6) 은혜를 베푸신다고 말씀하셨습니다. 반면에, 하나님은 "[하나님을] 미워하는 자의 죄를 갚되 아버지로부터 아들에게로 삼사 대까지 이르게"(출20:5) 하십니다. 축복과 형벌이 세대를 이어

전해지는 영적인 원칙이 존재하는 것은 명백한 것 같습니다.

저는 종종 저주의 대물림으로 묘사되는 것이 (1) 유전적이거나(뒤에서 이것에 대해 더 이야기할 것입니다) (2) 세대에 걸쳐 가족에 붙어있는 악한 영이라고 생각하곤 합니다. 우리는 구약 성경에서 종종 점을 치는 것과 관련하여 사용되는 용어인 '익숙한 영들'(NKJV 직역)에 대해 읽어봅니다(레19:31). 이러한 영들이 죽은 사람들을 흉내 낼 수 있거나, 교령회에서 사람들의 조상들로부터 듣는다고 하는 인상을 줄 수 있는 것 같습니다. 어떤 악한 영들이 충분히 오랜 시간 자주 드나들어서 가족 구성원들에게 "익숙"해진 것을 나타내는 것 같습니다. 또, 이 가족 구성원들의 익숙함은 유전적인 연약함과 가족 안의 좋지 못한 성향들을 어떻게 이용할 수 있을지에 대한 좋은 아이디어를 이 귀신들에게 제공할지도 모릅니다.

흥미롭게도, 구약에서 귀신들이 명쾌하게 언급된 유일한 시점은 우상 숭배와 관련이 되어있습니다. 예를 들어, "그들은 그들의 자녀를 악귀들에게 희생제물로 바쳤도다"(시106:37; 참고: 레17:7; 신32:17; 대하11:15). 구약에서 여러 번 하나님께서 우상 숭배를 금하셨을 때, 아버지의 악행을 자손 삼사 대까지 보응하실 것을 하나님의 백성들에게 경고하신 것은 저에게 주목할 만한 것입니다(출20:5; 34:6-7; 신5:9). 본질적으로 귀신과 피로 언약을 맺는 이러한 희생제물이 악한 영들로 하여금 대를 이어 어떤 식으로든 그 가족에 머물게 할 수 있을까요?

후성유전학

현대의 후성유전학이 이 문제를 그 어느 때보다도 더욱 유의미하게 만들었습니다. 후성유전학이 낯선 분들을 위해, 제가 비전문가로서 설명을 드리겠습니다. 우리의 후성유전체는 유전자에게 무엇을 할지 알려주는 화학 물질로 구성됩니다. 그 중에서도 우리의 후성유전체는 우리의 행동과 환경에 영향을 받아, 특정한 유전적 발현에 규제를 가합니다. 예를 들어, 당신이 일란성 쌍둥이를 키우는데, 그 중 한 명은 건강한 삶을 살고 다른 한 명은 그렇지 않다면, 시간이 흘러 그들의 모습은 서로 매우 달라 보일 것입니다. 그들의 DNA는 여전히 같겠지만, 그 DNA의 발현은 다를 것입니다. 과거에는 모든 사람의 후성유전체가 백지상태에서 시작된다고 생각되었습니다. 그러나 오늘날 우리는 이러한 후성적 발현들이 한 세대에서 다음 세대로 전해질 수 있음을 알고 있습니다. 이것은 한 사람의 중독성 있는 행동과 삶의 방식의 선택, 그리고 활동들이 그 자녀들의 후성유전체에 변화를 야기할 수 있다는 것을 의미합니다. 흥미롭게도, 이러한 변화는 이삼 세대 동안 계속될 수 있습니다.[22]

영적인 저주나 익숙한 영의 묶임 개념이 성경적이라고 믿지 않는다 해도, 부모가 내린 선택이 그들의 자녀에게 아주 깊게, 인생의 변화를 가져오는 방식으로 영향을 미치곤 하는 것은 의심할 여지가 없습니다. 학대를 받았던 아이들은 성인이 되어 그 학대와 연결된 문제를 발전시킵니다. 종종 이들은 결국 동일한 학대를 자녀들에게 반복하게 됩니다. 왜 이런 일이 일어날까요? 이것이 중독의 유전적 경향일까요? 자녀들이 부모의 습관을 따라서 같은 실수를 반복하는 것일까요? 단순히 부모와 자녀가 닮아서 비슷한 씨름을 하는 것일까요? 후성적인 것일까요? 아마도 위에 나열한 모든 것의 혼합일 것입니다. 혹은 위의 모든 것에 영적, 혹은 귀신의 요소들이 더해졌을 것입니다.

저는 모든 답을 알고 있는 척하지 않겠습니다. 그러나 세계 곳곳에서 우리가 분명하게 볼 수 있는 패턴이 있음을 알고 있습니다. 그것이 저주의 대물림이든지, 대물림되는 영이든지, 단지 아이들이 부모가 열었던 악한 영향력에 같은 문을 여는 것이든지—저는 상관없다고 생각합니다.

만일 누군가가 귀신 들렸다면, 그것이 한 가족 안에서 여러 세대를 걸쳐 영향을 미쳐온 것이라 하더라도, 우리는 그것을 다룰 필요가 있습니다. 저주의 대물림에 대한 당신의 의견에 관계없이, 위에서 알려드린 정보들을 고려할 때, 여기 몇 가지 확실한 의견이 있습니다.

- 악한 영향력에 문이 열린 입구나 근본 원인을 찾고 있다면, 가족의 상황을 살펴보는 것이 종종 도움이 되는 단서를 줄 수 있습니다.
- 문제가 가족 안에서 여러 세대를 걸쳐 계속되어 왔다면, 그 문제가 영적인 연결을 가질 수 있다는 것을 보여줍니다.
- 사람들은 자유롭게 되는 것이 단지 그들의 축사에 관한 것이 아니라 가족 전체의 건강과 행복에 관한 것임을 깨달을 필요가 있습니다.

축사의 과정

간단하게 이 모든 요점을 함께 모아보겠습니다. 만약 당신이 귀신 들린 사람을 대면한다면, 저는 다음과 같은 방법들을 제안합니다. 이 요점들은 유연하게 적용할 수 있습니다. 이 모든 것이 항상 필요하지 않을 수 있습니다. 그리고 가끔 순서를 바꿀 수도 있습니다. 그러나 이것이 당신에게 도움이 될 좋은 개요라고 말해도 무리가 없다고 생각합니다.

귀신(들)에 대해 권위를 갖고, 그것(들)에게 예수님의 이름으로 잠잠할 것을 명령하십시오.

귀신에게 소리를 지르고, 예수의 보혈을 주장하고, 꾸짖는 것은 귀신을 더 난폭하게 만들 뿐입니다. 이런 방식으로 반응을 얻을 수 있지만, 목표는 극적인 장면을 만들어내는 것이 아닙니다. 목표는 귀신을 내쫓는 것입니다. 저는 귀신 들린 사람을 통해 말하는 귀신과 오랜 시간 대화를 하는 사역자들을 본적이 있습니다. 그런 종류의 사역은 종종 상당히 덜컹거리고, 심지어 귀신들에게 위협을 당하기도 할 것입니다. 저는 이것과 관련해 몇 가지 격렬한 이야기들을 나눌 수 있지만, 귀신이 말하게 하지 말라고 강조하는 것이 저의 최선입니다. 귀신들은 거짓을 말하고, 속이며, 참소합니다. 오히려 귀신에게 조용히 하라고 명령하십시오.

귀신에게 당신이 그 사람과 대화할 것이라고 말하고, 예수님의 이름으로 그 사람이 정신을 차리게 하십시오.

당신이 (귀신이 아닌) 귀신 들린 사람과 대화하게 되면, 그 사람에게 자유롭게 되기 원하는지 물어보십시오. 그가 그렇다고 대답하면, 당신은 계속 진행할 수 있습니다. 그가 아니라고 대답하면, 당신이 할 수 있는 것은 더 이상 없습니다.

그 사람이 자유롭게 되기 원한다고 말한다면, 먼저 복음을 전하십시오.

길게 오래 끄는 설교일 필요가 없습니다. 그 사람은 자유가 오직 예수 그리스도를 통해서 온다는 것을 알 필요가 있습니다. 예수님께서 그의 죄를 위해 어떻게 십자가에서 죽으셨는지 말하고, 그러므로 그가 예수님의 희생을 받아들임으로 귀신의 모든 주장이 무효가 될 것을 말하십시오. 모든 삶을 그리스도께 항복하고 그 순간부터 예수님을 따라야 하는 것을 그가 반드시 이해해야 합니다. 또한, 잘못을 행한 사람들을 반드시 (예외 없이) 완전히 용서해야 한다고 그에게 말해주십시오.

이러는 동안 귀신들이 다시 자신들을 나타내려 하기 시작할 수 있습니다. 그것들을 향해 계속해서 권위를 갖고, 예수의 이름으로 잠잠할 것을 명하고, 귀신 들린 사람을 불러서, 계속 진행하십시오. 그 사람이 당신이 하고 있는 일을 계속 진행하기 원하는 한, 적이 그것을 멈추게 하지 마십시오.

그 사람을 구원 기도로 인도하십시오.

그 사람에게 당신의 기도를 따라 하도록 요청하고, 그가 자신의 삶을 그리스도께 항복하고 그리스도를 주님으로 고백하도록 기도를 인도하십시오. 저는 보통 다음과 같은 단순한 믿음의 기도를 인도합니다.

그리스도, 주 예수님, 저는 죄인입니다. 저에게 자비를 베푸소서. 저의 죄를 용서하소서. 저를 하나님의 자녀로 삼아주소서. 제가 마음으로 믿는 것을 제 입으로 고백합니다. 예수 그리스도는 주님이시며, 하나님께서 예수님을 죽은 자 가운데서 다시 살리셨습니다. 제 신뢰를 주님께 두고 제 삶을 주님께 항복합니다. 오늘부터 저는 주님의 것이고, 주님은 제 것입니다. 예수님의 이름으로 기도합니다. 아멘.

그 사람이 의도적으로 귀신의 접근을 허용한 모든 영역을 그만두기로 구체적으로 선언하게 하십시오.

당신은 이것을 항상 알아채지 못할 수 있지만, 성령님께서 당신에게 보여주실 수도 있습니다. 또한, 당신이 다루고 있는 것이 명백해질 때도 종종 있을 것입니다. 결정적으로, 당신은 그 사람에게 어떤 문을 열었는지 드러내 놓고 물어볼 수 있습니다—그가 알고 있을 수 있습니다. 많은 귀신 들린 사람들이 그 모든 것이 시작된 것 같은 뭔가를 짚어낼 수 있습니다. C. J.의 문제는 그의 어머니가 그의 애완견들을 죽이도록 시켰던 때에 시작되었습니다. 분노와 증오에 스스로를 내어준 것이 촉매가 되었습니다. 제가 그에게 사역할 때 저는 이 사실을 알지 못했습니다. 그러나 성령님께서 쓴 마음과 용서하지 않는 마음이 열쇠임을 알게 하셨습니다. 당신이 사역하는 그 사람이 스스로 이 선언을 하는 것은 중요합니다. 그를 대신해서 당신이 해줄 수 없습니다. 그 사람의 의지에서 나오는 행동이어야 합니다.

그 사람이 쓴 마음과 분노를 품고 있는 대상을 모두 용서하게 하십시오.

제가 C. J.의 상황이 분노와 쓴 마음에 관련된 것을 감지했기 때문에, 그에게 종이 위에 미워하는 사람들의 이름을 적고, 그들을 용서하도록 요청했습니다. 이것이 항상 필수적이지는 않지만, 용서하는 것은 언제나 중요합니다.

모든 악한 영들에 대해 권세를 갖고 예수님의 이름으로 떠나갈 것을 명령하십시오.

이 시점에 약간 밖으로 나타나는 현상이 있을 수 있습니다. C. J.는 이 시점에, 마치 공기를 토해내는 것 같았다고 말했습니다. 이것을 그의 배에서 바람이 빠져나오는 것처럼 묘사했습니다. 저는 그것을 알아채지 못했습니다. 사실, 저에게 이 특별한 축사의 결말은 별로 인상적이지 않았습니다. 그러나 그는 자유를 얻었습니다—그것이 중요합니다.

당신과 함께 사역하는 다른 사람들과 함께, 그 사람에게 손을 얹고, 그가 성령을 충만하게 받도록 기도하십시오.

C. J.의 경우에는 이것이 가장 극적이고 보람 있는 순간이었습니다.

그는 성령의 충만을 받고 즉시 방언을 말하기 시작했습니다. 이 경험 이후로는 C. J.가 자유롭게 되었는지 의심할 여지가 없었습니다. 그는 새 사람이 된 것 같아 보였습니다. 몸가짐이 완전히 달랐습니다. 그는 자유롭게 의사소통할 수 있었습니다. 20여 일 만에 처음으로 갑자기 배가 고파졌다고 말했습니다. 마치 눈에서 비늘이 벗겨지는 것 같다고 표현했고, 모든 것이 다르게 보인다고 말했습니다.

한 사람이 축사를 받은 후에는, 그가 제자로 훈련되고 책임을 지는 것이 중요합니다.

축사는 쉬운 부분인 것을 기억하십시오. 축사를 받은 사람은 하나님의 말씀과 교회, 예배, 기도, 공동체에 완전히 몰두해야 합니다. C. J.는 축사를 받은 후 거의 16년 동안, 이전의 삶으로 돌아가고 싶은 유혹을 많이 받았다고 말했습니다. 예수님을 따르는 것은 모두에게 쉽지 않지만, 특별히 그 정도의 짐을 가진 사람들에게는 더욱 그렇습니다. 그와 동행하고, 그를 사랑하고, 그를 위해 기도하십시오. 그러면 당신의 열매가 항상 있을 것입니다.

토론을 위한 질문

1. 축사 사역에 관하여 기억해야 하는 몇 가지 주요한 열쇠들이 무엇인가요?
2. 귀신의 영향력을 알아볼 수 있는 방법에는 어떤 것들이 있나요?
3. 한 사람이 축사가 된 후에 제자로 훈련되는 것이 그토록 중요한 이유가 무엇인가요?

4. 그리스도인도 귀신 들릴 수 있을까요?
5. 우리가 불신에 영향을 받을 수 있는 방법에는 어떤 것들이 있나요?
6. 후성유전학과 저주의 대물림 간의 연관성이 있나요? 설명해보십시오.

11장

승리하는 삶

"사탄아, 내가 여기 있다," 그가 말했다. "나는 너를 볼 수 없어, 그리고 아마도 네가 나보다 빨리 움직일 수 있나 보지, 그런데 나는 아직 여기에 있고, 하나님의 은혜와 성령님의 권능으로 네 옆에 가시가 될 작정이야. 우리 둘 중 하나가 진절머리가 날 때까지!"

- 프랭크 E. 퍼레티, '이 시대의 어둠' -

불이 난 뒤 눈이 내리듯, 용들도 그들의 종말이 있다!

- J. R. R. 톨킨, '호빗' -

이 책의 마지막 장에 도달해서, 영적 전쟁에 대해 논할 것이 여전히 많이 남아있음을 깨닫습니다. 이미 살펴보았듯이 이 주제는 그리스도인의 삶에서 거의 모든 영역에 적용할 수 있습니다. 결국, 성령님께서 우리를 계속해서 훈련하시고 가르치실 것입니다. 다윗이 말했듯이, "나의 반석이신 여호와를 찬송하리로다 그가 내 손을 가르쳐 싸우게 하시며 손가락을 가르쳐 전쟁하게 하시는도다"(시144:1). 예수님께서 우리에게 믿기 어려울 정도로 확실한 약속을 주셨습니다. 예수님께서 세상 끝날까지 우리와 항상 함께 하신다는 약속입니다(마28:20). 당신의 가장 큰 확신은 여기에 있어야 합니다—무엇을 맞닥뜨리든지, 용을 죽이신 바로 그분이 당신 곁에 계셔, 싸우도록 가르쳐 주시고, 언제 어디서나 지원해 주십니다.

결국 예수님께서 용에게 치명타를 날리시고 사탄을 당신의 발 아래 상하게 하시는 분이십니다(롬16:20).

그런 의미에서, 당신이 마주하게 될 영적 전투들을 위해 몇 가지 작별의 인사를 남기고 싶습니다. 각 주제만으로 쉽게 한 장을 채울 수도 있고, 책 한 권을 쓸 수도 있지만, 이번 장에서 이 주제들을 간단하게 언급하려 합니다. 이 주제들이 빠지면, 이 책은 미완성이기 때문입니다.

주의 집중의 힘

영적 전쟁에 대해 이야기하는 데 모든 시간을 들이고 나서, 이 요점은 모순처럼 들릴 수 있습니다. 실제로 저는 영적 전쟁이나 천사, 귀신, 저주와 마귀에 지나치게 주의를 집중하는 것이 건강하다고 생각하지 않습니다. 우리의 영적인 삶이 벌어지고 있는 전투의 맥락을 이해하는 것이 좋습니다. 성경을 통해 군사적 은유도 제법 광범위하게 사용되는 것을 보았고, 이것은 전적으로 유효합니다. 그러나 우리가 집중해야 할 가장 좋은 분, 예수님이 계십니다. 마귀는 집중할 대상이 아닙니다.

뉴욕 타임즈New York Times의 한 기사가 다음과 같은 제목을 달고 나왔습니다. "연구 결과, 결혼한지 오래된 부부는 서로 닮았다." 미시간 대학교의 심리학자 자욘스 박사Dr. Zajonc는 "사람들은 종종 무의식적으로 배우자의 얼굴 표정을 따라 하여 조용히 동의하곤 하며, 수년 간 같은 표정을 짓다 보면 얼굴이 닮아간다"고 제의했습니다.[1] 아주 오래 전에 성경 말씀이 밝혀준, '우리가 바라보는 것을 닮아간다'는 사실을 현대 과학이 발견하고 있는 듯합니다. 바울은 우리가 주의 영광을 보매 그와 같은 형상으로 변화하여 영광에서 영광에 이른다고 말합니다(고후3:18). 우리의 눈과 생각과 마음을 두는 것에 놀랄만하고 변혁적인 힘이 있어, 그 힘은 우리가 인지하는 것보다 훨씬 더 깊게 영향을 미친다고 저는 믿습니다.

당신의 마음, 눈과 생각이 고정되어 있는 곳에 결국 당신의 전부가 도달하게 될 것입니다. 당신은 당신이 바라보는 것과 같이 될 것입니다.

제가 어릴 때에 제 아버지께서 잔디 깎는 법을 가르쳐 주셨던 것을 기억합니다. 아버지는 저에게 눈을 정원 안에 있는 목표점에 똑바로 고정하고 그것을 향해서 가라고 말씀하셨습니다. 저의 눈이 고정된 그곳이 제가 도착할 지점이었습니다. 우리가 운전을 할 때에도 마찬가지입니다. 길 가의 하얀 선을 보고 달린다면, 길 가로 치우치는 경향이 있을 것입니다. 노란 중앙선을 보고 있다면, 중앙으로 치우치게 될 것입니다. 그러나 앞을 향해 똑바로 가고 싶다면, 우리의 눈은 정면을 바라보아야 합니다. 우리가 바라보는 바로 그곳이 마침내 도달하게 될 곳입니다. 우리의 눈과 마음과 생각이 예수님께 있다면, 우리는 예수님의 형상으로 변화될 것입니다. 그런데 동전의 반대 면이 있습니다—어두운 면입니다.

마태복음 5:28에서 예수님께서 말씀하셨습니다. “나는 너희에게 이르노니 음욕을 품고 여자를 보는 자마다 마음에 이미 간음하였느니라.” 예수님은 우리가 바라보는 곳이 우리가 가게 되는 곳이라는 원칙을 알고 계셨습니다. 간음과 음란은 정욕에서 시작됩니다. 살인은 미움에서 시작됩니다. 도적질은 탐심과 탐욕에서 시작됩니다. 당신의 마음, 눈과 생각이 고정되어 있는 곳에 결국 당신의 전부가 도달하게 될 것입니다. 당신은 당신이 바라보는 것과 같이 될 것입니다.

당신이 초점을 맞추고 있는 것, 주의를 집중하고 있는 것이 삶에서 자라나게 될 것입니다. 귀신들과 어두움에 초점을 맞춘다면, 삶은 두려움으로 가득할 것입니다. 당신은 모든 구석에서 귀신을 볼 것입니다. 심지어 존재하지 않을 때도 볼 것입니다. 저는 항상 공중 권세 잡은 정사에 대해 말하고, 이 영을 상대해 싸우고 저 영에 대항해 싸우는 사람들을 만난 적이 있습니다. 한편 그들은 결코 어떤 승리도 맛보지 못하고 끝없는 전투 중에 있는 것 같았습니다. 이것 역시 그 자체로 그들로 하여금 악한 영에 너무 집중하게 해서 승리하지 못하게 만드는 악귀적인 산만함일 수 있습니다.

사탄의 가장 강력한 무기 중 하나가 두려움입니다. 히브리서 2:15은 두려움이 속박을 가져온다고 말씀합니다. 사탄은 두려움을 즐기고, 악은 두려움에 의존합니다. 두려움의 해독제는 하나님의 사랑입니다. 바울은 아주 분명하게 말합니다. "하나님이 우리에게 주신 것은 두려워하는 마음이 아니요 오직 능력과 사랑과 절제하는 마음이니"(딤후1:7). 당신이 악한 것에 집중한다면, 두려움이 당신의 삶을 다스릴 것입니다. 이것은 하나님으로부터 온 것이 아닙니다. 당신이 하나님께 집중한다면, 사랑이 당신의 마음을 다스릴 것입니다. 요한일서 4:18은 말씀합니다. "사랑 안에 두려움이 없고 온전한 사랑이 두려움을 내쫓나니 두려움에는 형벌이 있음이라 두려워하는 자는 사랑 안에서 온전히 이루지 못하였느니라." 스미스 위글즈워스Smith Wigglesworth는 말했습니다. "당신에게 위대한 하나님이 계시다면, 작은 마귀가 있을 것이고; 당신에게 큰 마귀가 있다면, 작은 하나님이 계실 것이다."[2]

여럿이 모일 때 안전함

한 번은 제가 에베소서 6장에 나열된 하나님의 전신 갑주에 대해 깊이 생각하고 있을 때, 이 모든 방어는 앞쪽을 보호한다는 점을 문득 깨달았습니다. 갑옷을 입고 있는 사람의 뒤쪽을 보호하는 갑옷은 없는 듯했습니다. 앞에서 찌르는 검만큼이나 뒤에서 찌르는 검도 우리를 빠르게 죽일 수 있기에, 이것이 좀 이상했습니다. 말씀에서 뭔가 이해가 되지 않을 때마다 늘 그렇게 하듯이, 저는 그것을 주님께 여쭈어 보았습니다. 갑자기 이전에 전혀 보지 못했던 것을 보게 되었습니다. 이전에는 하나님의 전신 갑주에 대한 본문을 항상 에베소서 6:10-17로 보았었는데, "구원의 투구와 성령의 검 곧 하나님의 말씀을 가지라"로 끝이 납니다. 그런데 이번에는, 바로 다음 절이 튀어나왔습니다.

> 모든 기도와 간구를 하되 항상 성령 안에서 기도하고 이를 위하여 깨어 구하기를 항상 힘쓰며 여러 성도를 위하여 구하라
>
> \- 에베소서 6:18

저는 마음 속에 성령 하나님의 음성을 들었습니다. *너는 네 형제의 뒤를 지키는 갑옷이다.* 그러고 나서 바로 이 구절을 보게 된 것입니다. 우리는 서로의 뒤를 방어해야 합니다. 서로를 위해 기도하고 서로를 위해 망을 봐줘야 합니다. 이것 또한 의도된 하나님의 전신 갑주의 일부입니다. 그 누구도 홀로 전쟁터에 나가지 않습니다. 우리는 형제와 자매가 필요합니다. 그런데 참 불행하게도 종종 그리스도인들이 자신이 방어해야 하는 형제의 등을 찌르는 것을 보곤 합니다. 이것은 하나님의 마음을 근심케 하며, 적을 상대하는 우리 모두를 더욱 취약하게 만든다고 저는 믿습니다.

이것을 피할 수 있는 두 가지 중요한 방법이 있습니다. 첫째로, 영적인 공동체에 연결되는 것이 중요합니다. 우리는 그리스도의 몸의 지원과 책임과 사랑이 필요합니다. 영적인 가족에게 사랑으로 복종하고 충성하

는 것이 필요합니다. 영적 전쟁에서 이것이 가장 좋은 보호장치 중의 하나입니다.

최근에 자연 다큐멘터리를 하나 보았는데, 케냐Kenya의 마사이마라Maasai Mara에서 한 무리의 사자들이 사냥을 하는 것이었습니다. 사자 무리가 영양 떼 가까이로 다가가자, 소스라치게 놀란 동물들은 하나가 되어 함께 달리기 시작했습니다. 마치 누군가에게 지시를 받은 것 같았습니다. 거대한 영양 떼는 큰 소리를 내며 땅을 진동했고, 한 무리로 움직이던 사자들은 공격의 기회를 얻지 못했습니다. 그런데 영양 떼의 가장자리에서 영양 한 마리가 무리에서 떨어져 나왔습니다. 그 영양은 혼자 달아나기로 결정했고 다른 방향으로 달리기 시작했습니다. 즉시 사자 무리가 홀로 있던 영양을 주시했고 그를 넘어뜨렸습니다.

우리는 그리스도의 몸, 하나님의 가족, 교회, 혹은 회중입니다. 이 모든 이름들은 무리를 의미합니다. 여기에 아주 큰 교훈이 있습니다. 우리가 기독교라고 부르는 이것은 뜻을 같이 하여 한 믿음을 가진 사람들의 공동체 안에서 이루어지도록 의도되었습니다. 여럿이 모일 때 안전함이 있습니다. 스스로 떨어져 나가서 독립하는 사람들은 마귀에게 쉬운 사냥감이 됩니다. 마귀는 우는 사자와 같이 두루 다니며 삼킬 자를 찾고 있습니다.

두 번째 피할 방법은 이것입니다. 그리스도 안에서 당신의 형제와 자매의 망을 봐줄 때, 당신이 대접받고자 하는 대로 행해야 합니다. 험담과 비방을 늘어놓는 대신에, 당신의 영적인 가족을 기도로 지켜주십시오. 그들을 위해서 싸우고, 그들에게 신실하십시오. 관대하고, 친절하며, 인내하고, 이 모든 것 위에 사랑을 더하십시오.

용서 안에서 살아가기

예수님의 가르침 중에서 혁명적인 주제 중 하나는 용서입니다. 마태복음 18장에서 예수님께서 말씀하신 생생한 비유의 주제가 용서입니다. 어떤 왕이 그 종들과 결산하려 하여 일만 달란트 빚진 종 하나를 데려왔습니다(마18:24). 현대의 독자들 대부분은 읽고 있는 내용을 세심하게 깨닫지 못하고 읽어 넘기는 것 같습니다. 돈과 관련하여 사용될 때, 달란트는 금이나 은의 무게를 재는 단위였습니다. 은 한 달란트는 47파운드에서 100파운드 사이의 무게가 나갑니다. 금 한 달란트는 은의 두 배 정도로, 94파운드에서 200파운드 사이의 무게, 혹은 42킬로그램에서 91킬로그램 사이의 무게가 나갑니다.[3]

2019년 4월 2일 현재로, 금의 국제가격은 킬로그램 당 41,491.34달러였습니다.[4] 금 한 달란트가 170만 달러에서 380만 달러에 상당하는 금액이라는 의미입니다! 종은 주인에게 이것의 만 배(오늘날 170억 달러에서 380억 달러에 상당하는 금액)를 빚졌습니다! 예수님께서 아주 엄청나고 전혀 가망이 없는 빚을 언급하신 것이 명백합니다.

오늘날에는 누군가가 자신의 빚을 갚을 수 없다면, 파산을 선고하고 새롭게 시작할 수 있습니다. 그러나 예수님의 시대에는 채무자 자신과 그의 모든 소유와 가족들까지 담보로 잡혔습니다. 따라서 채무자가 돈을 갚을 수 없으면, 채권자는 채무자의 아내와 아이들을 노예로 취하고, 그의 소유를 압류하고, 빚을 상환하는 대신에 그를 감옥에 넣을 수 있었습니다.

대부분의 사람들은 돈을 빌릴 때 이러한 결과에 대해 주의했을 것입니다. 그런데 이 종은 상환이 불가능할 정도의 빚을 축적하고 있었습니다. 종의 어리석음과 전적인 무책임이 드러나자 왕이 이 무모한 종의 아내와 아이들과 재산을 함께 팔아서 적어도 잃어버린 것의 일부를 만회하는 것이 정당하다고 느꼈을 것은 전혀 놀랄 일이 아닙니다.

이것이 바로 우리의 모습입니다. 우리는 모두 하나님께 절대 갚을 수 없는 빚을 졌고, 이에 대해 우리 자신 말고는 그 누구도 비난할 수 없습니다. 우리 자신의 죄, 우리 자신의 무책임, 그리고 우리 자신의 어리석음이 우리를 형편없는 채무자로 만들었습니다.

이 종이 엄청난 비탄에 빠졌을 것을 상상해 볼 수 있습니다. 어찌할 수 없었고, 선택의 여지가 없었습니다. 절망적이었고, 도움을 얻을 방법도 없었으며, 자비를 구걸하는 것 말고는 아무 것도 할 수 있는 것이 없었습니다. 그는 무릎을 꿇고 어린아이처럼 울었습니다. 흐느껴 울며 완전한 절망을 호소하자, 왕의 긍휼한 마음이 움직였습니다.

예수님의 이야기에서, 왕이 한 일은 결코 들어본 적 없는 그런 일이었습니다. 당시에 채무를 이행하는 파산법원이 없었던 것을 기억합시다. 채권자들의 생존은 냉정한 실용주의에 의존했습니다. 어떤 성공한 사업가라 해도 무자비해야 했습니다. 이 정도의 채무를 이행하지 않은 것은 채권자에게 처참한 타격을 주었을 것이고, 채권자는 그가 모을 수 있는 것을 모으고 재빨리 손해를 막고자 했을 것입니다. 그러나 납득할 수 없는 이유로 왕은 그 빚을 자신이 책임지고 완전히 용서하기로 결정했습니다!

예수님의 이야기를 들었던 사람들에게, 이 이야기는 틀림없이 전래동화처럼 들렸을 것입니다. 한 왕이 종의 어마어마한 빚을 탕감해 주었다니요? 상상도 할 수 없습니다!

하나님께서 우리를 위해 행하신 완전히 불합리한 일을 설명하기 위해 이 정도의 거친 이야기를 하는 것보다 좋은 방법은 없습니다. 왜 하나님께서 우리의 죄를 용서하셔야 하나요? 왜 하나님께서 우리의 빚을 탕감해 주시나요? 그리고 더 나아가서, 왜 하나님께서 우리의 빚을 위해 상상할 수 없을 정도의 높은 비용을 친히 지불하셨을까요? 갈보리 십자가가 얼마나 고통스러웠을지, 그 못이 예수님의 소중한 손뿐만 아니라 하나님의 마음을 어떻게 관통했을지 우리는 알 수 없습니다. 예수님의 죽음이 하나님께 얼마나 개인적이었을지, 십자가의 고통이 하나님께 얼마나 친밀했을지 우리는 완전히 이해할 수 없습니다. 우리의 빚 때문에 하나님께서 직접 지불하셔야 했던 비용과 십자가에 대해 감사하지 않는다면 용서받은 것에 대한 감사도 할 수 없습니다.

우리는 모두 하나님께 절대 갚을 수 없는 빚을 졌고, 이에 대해 우리 자신 말고는 그 누구도 비난할 수 없습니다.

어떤 사람들은 그리스도인이 구원을 받는 방식이 너무 쉬워서 믿지 못하겠다고 말합니다. 나의 친구여, 구원을 받을 때 우리는 아무런 비용도 지불하지 않았지만, 자신의 피로 비용을 지불하셔야 했던 예수님께는 결코 값싼 비용이 아니었습니다! 용서의 경이로움은 예수님으로 인해 우리의 빚이 (전부) 완전히 해결되고 완전히 탕감되었다는 것입니다! 상상할 수 없는 구속의 경이로움을 예수님께서 비유로 가르치신 것입니다. 이 이야기를 들었던 사람들은 의심스러워하며 머리를 흔들었을 것입니다. 170억 달러의 빚이 완전히 탕감되었다고요? 믿기 어려운 것 이상입니다. 그러나 그것이 이야기의 끝이 아닙니다. 이야기는 점점 더 기이해집니다.

170억 달러의 빚을 탕감 받은 종은 왕의 청사를 떠나 집으로 갔습니다. 그는 새롭게 살 수 있는 기회를 얻었습니다. 사람들은 그가 기쁨의 구름 위에 올라 집으로 갔을 거라고 생각했을 것입니다. 그러나 뭔가 잘못되었습니다. 이 종은 마음을 졸이며 괴팍하고 짜증스러웠던 것 같습니다. 그는 길 건너에 있는 "백 데나리온을 빚진 동료 한 사람"을 보았습니다(마18:28).

저는 설교자들이 이것을 20달러 정도(혹은 다른 적은 금액)라고 말하는 것을 들은 적이 있습니다. 그분들은 아마도, 이 종이 진 빚이 엄청나게 큰 금액이었기 때문에, 수사적인 대조로 20달러 정도의 적은 금액이라 가정했을 것입니다. 그러나 사실 한 데나리온은 당시 하루 임금 정도였습니다.[5] 따라서 일백 데나리온은 대수롭지 않은 양의 돈이 아니었습니다. 사실, 요한복음 6:7에서 비슷한 정도의 돈은 2500명을 먹이기에 충분했습니다! 다시 말해, 종의 동료가 진 빚도 역시 상당한 양이었던 것입니다.

종은 자신에게 몇 천 달러를 빚진 동료를 보자마자 격노했습니다. 그는 재빠르게 길을 건너, 동료의 멱살을 잡고 소리쳤습니다. "나에게 빚진 것을 갚으시오!"

동료는 엎드려서 간청했습니다. "나에게 시간을 좀 주십시오. 내가 전부 다 갚겠습니다." 그러나 종의 마음은 돌과 같이 차가웠습니다. 그는 동료를 끌고 가서 감옥에 가두었습니다.

이 부분은 처음에는 이해하기 어려운 듯하지만, 인간의 본성에 대해 좀 더 깊게 생각해보면 이내 명확해집니다. 종은 용서를 받았으나, 사실을 말하자면, 처음부터 그 빚이 전적으로 자신의 책임이라고 생각하지 않았습니다. 결국, 만약 그의 동료가 제 때에 빚을 갚았더라면, 애초에 그가 이렇게 엉망이 되지 않았을 것이라고, 적어도 이 정도로 나빠지지는 않았을 것이라고 생각했을 수 있습니다. 그의 동료가 제 시간에 빚을 갚았더라면, 자신의 빚을 계속 갚을 수 있었을 것이라고 생각했을 수도 있습니다. 그는 자신의 고충을 깊이 생각하는 동안 큰 그림을 보지 못한 것 같습니다.

많은 경우에 우리는 하나님께 빚을 진 것이 다른 사람이 우리에게 빚진 것으로 말미암았다고 생각합니다. 사람들은 말합니다. "내가 어릴 때 학대를 받지 않았다면, 나는 이런 문제가 있지 않았을 거에요." 사람들이 이런 태도를 가질 때, 그들은 하나님께서 이미 탕감해주신 빚을 계속 모으려고 애쓰는 것과 같습니다. 우리 자신의 문제에 대해 다른 사람들을 탓하는 것은 얼마나 쉬운지요. 당신은 부모님, 선생님, 어린 시절, 이웃, 친척, 친구, 혹은 적을 탓할 수 있습니다. 그렇게 다른 사람을 탓하다가 당신의 문제에 대해 다른 모든 사람들에게 책임을 묻고 자신을 변명하는 데까지 이를 수 있습니다. 그리고 여기서 우리는 쓴 마음의 깊은 원칙을 봅니다. 용서하지 않는 마음은 스스로를 의롭게 여기는 죄에 젖어 있습니다. 용서하지 않는 것이 하나님의 은혜를 가로막습니다-스스로를 의롭게 여기는 것은 교만의 한 형태이고, 하나님은 교만한 자를 물리치시고 겸손한 자에게 은혜를 주시기 때문입니다.

이 종이 한 행동에 대해 왕이 전해 듣기까지 오랜 시간이 걸리지 않았습니다. 왕은 종을 다시 왕의 법정으로 불러 그에게 물었습니다. 이번에는 왕이 그렇게 자비롭지 않았습니다. "이에 주인이 그를 불러다가 말하되 악한 종아 네가 빌기에 내가 네 빚을 전부 탕감하여 주었거늘 내가 너를 불쌍히 여김과 같이 너도 네 동료를 불쌍히 여김이 마땅하지 아니하냐 하고 주인이 노하여 그 빚을 다 갚도록 그를 옥졸들에게 넘기니라"(마 18:32-34).

용서하지 않았던 종은 옥졸들에게 넘겨졌습니다. 이것이 용서하지 않는 모든 사람들의 운명입니다. 용서하지 않는 사람의 자리는 내면이 고문을 당하는 감옥입니다. 분한 마음과 적대감을 마음 속에 쥐고 있을 때, 당신은 스스로를 정죄하여 고통의 감옥으로 보냅니다. 용서하지 않는 사람들은 자신의 쓴 우물에서 물을 마십니다. 자신에게 가장 먼저, 그리고 가장 많이 상처를 줍니다. 원한을 품는 것은 독을 마시면서 상대방이 죽기를 기다리는 것과 같다는 말이 있습니다.

예수님께서 이 이야기를 마치시며 말씀하셨습니다. "너희가 각각 마음으로부터 형제를 용서하지 아니하면 나의 하늘 아버지께서도 너희에게 이와 같이 하시리라"(마18:35). 마태복음 6:12에서 예수님께서 우리에게 이렇게 기도하라고 가르쳐 주셨습니다. "우리가 우리에게 죄 지은 자를 사하여 준 것 같이 우리 죄를 사하여 주시옵고." 그리고 마가복음 11:26에서 예수님께서 분명하게 말씀하십니다. "만일 용서하지 아니하면 하늘에 계신 너희 아버지도 너희 허물을 사하지 아니하시리라."

많은 경우에 우리는 하나님께 빚을 진 것이 다른 사람이 우리에게 빚진 것으로 말미암았다고 생각합니다. 사람들이 이런 태도를 가질 때, 그들은 하나님께서 이미 탕감해주신 빚을 계속 모으려고 애쓰는 것과 같습니다.

용서가 가진 놀라운 능력에 대해 잠시 생각해봅시다. 예수님께서 십자가에서 그 피를 쏟아 우리의 죄를 씻어 주셨습니다. 예수님의 보혈은 모든 장애물을 돌파하고, 모든 묶임을 끊으며, 모든 더러움을 씻으며, 굳은 마음을 부드러운 마음으로 변화시키는 능력이 있습니다. 반면에, 용서하지 않는 것은 그 놀라운 은혜가 우리의 삶에 흘러 들어오는 것을 가로막는 힘을 가집니다. 용서하지 않음은 우리를 영적으로 가두고(그 종이 감옥에 갇힌 것처럼), 악한 영에게 우리를 고문할 권리마저 줄 수 있습니다(그 종이 옥졸들에게 넘겨졌습니다).

세상에 나가 복음을 전할 때마다, 저는 항상 아픈 사람들을 위해 기도합니다. 어떤 사람들은 용서하지 않은 이유로 그야말로 몸의 치유와 축사를 받지 못합니다. 용서하지 않은 쓴 마음이 하나님의 축복을 가로막아 모든 단계에서 그들의 삶 속에 흘러가지 못하게 하고 적에게 합법적인 요새를 제공해왔습니다. 또한 단순한 용서가 얼마나 많은 사람들에게 기적적인 치유와 축사를 가져다주는지도 목격했습니다. 저는 쓴 마음과 용서, 두 가지의 능력을 모두 목격한 증인입니다.

변덕스럽게 작동하는, 다스리기 힘든 단 몇 개의 세포로 시작된 치명적인 암과 같이, 쓴 마음은 보통 작은 것에서 시작됩니다. 한 번의 무례함, 한 번의 비판, 하나의 시선, 혹은 작은 흠에서 시작됩니다. 그러나 그것은 곪아터지고 자라나, 마침내 걷잡을 수 없게 됩니다. 크게 증가하여 인생의 다른 건강한 영역들까지 침범하기 시작합니다. 분노와 억울함이 일어나게 합니다. 계속되도록 내버려둔다면, 시간이 지나면서 전혀 관련이 없는 것들에 대해서도 분한 마음을 일으킬 정도로 강력해질 것입니다. 이내 그 사람의 삶 전체가 무례함과 쓴 마음, 분개함, 그리고 궁극적으로 죽음—감정적으로, 정신적으로, 영적으로, 심지어 육체적으로—으로 가득 찹니다.

암과 쓴 마음은 공격적으로 습격을 받아 제거되지 않으면, 둘 다 죽음을 가져옵니다. 수술, 방사선 치료, 화학 요법은 오늘날 암 종양을 죽이는 데 가장 자주 사용되는 일반적인 치료법입니다. 그러나 사랑과 용서는 사람의 마음 속에서 자라고 있는 암과 같은 쓴 마음을 공격하고 파괴하도록 하나님께서 설계하신 해독제입니다. 그리스도인에게 이것 외에 다른 방법은 없습니다—우리는 용서해야 합니다. 예수님께서 어떤 특정한 경우를 예외로 인정하시는 일은 없습니다. 아무리 심각한 불의가 있었을지라도, 상처가 아무리 고통스러워도, 침해가 아무리 극악무도해도,

그 문제에 있어 우리는 특혜를 받은 적이 없습니다. 마음으로부터 조건 없이 용서해야 합니다. 언제나 그렇습니다!

코리 텐 붐Corrie Ten Boom은 크리스천 네덜란드인 여성으로, 홀로코스트의 때에 그녀의 집에 유대인을 숨겨준 이유로 나치 수용소에 갇히게 됩니다. 그녀는 나치의 손에 상상할 수 없을 정도의 참상을 겪었습니다. 사랑하는 언니 벳시Betsie는 강제 수용소에서 죽었습니다. 1972년 11월에 발행된 가이드포스트Guideposts에 코리는 놀랄 만큼 강력하고, 가슴이 찢어지도록 아픈 이야기를 나눕니다. 1947년, 그녀는 독일을 여행하며 하나님의 용서에 대해 전하고 있었습니다. 한 예배가 끝나고 고개를 들었는데, 예전의 간수 한 명이 다가오는 것을 보았습니다. 유대인들을 숨겨준 이유로 체포되고 라벤스브뤼크 강제 수용소로 보내진 기억이 물밀듯이 되살아났습니다. 이제 그 간수가 손을 내민 채 서 있었고, "당신이 말한 것처럼, 우리의 모든 죄가 저 바다 아래 가라앉은 것을 알게 되어 얼마나 좋은지요!"라고 말했습니다. 코리는 그 사람의 손을 잡지 않고, 지갑을 뒤지기 시작했습니다. 그녀는 그가 그녀를 기억하지 못하는 것을 알았습니다. 그러나 그녀는 기억했습니다. 바닥에 쌓아 올려진 옷들과 신발들, 벌거벗은 채 그 간수를 지나 걸어갔던 수치와 그의 벨트에 달려있던 가죽 채찍, 그의 모자에 그려진 해골과 교차된 뼈를 기억했습니다. 그 때, 그가 자신이 그리스도인이 되었고 하나님께서 자신을 용서하신 것을 안다고 말했습니다. 그리고 그는 손을 다시 내밀며 물었습니다. "프로일라인(역주: 미혼의 여성을 부르는 독일어), 저를 용서해주겠어요?"

코리는 그 자리에 얼어붙어 그의 손을 잡지 못했는데, 그것이 마치 몇 시간처럼 느껴졌습니다. 그를 용서해야 하는 것을 알았습니다. 적을 용서하지 못하는 홀로코스트의 희생자들에게 쓴 마음이 어떤 영향을 미치

는지 보아왔습니다. 그러나 코리는 용서가 의지에 따른 행동이며, 감정에 의한 것이 아님을 알았습니다:

"예수님, 도와주세요!" 나는 조용히 기도했다. "제가 제 손을 들 수 있습니다. 거기까지는 제가 할 수 있습니다. 하나님께서 감정을 공급해주세요."

그렇게 무표정하게, 기계적으로, 내 손을 내밀어 나를 향해 뻗은 그 손을 잡았다. 그리고 그렇게 했을 때에, 놀라운 일이 벌어졌다. 전류가 나의 어깨로부터 시작해서 팔을 타고 내려와 잡은 손에 흘렀다. 그리고 치유의 따스함이 나의 전 존재에 홍수처럼 밀려오는 것 같았다. 내 눈에는 눈물이 흘렀다. "내가 당신을 용서합니다, 형제님!" 나는 울었다. "나의 온 마음을 다해서 용서합니다!"[6]

나는 존 나이더John W. Nieder와 토마스 톰슨Thomas M. Thompson이 그들의 책, 용서하고 다시 사랑하라Forgive and Love Again에서 제시한 성경적인 용서에 대한 묘사를 좋아합니다:

- 용서는 열쇠를 돌려 옥문을 열고 죄수를 자유롭게 풀어주는 것이다.
- 용서는 빚을 지워 버리고 그 위에 큰 글씨로 "아무것도 빚지지 않았음"이라고 쓰는 것이다.
- 용서는 법정에서 판사봉을 두드리며 "무죄!"라고 선고하는 것이다.
- 용서는 화살을 아주 높이, 그리고 아주 멀리 쏘아 다시는 찾지 못하게 하는 것이다.

- 용서는 모든 쓰레기를 전부 모아 묶어서 가져다 버리고, 집을 깨끗하고 새롭게 민드는 것이다.
- 용서는 계류용 밧줄을 풀어 배를 망망대해에 풀어놓는 것이다.
- 용서는 유죄 선고를 받은 범죄자를 사면해주는 것이다.
- 용서는 레슬링에서 상대방의 목을 풀어주는 것이다.
- 용서는 벽에 있는 낙서를 지우고, 새 벽처럼 보이게 놔두는 것이다.
- 용서는 질그릇을 깨뜨려서 수천 개의 조각을 내서 다시는 붙을 수 없게 하는 것이다.[7]

미국 남북 전쟁이 끝나고 얼마 지나지 않아, 연합 장군 로버트 리 Robert E. Lee가 버지니아 주의 렉싱턴 근처에 살고 있었던 한 여인을 방문했다고 합니다. 여인은 장군을 그녀의 정원으로 안내해 그 곳에 있는 한 때 아름다웠던 나무를 보여주었습니다. 나무는 완전히 죽어 있었습니다. 전쟁 중에 그 나무는 포병의 사격 세례를 받았습니다. 부러진 나뭇가지가 나무통에 매달려 있었고, 포탄에 맞아 구멍이 나 있었습니다. 여인에게 소중했던 나무는 불쌍하게도 흉물이 되었고, 그녀는 장군의 연민을 기대했습니다. 다른 사람들은 전부 아닐지라도, 리 장군만큼은 그녀의 분한 마음을 이해하고, 북쪽 군을 향한 그녀의 미움을 긍정해 줄 거라 기대했습니다. 그런데 잠깐의 침묵 후에 장군은 말했습니다. "친애하는 부인이여, 이 나무를 잘라 버리고, 잊어버리십시오."[8]

여인과 같이 많은 사람들이 자신의 앞마당에 부러진 나무들을 가지고 있습니다. 동정심을 얻기 위해 그것들을 내버려둡니다. 그들은 자신의 이야기를 늘어놓으며, 불의에 대한 쓴 뿌리와 억울함 한복판에서 위로를 얻기를 좋아합니다. 그러나 당신이 불의를 당한 나무를 보기 원한다면, 십자가를 바라보십시오. 피 범벅이 된 그 나무 위에서 *당신의* 허물 때문에 예수님께서 상상할 수 없는 잔인함과 불의로 고통을 당하셨습니다. 예수님은 십자가 위에서 내려다보시며 사랑으로 말씀하셨습니다. "아버지, 저들을 용서하여 주옵소서"(눅23:34).

나의 친구여, 예수님께서 오늘 당신에게 오셔서 당신의 부러진 나무를 향해 말씀하십니다. "잘라 버려라!"

용서는 고통스러운 과정일 수 있지만, 악성 종양을 제거하는 수술 절차처럼, 절대적으로 중요하고 필요한 과정입니다. 쓴 뿌리의 종양이 제거되고 나면, 하나님의 축복이 당신의 삶에 홍수와 같이 흐를 것이고, 영혼에 건강이 회복될 것이며, 많은 경우 몸도 회복됩니다.

이 책이 영적 전쟁에 관한 책이므로, 다시 한 번 마태복음 18:34에서 왕이 명령한 것에 관심을 끌기 원합니다. "주인이 노하여 그 빚을 다 갚도록 그를 옥졸들에게 넘기니라." 종이 옥졸들에게 넘겨진 것을 주목하십시오. 용서하지 않는 것이 고문하는 영에게 법적인 권리를 부여할 수 있다는 것인가요? 이것은 끔찍한 생각이며, 예수님께서 마태복음 6:15에서 말씀하셨듯이, 용서하지 않는 것은 사실상 우리가 하나님의 용서를 받는 것을 가로막습니다. 용서하지 않는 사람에게 마귀의 고문은 단지 슬픔의 시작일 뿐입니다. 이것은 자신을 위해서도, 그리고 마귀의 고문 아래 있는 사람들에게 사역할 때를 위해서도 기억해두는 것이 지혜롭습니다. 많은 경우에 용서하지 않는 마음이 결정적인 역할을 합니다.

절대로 포기하지 말라

이것이 이 책에서 저의 마지막 격려입니다. 그리고 아마도 가장 중요한 것인 듯합니다. 수년 전에 우리 사역단체의 복음전도학교에서 한 학생이 복음전도자 라인하르트 본케에게 흥미로운 질문을 드렸습니다. “당신의 성공에 첫째 가는 열쇠가 무엇인가요?” 복음전도자 본케의 대답에 저는 놀랐습니다. 저는 그가 기도나 믿음, 거룩함이나 기름부음에 대해 말씀하실 거라고 생각했습니다. 그러나 그는 이러한 것에 대해서는 한 마디도 하지 않으셨고, 대신 이 한 단어로 대답하셨습니다: “인내.”

이 책의 앞부분에서 하나님의 전신 갑주에 대해 나누었을 때, 사도 바울이 “모든 일을 행한 후에 서기 위함이라”(엡6:13-14)고 말한 것을 강조했습니다. 다른 말로 하면, 전쟁을 준비하기 위해 모든 것을 행한 후에(이 책을 읽고, 기도하고 금식하고, 전신 갑주를 입은 후에) 승리하기 위해서는 여전히 해야 할 일이 있다는 것입니다. 당신은 서 있어야 합니다! 한 걸음도 물러서지 않고 서 있어야 합니다. 이 전쟁을 싸워야만 합니다. 누구나 20분, 혹은 몇 일은 싸울 수 있습니다. 그러나 예수님께서 말씀하셨습니다. “그러나 끝까지 견디는 자는 구원을 얻으리라”(마24:13).

당신이 불의를 당한 나무를 보기 원한다면, 십자가를 바라보십시오. 피 범벅이 된 그 나무 위에서 당신의 죄 때문에 예수님께서 상상할 수 없는 잔인함과 불의로 고통을 당하셨습니다.

삶은 어렵고, 이 땅에는 환난이 있을 것을 우리는 알고 있습니다. 예수님도 우리에게 이것을 말씀하셨습니다. 그런데 또한, 예수님이 세상을 이기셨으니 담대하라고 말씀하셨습니다. 때로 당신은 상처를 입을 것입니다. 가끔은 전쟁에서 지기도 할 것입니다. 그것이 전쟁의 속성입니다. 그러나 상은 완벽하게 잘 싸우는 사람에게 가는 것이 아니고, 계속 싸우는 사람에게 주어집니다. 잠언 24:16은 "대저 의인은 일곱 번 넘어질지라도 다시 일어나려니와"라고 말씀합니다.

이 책에서 아주 자주 언급한 것처럼, 우리는 승리의 자리에서 싸웁니다. 예수님께서 이미 예수님의 발꿈치로 용을 박살내셨고, 속히 우리의 발 아래 있는 사탄도 상하게 하신다는 예수님의 약속을 우리는 받았습니다(롬16:20).

다시 일어나는 사람이 되십시오. 끝까지 견디는 사람이 되십시오. 이기고 상을 얻는 사람이 되십시오. 위대한 전사 윈스턴 처칠Winston Churchill이 말했습니다. "절대로 항복하지 마십시오. 절대 포기하지 마십시오. 절대, 절대, 절대—크든 작든, 위대하든 사소하든, 그 어떤 것에도—명예와 분별력에 대한 확신을 제외하고, 절대 포기하지 마십시오. 절대 힘에 항복하지 마십시오. 겉으로 보이는 적의 압도적인 힘에 항복하지 마십시오."[9]

이제 저는 로마서 8:35-39, 사도 바울의 말씀으로 작별 인사를 드립니다:

> 누가 우리를 그리스도의 사랑에서 끊으리요 환난이나 곤고나 박해나 기근이나 적신이나 위험이나 칼이랴 기록된 바 우리가 종일 주를 위하여 죽임을 당하게 되며 도살 당할 양 같이 여김을 받았나이다 함과 같으니라 그러나 이 모든 일에 우리를 사랑하시는 이로 말미암아 우리가 넉넉히 이기느니라 내가 확신하노니 사망이나 생명이나 천사들이나 권세자들이나 현재 일이나 장래 일이나 능력이나 높음이나 깊음이나 다른 어떤 피조물이라도 우리를 우리 주 그리스도 예수 안에 있는 하나님의 사랑에서 끊을 수 없으리라

토론을 위한 질문

1. 당신은 당신이 바라보는 것과 같이 될 것입니다. 무엇에 주의를 집중하고 있나요? 당신의 초점을 바꿀 필요가 있을까요?
2. 용서하지 않는 마음이 우리가 승리 안에서 살아가지 못하도록 어떻게 가로막나요?
3. 당신은 누구에게 절대로 포기하지 말라는 격려의 말을 전할 수 있을까요?

Available in other languages from **Charisma Media,**
600 Rinehart Road, Lake Mary, FL 32746 USA
email: rights@charismamedia.com

주석

서문

1 "Serpents and Dragons in British Folklore," Atlantic Religion (블로그), September 29, 2015, http://atlanticreligion.com/2015/09/29/serpents-and-dragons-in-british-folklore/.

2 Gerald Massey, The Natural Genesis, vol. 1 (New York: Cosimo Classics, 2007), 294, https://books.google.com/books?id=IDCju2TrweMC&q.

3 Aaron J. Atsma, "Drakon Kholkikos," Theoi Project, 2019년 3월 11일 접속, https://www.theoi.com/Ther/DrakonKholkikos.html.

4 Wikipedia, s.v. "Fafnir," 2019년 1월 25일 20:30 마지막 편집, https://en.wikipedia.org/wiki/Fafnir. (위키백과 "파프니르")

5 Wikipedia, s.v. "Kukulkan," 2019년 3월 10일 23:23 마지막 편집, https://en.wikipedia.org/wiki/Kulkulkan. (위키백과 "쿠쿨칸")

6 Wikipedia, s.v. "Vritra," 2019년 3월 1일 06:23 마지막 편집, https://en.wikipedia.org/wiki/Vritra. (위키백과 "브리트라")

7 Wikipedia, s.v. "Druk," 2019년 1월 17일 03:28 마지막 편집, https://en.wikipedia.org/wiki/Druk.

8 John Gill, "Psalms 91," Exposition of the Whole Bible, StudyLight.org, 2019년 3월 11일 접속, https://www.studylight.org/commentaries/geb/psalms-91.html. (존 길)

9 Matthew Henry, "Psalms 91," Matthew Henry's Commentary on the Whole Bible, Blue Letter Bible, https://www.blueletterbible.org/Comm/mhc/Psa/Psa_091.cfm, emphasis in the original. (매튜 헨리).

1장

1 "하르마탄은 서아프리카 대륙의 계절로, 11월 말에서 3월 중순 사이에 일어난다. 모래와 먼지를 수반한 고온 건조한 북동풍으로, 사하라 사막에서 시작되어 서아프리카를 지나 기니 만으로 들어간다... 서아프리카의 어떤 나라들에서는, 많은 양의 먼지와 모래가 공기중에 있어, 심한 안개와 비슷하게 여러 날 동안 심각하게 시야를 가리고 해를 가린다. 이러한 현상은 하르마탄 안개로 알려져 있다." Wikipedia, s.v. "Harmattan," 2019년 1월 7일 18:38 마지막 편집, https://en.wikipedia.org/wiki/Harmattan.

2 역대하 36:15; 학개 1:13; 말라기 3:1; 그리고 마태복음 11:10도 참고하십시오. 말라기 2:7에서 토라를 가르치는 제사장들은 "만군의 여호와의 사자[천사]"라고 불립니다.

3 구약 성경을 연구하는 한 학자는 '천사'라는 단어가 영적인 세계에 거주하는 하나님의 종들을 모두를 포함하는 용어가 아니라고 믿고 있습니다. 오히려, 천사나 메신저는 하나님을 섬기도록 창조된 많은 종류의 영적인 존재들 중 한 종류일 뿐이라고 합니다. Michael S. Heiser, Angels: What the Bible Really Says About God's Heavenly Host (Bellingham, WA: Lexham Press, 2018), xiii, 16-18, 164. (마이클 하이저)

4 마이클 하이저, '보이지 않는 세계: 성경의 초자연적 세계관 회복하기' Michael S. Heiser, The Unseen Realm: Recovering the Supernatural Worldview of the Bible (Bellingham, WA: Lexham Press, 2015), 26, https://www.amazon.com/Unseen-Realm-Recovering-Supernatural-Worldview/dp/1577995562.

5 예를 들어, 신명기 32:17에서 '엘로힘'은 같은 절에서, 앞부분에 "귀신"이라고도 불리는 알지 못하던 "신들"을 지칭합니다: "그들은 하나님께 제사하지 아니하고 귀신들에게 하였으니 곧 그들이 알지 못하던 신들[엘로힘]"(개역개정).

고린도전서 8:4-6과 10:18-22과 비교해보십시오.

6 하이저, '보이지 않는 세계' Heiser, The Unseen Realm, 28-32

7 이 절은 '엘로힘'이라는 용어를 지존하신 하나님을 지칭하는 단수로도 사용하고 천사들을 지칭하는 복수로도 사용합니다. 그러나 하나님과 천사들은 모두 같은 영적인 세계에 거하는 초인적인 존재들이기 때문에, 같은 용어를 두 경우에 모두 적용합니다–각기 다른 방법으로 적용하긴 합니다.

8 "하나님의 아들들" 또는 "지존자의 아들들"에 대한 참고로, 창세기 6:1-4; 욥기 1:6; 2:1; 38:7; 시편 29:1; 82:6; 89:6을 보십시오.

9 '-im'으로 끝나는 히브리어 단어는 남성형 단수형태의 단어이고, 영어 단어는 's'로 끝납니다(여성형 히브리어 단어는 복수형태일 때 '-oth'로 끝납니다).

10 Michael S. Heiser, Angels 26. (마이클 하이저) 에스겔의 비전에 등장하는 그룹들을 요한계시록의 네 생물과 같은 것으로 추측하지만, 이들은 사실상 요한계시록 5:11과 7:11에 적힌 천사들과는 구분됩니다. 그러나 다른 본문에서 천사들이라는 용어는 하나님께서 창조하신 영적인 모든 존재들을 포함하는 단어인 것 같습니다(마22:3; 히1:1-14). 따라서 이 단어의 의미는 그 문맥에 따릅니다.

11 이사야 37:16; 에스겔 1; 9:3; 10:1; 11:22; 41:18-20.

12 출애굽기 25:17-22; 26; 36-37; 열왕기상 6-8장.

13 시편 18:10; 80:1; 99:1.

14 R. Laird Harris, s.v. "שׂרף (sârâp)," in Theological Wordbook of the Old Testament, eds. R. Laird Harris, Gleason L. Archer Jr., and Bruce K. Waltke (Chicago: Moody Press, 1980), 884. (R. L. 해리스) Heiser, Angels, 25-27. (하이저)

15 Harris, s.v. "כרוב (kerûwb)," Theological Wordbook of the Old Testament, 454; Heiser, Angels, 26. (해리스, 하이저)

16 구약 성경 학자 게리 코헨에 의한, "군주, 지도자, 대장, 통치자, 총독, 지기, 군대 대장, 집사, 주인"을 포함하는 히브리 용어의 정의. Gary Cohen, s.v. "שָׂרַר (sârar)," Theological Wordbook of the Old Testament, 884.

17 여기서 예수님께서 천사들을 언급하신다고, 신약 성경 학자들 모두가 동의하는 것은 아닙니다. 어떤 학자들은 예수님께서 지도자의 지위에 있는 사람을 언급하신 것이라고 믿습니다. 그러나 이 시편은 명백하게 신들의 모임을 언급하고 있기 때문에, 그리고 예수님의 신성과 예수님이 하나님의 아들인 것을 밝히시기 위해 그 모임을 언급하고 계신 것이 타당하기 때문에, 예수님께서 엘로힘에 대해 이 관점을 취하신다는 견해를 저는 고수합니다. 마이클 하이저의 "요한복음 10:34에서 예수님께서 인용하신 시편 82:6: 요한의 신학적 전략의 다른 관점,"(지면 발표)을 참고하십시오. Michael S. Heiser, "Jesus' Quotation of Psalm 82:6 in John 10:34: A Different View of John's Theological Strategy," (paper presentation, Pacific Northwest Regional Meeting of the Society of Biblical Literature, Gonzaga University, Spokane, WA, May 13-15, 2011), https://www.thedivinecouncil.com/Heiser%20Psa82inJohn10%20RegSBL2011.pdf.

18 바울과 요한은 교회의 모임에 대해 비슷한 관점을 가지고 있습니다. 바울이 교회의 모임들에 대한 특정한 지시를 "천사들로 말미암아"(고전11:10) 하라고 말하는 이유이고, 요한이 도시의 교회에 보내는 편지에서 일제히 교회의 "사자"에게 편지를 쓸 수 있었던 이유입니다(참고: 계2:1).

19 데이비드 E. 아우내, '요한계시록(상)' David Aune, Word Biblical Commentary: Revelation 1-5, vol. 52A (Waco, TX: Word Books, 1997), cxxxi, 268-269, http://www.amzon.com/Revelation-1-5-Word-Biblical-Commentary/dp/0849902517.

20 마이크 비클, '계시록 스터디 가이드,' 제5강 아버지 하나님의 보좌, 그리고 높

임 받으실 예수 Mike Bickle, "The Father's Throne and Jesus' Exaltation," Studies in the Book of Revelation, 2014.

21 이 본문이 미가엘을 이스라엘 나라와 특별한 관계에 두는 것을 주목하십시오. 요한계시록 12:1-6을 보십시오.

22 이사야 14:9-15에서 악한 세상의 통치자(바벨론의 왕)와 그에 상응하는 악한 영적 통치자에 대해 적고 있는 비슷한 본문을 보십시오.

23 마태는 귀신 들린 두 번째 사람이 있었던 것을 말하고 있습니다(마8:28). 두 명의 귀신 들린 사람들이 함께 행동하고 있었으나, 한 명이 말하고 행동하는 것에 있어서 앞장을 섰습니다. 그러므로 마가복음과 누가복음에서 그는 단일의 초점을 받았습니다(눅8:26-37).

24 크레이그 키너, 'IVP 성경배경주석(신약)' Craig S. Keener, The IVP Bible Background Commentary: New Testament (Downers Grove, IL: Inter-Varsity Press, 1993), 147, https://books.google.com/books?id=cnAAOuN2_JIC&q.

25 영문 성경은 보통 이 구절을 "귀신에 사로잡힌demon-possesed"으로 번역합니다.

2장

1 Alia E. Dastagir, "'Born This Way'? It's Way More Complicated Than That," USA Today, June 15, 2017, https://www.usatoday.com/story/news/2017/06/16/born-way-many-lgbt-community-its-way-more-complex/395035001/.

2 C.S. 루이스, '순전한 기독교' C.S. Lewis, Mere Christianity

3 Expelled: No Intelligence Allowed, directed by Nathan Frankowski (Chicago: Rocky Mountain Pictures, 2008).

4 Blaise Pascal, The Thoughts, Letters, and Opuscules of Blaise Pascal, trans. O. W. Wight (New York: Hurd and Houghton, 1864), 327, https://babel.hathitrust.org/cgi/pt?id=mdp.39015005273464;view=1up;seq=9. (블레이즈 파스칼)

5 프랜시스 베이컨, '프랜시스 베이컨 수상록,' "무신론에 대하여" Francis Bacon, "Of Atheism," The Essays of Counsels, Civil and Moral (Oxford: Clarendon Press, 1890), 111, https://babel.hathitrust.org/cgi/pt?id=hvd.32044090286774;view=1up;seq=9.

6 J. Barton Payne, s.v. "שָׂטָן (sâṭan)," Theological Wordbook of the Old Testament, 874-875. (바톤 페인)

7 Zvi Ron, "Wordplay in Genesis 2:25-3:1," The Jewish Bible Quarterly 42, no.1(2014), http://jbqnew.jewishbible.org/assets/Uploads/421/JBQ_421_1_wordplay.pdf.

8 Leon R. Kass, The Beginning of Wisdom: Reading Genesis (New York: Free Press, 2003), 82, https://books.google.com/books?id=H9RxCpsBPPsC&q.

9 Ed Nelson, "Yeshua in the Torah: Genesis 3:15: The Serpent, Dusty Feet and the Messiah" (unpublished article, 2010), 5. (에드 넬슨, 출간되지 않은 논문, 2010)

10 Nelson, "Yeshua in the Torah," 24. (넬슨)

3장

1 손자, '손자병법' (Sun Tzu, The Art of War, 번역 참고. Lionel Giles, 3.18, http://classics.mit.edu/Tzu/artwar.html.

4장

1 Merriam-Webster, s.v. "zeitgeist," 2019년 3월 19일 접속, https://www.merriam-webster.com/dictionary/zeitgeist.

2 Elijah P. Brown, The Real Billy Sunday: The Life and Work of Rev. William Ashley Sunday, D. D., the Baseball Evangelist (New York: Fleming H. Revell, 1914), 281-282, https://archive.org/details/realbillysunday100brow/page/280.

3 리차드 도킨스, '만들어진 신' Richard Dawkins, The God Delusion (Boston: Houghton Mifflin, 2006), 383-385, https://books.google.com/books?id=yq1xDpicghkC&q.

4 Richard Dawkins, "Why I Want All Our Children to Read the King James Bible." The Guardian, May 19, 2012, https://www.theguardian.com/science/2012/may/19/richard-dawkins-king-james-bible. 리차드 도킨스, '가디언' "우리의 모든 아이들이 킹제임스 성경을 읽기 원하는 나의 이유" 2012년 5월 19일

5 표도르 도스토엡스키 '지하에서 쓴 회상록' Fyodor Dostoevsky, Notes From Underground (West Valley City, UT: Waking Lion Press, 2006), 27, https://www.amazon.com/Notes-Underground-Fyodor-Dostoevsky/dp/1600960839.

5장

1 Dennis Rockstroh Knight-Ridder, "Wonder Woman' Gets Perfect SAT," Daily News, March 10, 1996. (1996년 3월 10일, '데일리 뉴스'에 실린 기사)

2 이 부분은 랍비 K. A. 슈나이더Rabbi K. A. Schneider의 초자연적인 경험 Experiencing the Supernatural에서 발췌했습니다. Copyright © 2017.

Baker Publishing Group의 지부인 Chosen Books의 허가를 받아 사용함.

3 웨스트민스터 소요리문답, 1.

6장

1 이 인용구는 종종 캘빈 쿨리지Calvin Coolidge의 명언으로 잘못 인용되곤 합니다. 이것은 사실 1910년경, 신문을 채우기 위해 사용된 글이었습니다. 많은 사람들이 쿨리지의 말이라고 생각하는데, 이것이 그가 한 말처럼 들리기 때문이고, 그는 종종 인내심과 연관되기 때문입니다. 애미티 슐래스Amity Shlaes의 Cooledge를 보십시오. Coolidge (New York: HarperCollins, 2013), 5, https://www.amazon.com/Coolidge-Amity-Shlaes/dp/0061967599

7장

1 Adam Clarke, Memoirs of the Wesley Family (London: J. Kershaw, 1823), 270, https://books.google.com/books?id=dmQUAAAAQAAJ&vq. (아담 클라크)

2 인간의 영, 혼, 육의 구조에 대해 더 잘 이해하기 원한다면, 워치만 니Watchman Nee의 영에 속한 사람The Spiritual Man을 참고하십시오.

3 C.S. 루이스, '스크루테이프의 편지' C.S. Lewis, The Screwtape Letters

4 Dallas Willard, The Spirit of the Disciplines: Understanding How God Changes Lives (New York: HarperCollins, 1988), chap. 9, https://books.google.com/books?id=W9KF_I-DB9EC&q. (달라스 윌라드)

5 Wikiquote, s.v. "Yogi Berra," 2019년 3월 16일 18:11 마지막 편집, https://en.wikiquote.org/wiki/Yogi_Berra. (위키인용집, "요기 베라")

6 영적인 훈련에 대해 더 깊이 연구하기 원한다면, 리차드 포스터Richard Foster의 현대 고전, '영적 훈련과 성장Celebration of Discipline: The Path to

Spiritual Growth'을 추천합니다.

8장

1 잭 켄트, '용 같은 건 없어' Jack Kent, There's No Such Thing as a Dragon (New York: Dragonfly Books, 2009), https://www.amazon.com/Theres-No-Such-Thing-Dragon/dp/0375851372.

2 Sarah Gibbens, "Why an 8-Foot Pet Python May Have Killed Its Owner," National Geographic, January 26, 2018, https://news.nationalgeographic.com/2018/01/snake-owner-killed-pet-python-aspyxiated-spd/. (네셔널 지오그래픽, 2018년 1월 26일)

3 알렉산드르 솔제니친, '수용소군도' Aleksandr Solzhenitsyn, The Gulag Archipelago 1918-1956: An Experiment in Literary Investigation (Boulder, CO: Westview Press, 1998), 168, https://www.amazon.com/Gulag-Archipelago-1918-1956-Experiment-Investigation/dp/0813332893.

4 지난 50년 간 전 세계적으로 10억에서 20억 명에 이르는 아기들이 낙태된 것으로 추산됩니다. (콜린 메이슨, 스티븐 모셔, LifeNew.com, 2011년 4월 21일).

5 필립 샤프, '필립 샤프 교회사전집. 3: 니케아 시대와 이후의 기독교' Philip Schaff, History of the Christian Church, Volume Ⅲ: Nicene and Post-Nicene Christianity. A.D. 311-600, Christian Classics Ethereal Library, 2019년 3월 26일 접속, http://www.ccel.org/ccel/schaff/hcc3.iii.vii.x.html.

6 Paschal Robinson, "St. Francis of Assisi," The Catholic Encyclopedia, vol. 6 (New York: Robert Appleton Company, 1909), http://www.newadvent.org/cathen/06221a.htm. (파스칼 로빈슨)

7 Documents - The Saint, vol. 1 (New York: New City Press, 1999), 227, https://books.google.com/books?id=vwVsEM8mXWYC&pg.

8 샤프, '필립 샤프 교회사전집' Schaff, History of the Christian Church, http://www.ccel.org/ccel/schaff/hcc3.iii.vii.viii.html.

9 "Translation of the Shema," Chabad-Lubavitch Media Center, 2019년 3월 27일 접속, https://www.chabad.org/library/article_cdo/aid/3217840/jewish/Translation.htm.

10 Charles H. Spurgeon, Morning and Evening: Daily Bible Readings, "June 11 - Morning Reading," Blue Letter Bible, https://www.blueletterbible.org/devotionals/me/view.cfm?Date=06/11&Time=am. (찰스 스펄전)

11 바실레아 슐링크, '내 모든 것을 그분께' Basilea Schlink, My All for Him: Fall in Love With Jesus All Over Again (Bloomington, MN: Bethany House, 2001), 22.

12 토마스 두리틀, '그리스도를 사랑해야 하는 이유' Thomas Doolittle, Love to Christ: Necessary to Escape the Curse at His Coming, A Puritan's Mind, https://www.apuritansmind.com/puritan-evangelism/love-to-christ-necessary-to-escape-the-curse-at-his-coming-by-thomas-doolittle/.

13 성 아우구스티누스, '고백록' Saint Augustine, Confessions, trans. F. J. Sheed, 2nd ed. (Indianapolis: Hackett Publishing, 2006), 3, https://books.google.com/books?id=_wusCvC4yOcC&pg.

9장

1 William Arndt 외, A Greek-English Lexicon of the New Testament and Other Early Christian Literature (Chicago: University of Chicago Press, 2000), 543-544.

2 Arndt 외, A Greek-English Lexicon of the New Testament and Other Early Christian Literature, 402.

3 톰 라이트, '마태복음. 1: 1장-15장(모든 사람을 위한)(개정판)' Tom Wright, Matthew for Everyone: Part 1, Chapters 1-15 (London: Society for Promoting Christian Knowledge, 2004), 212, https://books.google.com/books?id=DRipJ92cCZQC&pg.

4 Gilbert Cruz, "Juneteenth," Time, June 18, 2008, http://content.time.com/time/nation/article/0,8599,1815936,00.html (길버트 크루즈, 타임지, 2008년 6월 18일) ; Henry Louis Gates Jr., "What Is Juneteenth?," WNET, 2019년 3월 28일 접속, https://www.pbs.org/wnet/african-americans-many-rivers-to-cross/history/what-is-juneteenth/; Stephanie Hall, "Juneteenth," Folklife Today (블로그), Library of Congress, June 17, 2016, https://blogs.loc.gov/folklife/category/holidays/juneteenth/.

5 Arndt 외, A Greek-English Lexicon of the New Testament and Other Early Christian Literature, 262.

6 Arndt 외, A Greek-English Lexicon of the New Testament and Other Early Christian Literature, 263.

7 Daniel Kolenda, Unlocking the Miraculous: Through Faith and Prayer (Orlando: Christ for all Nations, 2016). (대니얼 콜렌다)

8 Blue Letter Bible, s.v. "dikaios," 2019년 3월 28일 접속, https://www.blueletterbible.org/lang/lexicon/lexicon.cfm?Strongs=G1342&t=KJV.

9 "Human Language," Lumen: Boundless Psychology, 2019년 3월 28일 접속, https://courses.lumenlearning.com/boundless-psychology/chapter/human-language/. 또한 Steven Pinker and Ray Jackendoff,

"The Faculty of Language: What's Special About It?," Cognition 95, no.2 (2005), 201-236, https://doi.org/10.1016/j.cognition.2004.08.004.을 참고하십시오.

10 Amy Marshall, "Talk It Over: Language, Uniquely, Makes Us Human," The Conversation US, Inc., February 24, 2013, http://theconversation.com/talk-it-over-language-uniquely-makes-us-human-12242.

11 Eric William Gilmour, Union: The Thirsting Soul Satisfied in God (Winter Springs, FL: Sonship International, 2013), 103, 106. (에릭 윌리엄 길모어)

12 Daniel Kolenda, Live Before You Die (Lake Mary, FL: Passio, 2013), 193-195. (대니얼 콜렌다)

10장

1 카를로스 아나콘디아, '믿는 자들에게는 이런 표적이 따르리니' Carlos Annacondia, Listen to Me, Satan! (Lake Mary, FL: Charisma House, 2008), 81

2 Wiktionary, s.v. "bloodlust," https://en.wiktionary.org/wiki/bloodlust.

3 "Have You Had an Encounter With a Seemingly Autonomous Entity After Taking DMT?," Qualtrics, 2019년 4월 1일 접속, https://web.archive.org/web/20180330180538/https://jhmi.co1.qualtrics.com/jfe/form/SV_eqvCfk2u19kSzm5.

4 Roger Barrier, "Why Don't Pastors Preach and Teach More on Demons?," Crosswalk.com, 2015년 2월 12일, https://www.crosswalk.com/church/pastors-or-leadership/ask-roger/why-don-t-pastors-preach-and-teach-more-on-demons.html. (로저 베리어)

5 아나콘디아, '믿는 자들에게는 이런 표적이 따르리니' Annacondia, Listen to

Me, Satan!, 71.

6 F. F. Bruce, "Biblical Criticism," New Bible Dictionary, 1st ed., ed. J. D. Douglas et al. (Grand Rapids, MI: Wm. B. Eerdmans, 1962), 151. (F. F. 브루스, J. D. 더글라스 외)

7 Elizabeth Palermo, "Who Invented the Printing Press?," LiveScience, 2014년 2월 25일, https://www.livescience.com/43639-who-invented-the-printing-press.html. Palermo는 인쇄기가 개발된 시기를 "1440년에서 1450년 사이"로 적고 있다.

8 Josh McDowell, The New Evidence That Demands a Verdict (Nashville: Thomas Nelson, 1999), 34, https://www.amazon.com/New-Evidence-That-Demands-Verdict/dp/0785242198. (조쉬 맥도웰)

9 McDowell, The New Evidence That Demands a Verdict, 33-68.

10 Charles Pope, "Prayer and Fasting or Just Prayer? A Consideration of a Biblical 'Disagreement,'" Community in Mission (블로그), 2016년 2월 16일, http://blog.adw.org/2016/02/prayer-and-fasting-or-just-prayer-a-consideration-of-a-biblical-disagreement/.

11 Pope, "Prayer and Fasting of Just Prayer?" 또한 Donald A. Hagner, Word Biblical Commentary: Matthew 14-28, vol. 33B (Dallas: Word, 1995), 501. (도널드 해그너)

12 Eberhard Nestle, Introduction to the Textual Criticism of the Greek New Testament, trans. William Edie (New York: G. P. Putnam's Sons, 1901), 323. (에버하르트 네스틀레)

13 브루스 M. 매츠거, '신약 그리스어 본문 주석' Bruce M. Metzger, A Textual Commentary on the Greek New Testament, 2nd ed. (London: United Bible Societies, 1998), 35, https://www.amazon.com/Textual-

Commentary-Greek-Testament-Ancient/dp/1598561642.

14 브루스 M. 매츠거, '신약 그리스어 본문 주석' Metzger, A Textual Commentary on the Greek New Testament, 35. Leon Morris (레온 모리스), The Gospel According to Matthew (Grand Rapids, MI: Wm. B. Eerdmans, 1992), 449; and Hagner, Word Biblical Commentary: Matthew 14-28, 501.

15 브루스 M. 매츠거, '신약 그리스어 본문 주석' Metzger, A Textual Commentary on the Greek New Testament, 85; and Charles John Ellicott, ed., A New Testament Commentary for English Readers, vol. 1 (New York: E. P. Dutton & Co., 1878), 213-214, https://archive.org/details/newtestamentcomm01elli.

16 "초대교회에서 금식의 불가피함을 점점 더 강조했던 것에 비추어 볼 때, ["-와 금식"]이 대부분의 증인들에게 전해졌던 주석인 것을 이해할 수 있다." 브루스 M. 매츠거, '신약 그리스어 본문 주석' Metzger, A Textual Commentary on the Greek New Testament, 85.

17 Luke Wayne, "Was Matthew 17:21 Removed From Modern Bibles?," Christian Apologetics and Research Ministry, 2018년 10월 31일, https://carm.org/was-matthew-17-21-removed-from-modern-bibles. (루크 웨인, "마태복음 17:21이 현대 성경에서 사라졌나?")

18 Tertullian, "On Fasting in Opposition to the Psychics," The Sacred Writings of Tertullian, vol. 2, trans. Peter Holmes and Sidney Thelwall (Loschberg, Germany: Jazzybee Verlag, 2012), 429, https://books.google.com/books?id=3uoqDwAAQBAJ&pg. (테르툴리아누스)

19 Reinhard Bonnke (Evangelist Reinhard Bonnke - Official Page), 라인하르트 본케 (복음전도자 라인하르트 본케 - 공식 페이지), "전원 스위치의 열

쇠는 믿음이다. 바로 그거다. 믿으면 하나님께서 당신과 함께 하신다. 믿음은 말씀에 기초하고, 경험이나 책에 적힌 이야기에 기초하지 않는다…," 페이스북, 2015년 7월 20일, 오전 9:55, https://www.facebook.com/evangelistreinhardbonnke/posts/10155823005470258.

20 Kolenda, Live Before You Die, 144. (콜렌다)

21 R. D. Mayfield, R. A. Harris, and M. A. Schuckit, "Genetic Factors Influencing Alcohol Dependence," British Journal of Pharmacology 154, no. 2 (May 2008), 275-287, https://doi.org/10.1038/bjp.2008.88.

22 Tim Spector, "How Your Grandparents' Life Could Have Changed Your Genes," The Conversation US, Inc., October 14, 2013, https://theconversation.com/how-your-grandparents-life-could-have-changed-your-genes-19136.

11장

1 Daniel Goleman, "Long-Married Couples Do Look Alike, Study Finds," New York Times, August 11, 1987, https://www.nytimes.com/1987/08/11/science/long-married-couples-do-look-alike-study-finds.html. (대니얼 골먼, 뉴욕타임즈)

2 Smith Wigglesworth, Smith Wigglesworth on Manifesting the Divine Nature: Abiding in Power Every Day of the Year (Shippensburg, PA: Destiny Image, 2013), 197, https://books.google.com/books?id=fsZtXFKru0IC&pg. (스미스 위글스워스)

3 Verse-by-Verse Bible Commentary: Matthew 18:24," StudyLight.org, 2019년 4월 2일 접속, https://www.studylight.org/commentary/matthew/18-24.html; Blue Letter Bible, s.v. "talanton," 2019년 4

월 2일 접속, https://www.blueletterbible.org/lang/lexicon/lexicon.cfm?Strongs=G5007&t=KJV.

4 Gold Price, 2019년 4월 2일, 12:21:28 접속, https://goldprice.org.

5 Ellicott, A New Testament Commentary for English Readers, 114. (엘리콧)

6 Corrie Ten Boom, "Guideposts Classics: Corrie Ten Boom on Forgiveness," Guideposts, November 1972, https://www.guideposts.org/better-living/positive-living/guideposts-classics-corrie-ten-boom-on-forgiveness. (코리 텐 붐, 영문 가이드포스트)

7 John W. Nieder and Thomas M. Thompson, Forgive and Love Again (Eugene, OR: Harvest House, 2010), 58-59, https://books.google.com/books?id=rDJflhmqn98C&pg.

8 Charles Bracelen Flood, Lee: The Last Years (Boston: Mariner, 1981), 136, https://books.google.com/books/about/Lee.html?id=s7sv58JnA94C. (찰스 브레이스린 플러드)

9 Winston Churchill, "Never Give In," Harrow School, London, 1941년 10월 29일, https://winstonchurchill.org/resources/speeches/1941-1945-war-leader/never-give-in/. (윈스턴 처칠, '절대로 포기하지 마십시오')